POESIA COMPLETA DE ÁLVARO DE CAMPOS

FERNANDO PESSOA

POESIA COMPLETA DE ÁLVARO DE CAMPOS

Edição
Teresa Rita Lopes

COMPANHIA DE BOLSO

Capa
Jeff Fisher

Revisão
Renato Potenza Rodrigues
Flávia Yacubian

Nos textos de Fernando Pessoa manteve-se grafia vigente em Portugal

Dados Internacionais de Catalogação na Publicação (CIP)
(Câmara Brasileira do Livro, SP, Brasil)

Pessoa, Fernando, 1888-1935
Poesia completa de Álvaro de Campos / Fernando Pessoa ; edição Teresa Rita Lopes. – São Paulo : Companhia das Letras, 2007.

ISBN 978- 85-359-1140-4

1. Poesia portuguesa I. Lopes, Teresa Rita. II. Título.

07-8660 CDD-869.1

Índice para catálogo sistemático:
1. Poesia : Literatura portuguesa 869.1

2007

EDITORA SCHWARCZ LTDA.
Rua Bandeira Paulista, 702, cj. 32
04532-002 — São Paulo — SP
Telefone: (11) 3707-3500
Fax: (11) 3707-3501
www.companhiadasletras.com.br

ÍNDICE

NOTA PRÉVIA

Esta edição reúne todos os poemas de Campos (por ele assinados ou a ele atribuíveis) já por mim anteriormente publicados em *Livro de versos*, (Lisboa, Editorial Estampa, 1993; 3ª edição, 1997), com exceção de três inéditos que o nosso parceiro nestas lides pessoanas, Richard Zenith, encontrou nas suas incansáveis incursões pela "arca". Bem haja! — por isso e por outras preciosas ajudas na fixação do texto.

Agradeço particularmente a Manuela Parreira da Silva pela preciosa colaboração que me prestou nesta edição, como, aliás, na anterior. Para Luísa Medeiros também o meu muito obrigada pelo apoio recebido. Francisco Silva Gomes, Ana Freitas e Inês Alves Mendes ajudaram-me generosa e eficazmente nas últimas leituras à cata dos erros mais relapsos: para eles a minha terna gratidão.

Pretendo fornecer ao leitor, no prefácio que se segue, "Este Campos", elementos que enriqueçam o seu entendimento e fruição do texto. Justifico, com esse objetivo, a minha ordenação dos poemas neste livro, respeitando a dimensão ficcional que Pessoa encarou dar-lhe (o que, até aqui, nenhuma outra edição fez). No posfácio, "Campos e a tradição", darei sobretudo notícias das edições anteriores que nos têm dado a conhecer Álvaro de Campos e de como o têm feito.

Em notas no final deste volume serão fixadas as variantes que Pessoa encarou para o seu texto, isto é: palavra(s) acrescentada(s) por ele sobre, a seguir, entre parênteses ou ao lado, na margem, numa releitura do texto ou no próprio momento da escrita — sem, contudo, riscar a(s) palavra(s) assim posta(s) em causa. Não aceito o procedimento de alguns editores que substituem essa(s) palavra(s) na linha corrida pela variante que decidem eleger, por razões que adiante exprimirei. Faço, contudo, questão de fornecer ao leitor essas alternativas que, lidas paralelamente ao texto, ampliam o seu alcance.

A permanente insatisfação de Pessoa em relação ao seu texto exprime-se também assinalando a(s) palavra(s) ou passagem(ns) que considera de redação provisória — procedimento de que dou notícia nas notas finais.

Serão igualmente fornecidas, no final, as seguintes informações:

— cota do original constante no Espólio Fernando Pessoa, depositado na Biblioteca Nacional de Lisboa, ou indicação da proveniência do texto que serviu de base a esta publicação;

— situação do testemunho transcrito: manuscrito [ms.], datiloscrito [dact.] ou misto, isto é, datiloscrito com acrescentos manuscritos [misto];

— se a atribuição a Campos não foi expressa por Pessoa: [s. atrib.];

— se o título do poema não foi indicado para identificar os fragmentos das "grandes odes" de Campos sensacionista: [s. tit.];

— todos os esclarecimentos julgados oportunos, para que remetem os asteriscos assim como a numeração aposta a alguns versos.

As datas dos poemas, reais ou fictícias, sempre que expressas, vêm indicadas no final do poema.

As minhas intervenções no corpo do texto, devidamente justificadas nas notas finais, serão sempre apresentadas entre colchetes.

A ortografia dos textos foi atualizada.

Corrigi omissões e lapsos evidentes de redação e pontuação e desdobrei as abreviaturas óbvias.

As remissões numéricas remetem para uma nota final.

ABREVIATURAS E SINAIS CONVENCIONAIS USADOS NA FIXAÇÃO DO TEXTO E NAS NOTAS

□ — espaço deixado em branco pelo autor

[.] — palavra ilegível (a cada palavra corresponde um ponto)

[? ?] — leitura conjecturada

dact. — texto datiloscrito

EC — Edição Crítica de Fernando Pessoa, II, Série Maior: *Poemas de Álvaro de Campos*, ed. de Cleonice Berardinelli, Lisboa, Imprensa Nacional/ Casa da Moeda, 1990

ined. — texto inédito

LV — Álvaro de Campos, *Livro de versos*, ed. crít. de Teresa Rita Lopes, Lisboa, Editorial Estampa, 1993 (3ª edição, 1997)

ms. — texto manuscrito

p. — página

PPC — Teresa Rita Lopes, *Pessoa por conhecer*, Lisboa, Editorial Estampa, 1990, volumes I e II

r — reto

s. atrib. — sem atribuição de autoria

s. tit. — sem título

T. — seguido de número remete para o texto assim numerado

v. — verso (da página)

V. — volume

vv. — versos

var. — variante

VO — *Álvaro de Campos, vida e obras do engenheiro*, ed. de Teresa Rita Lopes, Lisboa, Editorial Estampa, 1990 (2ª edição, 1991)

Prefácio
ESTE CAMPOS

Este volume corresponde ao propósito de Pessoa de organizar esse *livro* de Álvaro de Campos que ele próprio previu, para que indicou o primeiro poema, sem data mas aparentemente de 1914, e o último, datado de 3/2/1935 (T. 219). Entre essas duas balizas situei a obra poética do engenheiro, acompanhando a sua "evolução", que, como Pessoa diz, foi "devidamente estudada". Os textos em prosa de Campos constituirão um segundo volume a publicar.

O que chamaremos, Pessoa e eu, o *livro* de Campos — "end of the book" é a indicação que Pessoa apôs ao tal poema de 3/2/1935 que imaginou para fechar o *livro* do engenheiro — é uma obra cuja arquitetura sempre esteve implícita no espírito do seu criador, embora ele nunca a tivesse explicitado. Até porque a "vida e obras" de Campos acompanhou a obra-vida, vida-obra do próprio Pessoa. Só quando a morte lhe pôs fim, nove meses depois desse poema indigitado para derradeiro do *livro* de Campos, é que, na verdade, a obra-vida de ambos ficou naturalmente completa.

Por que Pessoa não conseguiu afinal "matar" Campos em fevereiro do ano da sua morte: como fiel companheiro — sua sombra convexa — ele continuou a "fingir", à sua extrovertida maneira, a dor que Pessoa deveras sentia até os últimos dias da sua vida. Entre esse fim fictício em 3/2/1935 — o do *livro* — e o fim real de Pessoa (em 30/11/1935), Campos ainda compôs pelo menos seis poemas (atendendo apenas aos datados). Teremos assim, para os incluir, que apor a este *livro* um *post-scriptum* — de *scripta post-mortem*...

Pessoa, de fato, não organizou o livro de Campos — assim como não chegou a fazer, por exemplo, com o de Caeiro, para o qual também previu um princípio, um fim e uma "evolução", nem com outro desses *livros* através dos quais toda a vida se exprimiu na pessoa de outro, nomeadamente o do *Desassossego*.

Não se sabe se Pessoa terá verdadeiramente organizado as peças soltas do *livro* de Campos. Se assim foi, as sucessivas manipulações que os papéis da "arca" sofreram depois da sua morte desfizeram qualquer ordem que neles tivesse introduzido.

O que de certo saber se sabe é que essa *ordem* existia no projeto "Vida e obras do engenheiro" que anotou num dos seus numerosos planos.[1]

O que escolhi empreender para apresentar a obra poética de Campos foi, atendendo apenas aos elementos que Pessoa fornece, ordenar as peças avulsas de que dispomos, respeitando a integridade de cada uma.

Optei pelo critério que me impunha essa biografia da vida e da obra do poeta engenheiro: o cronológico, que Pessoa também parece ter previsto quando, posteriormente à criação dos seus poemas, lhe apôs datas como quem os ordena, algumas fictícias — como declaradamente fez em "Três sonetos" e "Aniversário".

A ausência de datas em muitos textos complica um pouco a tarefa. Mas na medida em que a tal "evolução", perfeitamente prevista, como Pessoa declarou, da personagem Campos é facilmente detectável nas peças não datadas, é possível encaixá-las nesse devir.

Simplificando muito, atendi a duas grandes épocas na obra de Campos: a.C. e d.C.... — quero dizer, antes de Caeiro, a do "Poeta decadente", e depois de Caeiro.

A primeira (1913-4) revela esse poeta que se nutria de cultura francesa ("Gostava de ter poemas e novelas/ Publicados por Plon e no *Mercure*", diz, em "Opiário") e se exprimia num verso ainda obediente ao metro e à rima, embora com voluntárias e displicentes dissonâncias.

[1] Dei desse *livro* uma pálida amostra em *Vida e obras do engenheiro*, Lisboa, Editorial Estampa, 1990.

Dentro da segunda, considerei três fases: a das "grandes odes" do início, do "Engenheiro sensacionista" (1914-22), com seu amplo fôlego que o encontro com mestre Caeiro acordara, iniciaticamente, no "Poeta decadente"; em seguida a fase do "Engenheiro metafísico" (1923-30), já incapaz de se atordoar com o lá-fora da vida, às voltas na cama da sua insônia de ser; e, finalmente, a do "Engenheiro aposentado" (1931-5), o Campos envelhecendo, de ímpeto e passo cada vez mais curto, mais desencantado.

O "Engenheiro sensacionista" revelar-se-á, sobretudo, através dessas "grandes odes" cuja nostalgia guarda o "Engenheiro aposentado".

Além da "Ode triunfal" e da "Ode marítima", outras odes mal e incompletamente conhecidas são por este *livro* mais amplamente dadas a conhecer: "Saudação a Walt Whitman", "Ode marcial", "A passagem das horas" e "A partida", uma ode mal conhecida de que aqui se apresentam quinze textos.

O "Engenheiro metafísico", embora escreva ainda em 1927 uma ode à maneira de "A partida", "Ode mortal", afasta-se cada vez mais da lição do mestre Caeiro e vai perdendo o ritmo e o ímpeto das anteriores "cavalgadas". É o período dos grandes poemas — "Tabacaria", "Lisbon revisited", "Mestre, meu mestre querido", "Ao volante do Chevrolet", "Insónia", "Aniversário", a que acrescentaremos "Ode mortal" — apesar de ter passado o tempo das "grandes odes".

O último período, o do "Engenheiro aposentado", permite-nos assistir ao desistir dos planos, ao "deixar cair os braços ao sol-pôr do esforço" (T. 129) desse judeu errante que escreveu os seus poemas como páginas de diário. É a altura do "Regresso ao lar" — assim intitula o soneto que previu para fechar o *livro*.

Refazer esse livro implícito impõe, antes de tudo o mais, o total respeito pelos textos. Para a sua identificação (porque muitos não trazem atribuição) como para a sua detecção, segui o método dos naturalistas investigadores de bichos selvagens. Um biólogo leva à vontade vinte ou trinta anos a observar o animal que quer estudar... Pessoa, em geral, e Campos em particular são "bichos" bem mais esquivos... Por isso há mais de trinta anos que os freqüento.

Campos é um indisciplinado por natureza: dos românticos herdou a indisciplina da subjetividade, a gaguez do eu. Em Walt Whitman, seu mestre, a quem deu o braço e chamou camarada, saudou a infração a todas as regras: as da vida social e as do verso.

Por isso, usou sobretudo o verso solto. Quando rimou e contou sílabas errou, de propósito: criou propositadas dissonâncias (como confessou) — ele próprio chamando a atenção para o seu "verso errado" (T. 151).

Pessoa maneja na perfeição o metro e a rima, como quem burila uma pedra preciosa até lhe arrancar o seu mais vivo fulgor. Para Campos, a métrica e a rima são sempre gaiolas: "Como se pode sentir nessas gaiolas?".[2]

Quando entra nesse jogo sublinha que é jogo: pisca o olho, faz de bêbado, coisas assim. A ironia dá sempre ao seu verso preso um toque de pose.

Não poderá nunca ser confundido com Ricardo Reis, que leva a disciplina do verso à sua mais perfeita conseqüência: a da música. É mais fácil confundir Campos com Caeiro — até Pessoa, como adiante veremos, os confundiu. Caeiro também se recusa à disciplina da métrica e da rima (bem que Reis o censurou por isso!). Mas a indisciplina de Caeiro é solta, descuidada, sem a turbulência, interior e exterior, de Campos. Caeiro cultiva o prosaísmo ("escrevo a prosa dos meus versos") mas porque é anti-símbolo e antimetáfora. Campos procura o impacto não só do que é prosaico mas também do que é reles e provocante. E tudo o que nomeia tem um alcance simbólico.

Ambos se nutrem do olhar, mas Caeiro quer ter o olhar maravilhado de quem acaba de desembarcar na vida — embora sereno, sem voracidade. Campos come com os olhos e depois agüenta-se com as suas indigestões. Campos esbraceja a sua solidão, Caeiro canta-a: "Ser poeta/ É a minha maneira de estar sozinho".

[2] *Idem*, p. 120.

Convém não perder nunca de vista que os poemas de Campos são esse "falar alto", incoordenado, como de "um parvo que estivesse com febre" — assim se auto-apresenta num dos seus poemas. Por isso se exprime aos sacões, desprezando o caminhar do pensamento lógico, de suas cuidadas articulações.

Num fragmento inédito da "Saudação a Walt Whitman" escreve: "Sou um surdo-mudo berrando em voz alta os seus gestos" (T. 24 t). Por isso, convém não tentar articular o que é naturalmente desarticulado. Campos mima, catarticamente, essa agitação cerebral de que Pessoa sofre e se queixa: "Parem com isso dentro da minha cabeça!" (T. 175) — pela voz de Campos. Noutro poema se acusa de "fazer versos em gestos e caretas" (T. 100). Essa qualidade gestual, mesmo quando o gesto é só interior, está sempre presente na obra de Campos, assim como o humor ácido que a tempera.

O que faz de Álvaro de Campos o protagonista da grande peça que é, afinal, toda a obra de Pessoa, é uma certa plasticidade dinâmica que a personagem adquire: não o *vemos* apenas como uma silhueta imóvel apascentando as suas ovelhas-pensamentos (e vice-versa), a do mestre Caeiro, ou como um vulto reclinado na melancolia das suas libações e na sua abdicação de qualquer desejo ou esforço, o de Reis. Campos nunca está em repouso, embora a sua errância interior nunca o leve a destino algum: a sua viagem não ultrapassa os limites do palco em que monodialoga ou do ecrã em que tem a consciência de não ser mais que uma projeção ("Eu, o projectado no ecrã"...). Aliás, a própria estrutura de muitos dos seus poemas traduz esse gesto de quem apenas caminha perseguindo uma qualquer espiral, agarrado ou não ao corrimão (T. 216), para o seu próprio e inatingível centro.

E contudo é preciso não esquecermos, ao contar essa ficção, que se trata de um conto que Pessoa rascunhou longamente e só depois compôs. Esse outro conto — o do romance-drama-em-gente por assim dizer — que ele contou a Adolfo Casais Monteiro na célebre carta de 1935 é outro conto ainda: o conto maior, de que este é parte ativa. Era, afinal, história esse "dia triunfal" em que escreveu, de pé, arrimado a uma cômoda alta, os poemas da série do "Guardador de rebanhos", e também a fio, para reagir à "sua inexistência como A. Caeiro", os seis poemas da "Chuva oblíqua". E vai daí o Caeiro arranjou logo na mesma hora dois discípulos: Ricardo Reis e um novo indivíduo irrompendo "impetuosamente" da sua máquina de escrever, que, em perfeito transe de escrita automática, sem interrupção nem emenda, compôs a "Ode triunfal" em que se dá a conhecer. Não sei se Casais Monteiro acreditou na ficção, ou só sorriu como nós, mas a verdade é que muitos exegetas têm construído a partir dela as suas teses... De fato, só os dois primeiros poemas de Caeiro são de 8 de março (o tal "dia triunfal"). Por outro lado, a "Ode triunfal" só nasceu três meses e tal depois: Sá-Carneiro acusa o seu nascimento apoteoticamente, em carta de 20 de junho de 1914 (na carta anterior, de 15 de junho, só mandava "saudades" ao Caeiro...). O nascimento de Reis só é saudado em carta de 23 de junho.

A "Chuva oblíqua" andará, aliás, de mão em mão: e, estranhamente, as primeiras em que esteve foram... as de Caeiro! De fato, uma lista de poemas atribuídos a Caeiro (Esp. BN 48-27), apresenta-se assim:

1. O guardador de rebanhos. 1911-2
2. Cinco odes futuristas. (1913)-1914
3. Chuva oblíqua. 1914

(Poemas inters.[eccionistas]).

Do "Guardador de rebanhos" dá uma lista de 43 poemas, indicando o primeiro verso de quinze desses textos (coincidente com o que conhecemos). Em inglês, entre parênteses, exprime o desejo de vir a realizar, ao todo, 49 — número que, de fato, atingiu. Essa lista deve ter sido escrita entre março e maio de 1914 — já que os poemas foram escritos em março e os restantes, não nomeados, em maio.

O "Guardador de rebanhos" foi, de fato, realizado em dois meses — o que, para os hábitos de Pessoa, representa grande persistência —, nitidamente com um fim em vista: o da sua publicação e, sobretudo, de um lançamento bombástico. Já tive ocasião de referir esse "lançamento" e de publicar os textos que

Pessoa publicou com esse fim: dos dez artigos que previu na imprensa portuguesa, inglesa, francesa e espanhola (a cargo de Sá-Carneiro, de A. P. Guisado, dele próprio e de outros[3] ainda), realizou, rascunhadamente, alguns, em português e inglês (até para esse fim criou um tal Thomas Crosse, que também, mais tarde, se manifestou sobre Álvaro de Campos).

Pessoa ele próprio encarava enviar à revista *A Águia* um artigo sobre esse poeta desconhecido, afirmando que, não sendo talvez, "como se intitula, o maior poeta do mundo, não deixa de ser um dos maiores da nossa época e da nossa terra". Tal artigo — em que Caeiro é apresentado como um ser irreverente — será "acrescido de uma entrevista altamente provocadora num semanário de Lisboa". Tal entrevista, dada por Caeiro num hotel de Vigo, destina-se a apresentar esse poeta moderno, implacável para com os "renascentes", em geral, e Pascoaes e Junqueiro, em particular.[4]

Caeiro, que acabaria por ser apresentado pelos discípulos como um Cristo às avessas, solar, materialista, começa por ser assim um anti-Pascoaes. E porque é "o mais original dos poetas modernos",[5] é encarregado de escrever as tais "Cinco odes futuristas" e "Poemas interseccionistas". Isso explica que exista um poema neste livro (T. 15) encimado pela indicação "A. C. 5 odes" — que seria, naturalmente, ainda obra de Caeiro mas que este mais tarde teria que endossar a Campos, como veremos.

Acontece que esse poema deve ter sido escrito entre março e junho, antes da "Ode triunfal" que deu presença viva ao engenheiro. Só então, na presença um do outro, o papel de cada um deles, de Caeiro e de Campos, se definiu. Pessoa apeteceu um subversor (termo que usou a propósito de Caeiro — *PPC*, II, p. 432) que pusesse em causa a revista *A Águia*, Pascoaes e os seus, ridicularizando o seu nacionalismo patego, as suas idéias e

[3] Em *Pessoa por conhecer*, vol. II, pp. 391-2.

[4] *Idem*, pp. 399-402.

[5] *Idem*, p. 397.

os seus versos atrelados a carroças trôpegas. Caeiro foi assim criado para pregar a libertação de idéias feitas e versos presos, para libertar de suas gaiolas a alma e o verso: para exaltar, à maneira de Whitman (a quem é comparado — *idem*, pp. 395 e 429), a vida moderna. Por isso autor de "Cinco odes futuristas" — que cantam, como a ode já referida, "os primeiros minutos nos cafés de novas cidades!" (T. 15).

Caeiro não é ainda o pastor de rebanhos (mesmo metafóricos) instalado nesse cenário que, só depois de Campos ter definido o seu espaço próprio, ficou a ser o seu. De início, Caeiro, poeta do século XX, vai aos cafés, vibra com os "ómnibus ou os eléctricos ou os automóveis", na ode referida. Numa gare de comboio o vemos em duas outras odes que atribuiu explicitamente a "A. Caeiro" mas destinou posteriormente a Campos, alterando nesse sentido a atribuição (Ts. 36 e 37).

Acontece assim que os papéis de "A. C." e "A. de C." estiveram confundidos no início. Quando Pessoa concebeu o "Engenheiro", igualmente subversor, moderno, indisciplinado, arrogante, "o caso libérrimo da linguagem" que dissera ser Caeiro (*PPC*, II, p. 429), recambia o "Guardador de rebanhos" para a sua casa do monte a fim de apascentar as suas ovelhas-pensamentos, aprendendo e ensinando a ter raiz, e deixa para Campos esse papel de cantor do que é moderno e intenso — que longamente treinará na companhia de Whitman. Passa-lhe então a pasta das "Cinco odes futuristas" e até da "Chuva oblíqua". De fato, Pessoa anuncia a Armando Cortes-Rodrigues, em carta de 4/10/1914, que o Engenheiro colaborará na projetada antologia do Interseccionismo com essa série de poemas. Lembremos que o primeiro poema verdadeiramente "europeu", sintonizado com as experiências da modernidade no domínio das artes literárias e plásticas, foi mesmo a "Chuva oblíqua". "Pauis", designação corrente de "Impressões do crepúsculo", o poema de Pessoa de que derivou a corrente paulismo, é ainda uma ressonância do simbolismo e do decadentismo. Por tudo isso, porque o "A. C." que primitivamente assinou as mencionadas odes deu o lugar ao "A. de C.", resolvi integrar na obra de Campos os referidos poemas — autorizada pela transferência que nesse sentido o próprio Pessoa fez.

Recordemos que a eclosão dos heterônimos foi longamente preparada no convívio com Sá-Carneiro, como se pode ver pelas cartas trocadas. Sá-Carneiro instiga o intelectual a deixar que o poeta que o habita se revele. O que de fato acontecerá, mas em verso preso. Caeiro nasce de uma ruptura com essa limitação. Campos, curiosamente, prolonga no início a experiência paúlica escrevendo versos rimados, como "Opiário". Ao incluir nas listas dos poemas de Campos "Carnaval", de semelhante estilo, Pessoa insiste em documentar essa fase — que faz remontar a 1913, data fictícia de "Três sonetos" (afinal de 1915). O poema que escolheu para início deste *livro* apresenta o poeta decadente que se quer atordoar com o "movimento": "Afogai-me, ó ruído da acção, no som dos vossos oceanos!" (T. 1). Os poemas seguintes, igualmente tateantes, visivelmente em rascunho (só o excepcional interesse de apresentarem o Campos dessa fase incipiente impediu que os relegasse para o apêndice), continuam essa linguagem entrecortada, moldada por um gesto interior que apetece as viagens, os comboios "em trémulo seguir", o "resfolegar da máquina", a "estação, clara/ De realidade e gente e movimento". A sombra de Sá-Carneiro paira por sobre esses exercícios, porque só isso são: "Viajo só pelos meus sentidos" remete para o verso "viajar outros sentidos, outras vidas", de Sá-Carneiro. Aliás também Cesário Verde, interlocutor comum, está presente na poesia de Campos (T. 122).

"Opiário" irá passar a limpo e encenar de vez a personagem que se treina nesses primeiros textos.

O cartão de visita com que Campos se apresenta a Pessoa e a Sá-Carneiro é a "Ode triunfal": só então Pessoa define o seu papel no romance-drama-em-gente, em entreação dinâmica com Caeiro, que abandona a seu favor intensidades e balbúrdias. Campos seguirá o exemplo de seu verso solto. Mas haverá cada vez menos confusão possível entre ambos. O verso do mestre é sereno, não galopa nem se entope aos sacões, não gagueja constantemente "eu, eu, eu", nessa busca insone de si próprio. Não se autocilicia permanentemente com suas ironias nem faz fintas de prestidigitador com as palavras. Mas, já na "Ode triunfal", o poeta futurista que representa ser deixa assomar, numa estrofe entre parênteses, a sua face lunar que reaparece nos dois fins das duas odes, "Dois excertos de odes" (T. 9).

E temos reveladas as três *faces* de Campos — não fases, porque afinal as manterá, como três máscaras contíguas que vai fazer rodar em torno de si próprio, escolhendo a que mais se ajuste à atitude do momento.

O engenheiro sensacionista, o das grandes odes, discípulo de Caeiro e parceiro de Whitman, perde o fôlego e o ímpeto com a morte de Mário de Sá-Carneiro, em 1916. Desembarca então definitivamente dos transatlânticos das aventuras marítimas e das paisagens em movimento à janela do comboio. Daqui por diante o meio de transporte modestamente usado e cantado será sobretudo o elétrico, como em "Paragem. Zona" (T. 125). Dará excepcionalmente um pulo a Sintra num automóvel emprestado — mais símbolo do que outra coisa (T. 89). Mas vemo-lo especialmente a deambular a pé pela cidade.

Campos vai ficar durante uns tempos praticamente silencioso, entre 1917 e 1923. Lembremos que é um período de intenso fervor patriótico de Pessoa, com culminâncias sidonistas, que se exprimiram em um vasto projeto cultural e no jornal *Acção*, que em 1919 animou com Geraldo Coelho de Jesus. De espírito e corpo cosmopolita, Campos teria encarado com bastante desdém esse nacionalismo militante de Pessoa... Os poemas atribuíveis a Campos durante esse hiato traduzem a metamorfose longamente incubada que dará origem ao que chamo "Campos metafísico", que inicia a sua carreira por alturas de 1923-6. Como dirá em *Lisbon revisited* (1926): "Partiu-se o espelho mágico em que me revia idêntico" (T. 65).

Dois poemas de 1919 (Ts. 43 e 44) merecem atenção particular: constam de uma lista de poemas desse ano atribuídos por Pessoa a Caeiro (Esp. BN 48-26), a par de outros que figuram nos "Poemas inconjuntos". Pessoa indica os primeiros versos de oito desses poemas, todos datados de 12/4/1919, acrescentando-lhes mais dois de 20/6/1919, que também se incluem nessa série dos "Inconjuntos", e termina a lista com mais dois poemas desse mesmo fecundo dia de 12/4/1919, talvez por não saber que outra paternidade lhe atribuir. É que o Álvaro de Campos de então, o que se impusera depois do Campos poeta decadente, era essencialmente o das grandes odes sensacionistas, de amplo fôlego. O apontamento diarístico "Duas horas e meia da madrugada" (T. 43) só foi parar às mãos de Caeiro por não haver então outras disponíveis para o assinar. Mas é preciso dizer que Alberto Caeiro, se acordar no meio da noite (recordemos o seu poema "Acordo de noite subitamente"), é para acautelar os discípulos contra os perigos que os espreitam do lado oculto da vida, na "grande noite" (de que fala esse poema 43), em que perderão o pé como numa onda alta. Caeiro rejeita, de fato, tudo o que interrompa a nossa relação diurna, solar, com o real que nos permite "ver, apenas ver" o verdadeiro corpo das coisas, o exterior, o concreto. Caeiro aconselha, noutro poema, a não termos "sonhos no nosso sono", a dormir sem interrupções, sem interstícios inquietantes. Aliás os versos do poema 43 não têm o ritmo característico dos de Caeiro, que sempre seguem as articulações lógicas de um pensamento que caminha à nossa vista para um ensinamento qualquer. Nesse caso, as breves estrofes não têm essas articulações: são o "falar alto", aos sacões, "de um parvo que estivesse com febre" — como Campos se auto-apresenta. O outro poema (T. 44) é uma evocação da infância que nunca ocorre em Caeiro. É totalmente anticaeireana a afirmação final:

Que disto tudo só fica o que nunca foi:
Porque a recompensa de não existir é estar sempre presente.

Essa exaltação da presença da ausência, que Caeiro recusaria, é inteiramente de Álvaro de Campos.

Não podemos esquecer, por outro lado, que Caeiro nasceu afilhado de Walt Whitman, e Campos, por sua vez, afilhado desse afilhado. É, por isso, natural que tenham traços de família e façam, por vezes, hesitar até o próprio Pessoa na identificação dos poemas que lhe acontecem... É provável que o poema lhe surgisse, muitas vezes, sem atribuição de autor, que só depois se aplicasse a identificar essa voz que se lhe manifestara. Ora, nesse ano de 1919 em que Campos fazia o seu longo pousio (que durou de 1917 a 1923, com raras interrupções), Pessoa viu-se a braços com dois poemas que, embora não fossem tematicamente caeirianos nem tivessem o seu ritmo nem o seu tom de voz, acabou por meter na pasta de Caeiro por não terem o amplo fôlego do Campos de então, o sensacionista — não logo, como vimos, porque aparecem não imediatamente depois dos primeiros oito produzidos nesse mesmo dia, na lista referida, mas em posição final.

Estou persuadida de que se Pessoa tivesse realmente organizado o livro de Campos, teria operado a mesma transferência que referi quando passou a pasta dos primeiros poemas de Alberto Caeiro para o Álvaro de Campos que mais tarde se manifestara.

Na edição de Fernando Cabral Martins e Richard Zenith esses dois poemas figuram no *corpus* dos poemas caeirianos. Não me repugna essa inclusão por obediência à referida lista, por razões já apontadas. Ambos, Caeiro e Campos, representam esse versilibrismo, esse "caso libérrimo da linguagem" que Pessoa quis que fossem — como anteriormente referi.

A partir de 1923, Campos deixará de se rever nessa imagem de si, "de monóculo e casaco exageradamente cintado" (T. 24a), das primeiras grandes odes e dirá de si, com ácida ironia, apiedadamente: "Coitado do Álvaro de Campos! Tão isolado na vida! Tão deprimido nas sensações!/ Coitado dele, enfiado na poltrona da sua melancolia!" — de que nunca mais se levantou.

A lição de Caeiro conduziu-o à náusea: o seu olhar antropófago (com "uma vontade física de comer o universo" — T. 36) encosta a testa à parede: "Queria vomitar o que vi, só da náusea de o ter visto" (T. 52).

Daqui por diante será o tempo das perguntas sem resposta: "Se alguma coisa foi porque é que não é?" (T. 53), "O que é haver ser"? (T. 54). Dirigindo-se a "Cristãos, pagãos, maometanos", pergunta "A qual de vós fará o Mistério a vontade?" (T. 57). Começa então a fazer o diário de bordo da longa insônia em que a vida se lhe tornou.

Por alturas de 1923-6, Pessoa encarava dar à estampa, de acordo com dois planos de publicações futuras, ou apenas o Campos Sensacionista das "Cinco odes" (144-39), ou, mais abrangentemente, em *Arco do Triunfo*, o poeta decadente de "Opiário", "Carnaval", "Três sonetos" e "Barrow-on-Furness"; o sensacionista das "Cinco odes" e de "A partida" e o novo Campos, metafísico, digamos, de "Lisbon revisited".

Há cinco poemas datados de 1926 (Ts. 65-9): no verso de "Lisbon revisited" (1926), o mistério visita-o na pessoa de um cadáver, "janela para a noite infinita..." (T. 66). É de 26 de abril desse ano o monodiálogo-convite ao suicídio: "Se te queres matar" (T. 67).

Três textos escritos no mesmo dia, 26 de abril, anunciam um novo ciclo (Ts. 65-7) e traduzem bem esse Campos que já não ousa o gesto brutal, a encenação espaventosa, que compõe um poema com imagens soltas e versos terminando por reticências: "Grandes mágoas de todas as coisas serem bocados...!". Assim como os seus poemas — terá pensado.

O ano de 27 é inaugurado com "Ode mortal", de amplo fôlego, em que reaparecem, como já se disse, ecos de "A partida", até na evocação inicial de Caeiro (T. 27). É curioso que duas dessas grandes odes, esta e "A passagem das horas", renasçam das cinzas que sepultaram os ímpetos arrefecidos dos primeiros tempos sensacionistas.

De 1927 há apenas quatro poemas datados, mas 1928 anuncia-se um grande ano com "Tabacaria" (T. 75), que curiosamente só publicou em 1933. Preferiu nesse ano publicar textos menores como "Gazetilha" (T. 77), "Escrito num livro abandonado em viagem" (T. 79) e outro, esse maior, "Apostila" (T. 80).

"Demogorgon" é desse mesmo ano (T. 81), assim como "Adiamento" (T. 82) e a invocação de Caeiro "Mestre, meu mestre querido!" (T. 83). No poema seguinte, de amplo fôlego também, o engenheiro metafísico continua a olhar intensamente mas já não exclama: "olhar em mim é uma perversão sexual!" (como na "Ode triunfal"). Agora a lição de Caeiro conduziu-o ao horror de, quando olha as coisas e os seres, sentir-se olhado por eles: "Cada coisa — um candeeiro de esquina, uma pedra, uma árvore,/ É um olhar que me fita de um abismo incompreensível".

Num outro poema de 1928, "Na última página de uma antologia nova", elucubra, como em "Tabacaria", sobre os "génios-para-si-mesmos", no número dos quais parece incluir-se. Fica ressoando a interrogação final: "Sou vulgar?.../ Há tantos bons poetas!" (T. 85).

O gesto desse Campos é agora o de quem se revolve na cama-vida da sua insônia (Ts. 87, 98). Ir passar a noite em Sintra no célebre Chevrolet (T. 89) é a irrequietação da sua insônia diurna: "Vou passar a noite a Sintra por não poder passá-la em Lisboa". E acaba por perder o coração pelo caminho: "o meu coração mais humano do que eu". É significativo que, em muitos desses poemas de 1928 (quinze ao todo), Campos transforme o seu coração em sujeito, personagem principal do poema: "Meu coração involuntário, impulsivo,/ Naufraga a esfinges indigentes" (T. 86) ou "No dia triste o meu coração mais triste que o dia..." (T. 88). Fecha o ano de 28 uma "Canção à inglesa" (T. 92), balanço dos seus fracassos, protagonizados também pelo coração: "E o meu coração é o mesmo que foi, um céu e um deserto".

Num poema de 1931 (T. 150) diz que, em vez de falar de "sensação", dá consigo a balbuciar "Meu coração é um almirante louco". De fato, o engenheiro sensacionista regressou definitivamente do mar alto das suas sensações: já não sobe ao mais alto cume das vagas tormentosas, sofre em surdina esse coração que permanece inalterado, inalterável: "Meu mestre, meu coração não aprendeu a tua serenidade" — reconhece, invocando Caeiro (T. 83). O Campos da última fase vai ser esse coração insone em que tudo dói: o que foi, o que não foi, o que é, o que não é, e também a vasta dor do mundo.

"Meu coração está cansado como um mendigo verdadeiro" escreve, (T. 80). Mas é esse coração que vai longamente exprimir a sua "vasta fraternidade com a humanidade verdadeira" (T. 189). Um coração que passa muito tempo à janela: já em "Tabacaria", a ver a "criança suja" comer chocolates. Mas muitas outras crianças sujas farão doer esse frágil coração até o fim da vida.

Os monodiálogos vão ser cada vez mais freqüentes. De início, a voz caudalosa do poeta sensacionista cobria tudo. Quando começa a ser mais coração que sensação dá lugar, no poema, a outras presenças que o seu monólogo faz entrever: "O que tenho é sono, meu velho, sono", ouvimo-lo dizer — ao seu "coração cansado"? — num poema de 16/6/1928 (T. 90). Esse *tu*, de um interlocutor imaginário, existe no primeiro poema de 1929 (T. 93). Reaparece neste outro, dirigido a uma "loura débil, feliz porque não és inteiramente real" que lhe sorriu quando a amparou para não cair do elétrico (T. 97). Também diz *tu* a uma mulher que tem um "vestido azulinho": "se eu te pudesse atrair/ Através dele até mim!" — exclama no T. 108.

O coração que assume ser protagoniza muitos desses poemas e confessa mesmo: "Queria levar ao menos a um outro coração a consciência do meu!" (T. 104) — e por isso talvez desabafa: "Produtos românticos, nós todos..." (T. 105).

É nesse "coração romântico" (T. 113) que sofre "toda a injustiça do mundo", dos pobres "bichos humanos, estupidamente sofrentes". Por isso diz: "Quebro o meu coração fatidicamente como um espelho" (T. 112). Noutro poema (T. 101) afirma: "Meu coração verdadeiro continuará velando". Mas o seu "coração romântico" é confrontado com "o egoísmo da vida" (T. 113) e pede "Água de Vidago", talvez para se curar das suas indigestões! Esse mesmo egoísmo o faz sofrer no poema seguinte (não datado) e exclamar: "Estala, meu coração!". Num soneto de dezembro de 1929 escreve que o seu coração rebenta como um saco de papel "socado/ Com força, cheio de sopro, contra a parede do lado." (T. 116). Já anteriormente dele dissera que "estoirou como uma bomba de pataco" (T. 94). Essa visceralização das sensações passa, às vezes, por órgãos menos nobres que o coração: "Tenho uma náusea que, se pudesse comer o universo para o despejar na pia, comia-o" (*Idem*).

Para se livrar do seu medo da loucura, o engenheiro metafísico assume-se como "o engenheiro doido" (T. 95) e tenta tocá-la com a mão, como se ela fosse um "galo". "Cá está ela! Tenho a loucura exactamente na cabeça" (T. 94). Olhar-se convertido em coisas cada vez mais prosaicas é tendência dessa fase, que se agrava: aqui "um caco" (T. 96), mais tarde até uns "penicos antigos" (T. 185).

Os seus projetos dos primeiros tempos são agora chamados "capricho" — que desceu de seus "terraços aristocráticos", e abancou no seu coração, como numa tasca, a comer "açorda em mangas de camisa" (T. 110).

O ano de 1929 é de grande produção datada: dezessete poemas. Dois ironizam a procura da verdade (Ts. 109 e 110). Outro evoca, no "terrível silêncio do quarto", a infância "perdida definitivamente, como um lenço no comboio" (T. 111). Noutro ainda, esse que diz "Fui rei nos meus sonhos" quer agora ser apenas uma pedra — talvez para que sobre ela se possa escrever, como nos livros, "a palavra Fim" (T. 117).

Apesar disso, a produção de Campos é cada vez mais abundante: há 21 poemas datados de 1930.

Apesar dos deprimentes balanços de vida ("Papelotes da velha solteira — toda a minha vida", escreve em T. 120), o engenheiro bêbado continua a vociferar e a esbracejar as suas inconveniências e impropérios: canoniza, com brindes de bêbado, uma americana "maluca", Carry Nation, que, na sua cruzada contra o vinho, investia pelos bares e exemplarmente os arrasava (T. 123).

Os seus ímpetos anarquistas não esmoreceram também de todo: "Não! Só quero a liberdade!/ Amor, glória, dinheiro são prisões" (T. 138). No poema seguinte, ao dar balanço à vida, exclama: "E salvo este desejo de liberdade e de bem e de ar, que é de mim?".

Esses balanços apresentam os seus "propósitos" como "esterco metafísico" (T. 129) — que pede à sra. Gertrudes para varrer do quarto (T. 144) — e como "vazias de tudo as cidades" percorridas (T. 129).

Por isso, o engenheiro metafísico se irá por essa altura aposentar na "Costa do Sol" (T. 165) de suas antigas viagens e das odes de grande fôlego.

Agora deambula a pé pela cidade, judeu errante de si próprio. Passa diante de nós, "na noite da rua suburbana", regressando de uma "conferência com peritos" como ele (T. 119) e faz-nos assistir quase cinematograficamente à sua errância por essa rua que lhe faz de casa ("rua meu lar"), "a caminho do carro eléctrico", esfomeado mais da felicidade que do "jantar que soa atrás de persianas/ Das casas felizes dos arredores por onde se volta ao eléctrico". O olhar de Cesário (que exalta — T. 122) dá o braço ao seu, devorando com avidez os pormenores do real exterior, a vida — esse corpo desejado que, afinal, se lhes recusa. Para ela balbucia Campos, numa outra paragem de elétrico (T. 125), o seu guloso enlevo: "Tarde de azul e ouro, alegria das gentes, olhos claros da vida...".

O ritmo dos poemas acompanha agora o do seu andar parado: "Vou andando parado" — escreve num poema que serve para fechar esse ciclo, significativamente intitulado "Cul de lampe" (T. 131).

Parado ou andando, na rua ou à janela (T. 131 é outro poema à janela), esse coração constantemente nomeado (que em vão embala: "Sossega, coração" — T. 141) monologa sem descanso. Evoca, também longa e cinematograficamente, uma inglesa loira que queria casar com ele (T. 130), a que chama seu "único amor". A "boca bonita da filha do caseiro" (T. 142) também surge como imagem de calendário à cabeceira da sua insônia de solitário.

Ocorrem também monodiálogos com *tus* que, por vezes, são vozes sem rosto (T. 132), o gesto de quem lhe estende um cigarro (T. 134). Noutros monodiálogos o interlocutor e suas deixas é inteiramente adivinhado, expondo o seu "problema sexual" (T. 135).

Num poema do fim desse ciclo o vemos na tarefa infindável de "arrumar a mala de ser", acendendo um cigarro para adiar a viagem. O poema termina: "Mais vale arrumar a mala./ Fim." (T. 140).

Escolhi o ano de 1931 para o princípio do fim do *livro* de Campos e do seu último ciclo, o do engenheiro aposentado. Regressa definitivamente de todas as viagens de longo curso, mesmo as da imaginação.

A viagem mais importante que fará até ao fim da vida deverá ser esta do poema 157, em que revisita Tavira, aos 41 anos. Perante o balanço negativo do que se vê ser ("Paro diante da paisagem, e o que vejo sou eu"), resolve anular o reencontro, ignorar o passado e fazer de conta que ali é apenas "forasteiro, tourist, transeunte", como em qualquer cidade estrangeira. Aliás, também, e sobretudo, dentro de si próprio: "Até em mim, meu Deus, até em mim.".

Os poemas-balanço do que foi, do que é, pontuam toda a obra: "Quanto fui, quanto não fui, tudo isso sou." (T. 149).

Mas há também esse *eu* que ele tem a impressão de ter deixado esquecido "num banco de carro eléctrico". E conclui: "Sou eu mesmo, que remédio!..." (T. 149).

Balanço, também o T. 158, resposta às três perguntas: o que quis, pensei e vivi?

Para se consolar, o seu imparável coração faz três sonetos, de "verso errado" propositadamente, como reconhece (T. 151). Fardado de "almirante louco" (T. 150), de "almirante errado" (T. 151), compensa-se dos seus fracassos afirmando que a derrota "tem mais rosas de alma que as vitórias". No terceiro soneto a sua derrota mascara-se de "príncipe ao balcão" e tem vontade de fechar a sua vida-obra "com um estalido de 'mola de pressão'" — como uma caixa ou um missal. O seu incômodo de existir ("mal deitado sobre a consciência de existir", se confessa no poema 148) exprime-se também metaforicamente por uma constipação para que pede "verdade e aspirina" (T. 147). Outras vezes é a insônia, pura e simples, fixando o teto e tendo, de repente, a imagem visual da miséria humana: "Bamboleamos, moscas, com asas presas,/ No mundo, teia de aranha sobre o abismo." (T. 153).

Outra situação de insônia estimula a sua "fraternidade com a humanidade verdadeira": diz "camarada" ao insone da janela fronteira, considerando-a o coração da "noite eterna, informe, infinita" (T. 156).

Noutro surpreendente monodiálogo de 1931, vemos/ou-vimos dois homens silenciosos que se defrontam sem se atreverem a formular uma pergunta que os esclareça sobre a mulher que ambos cortejam: "De qual de nós é que ela gosta? Como é que podemos chegar a discutir isso?" (T. 155).

Há nove poemas datados de 1931, cinco dos quais praticamente desconhecidos.

Em 1932 Campos está nitidamente aposentado na Costa do Sol — título de três sonetos (T. 165) — onde o visualizamos, a partir de suas ironias sobre si próprio, erguendo o copo à beira-mar, e ouvimos a voz entrecortada de soluços do seu coração bêbado pedir:

Ó grande mar atlântico, desculpa!
Cuspi à tua beira três sonetos.
Sim, mas cuspi-os sobre a minha culpa.

Essa culpa — a que Campos, judeu errante, carregou a vida toda — é sempre vaga. No balanço de vida que aqui faz vê-se ser a "cana ardida" de um foguete. Apesar de concluir "De realmente meu só tenho eu", está acompanhado por uma mulher a quem diz *tu*, que parece dormitar ao seu lado numa cadeira de praia.

O terceiro soneto ou extravasa dos seus catorze versos ou então contém o princípio de outro soneto que pode ser o que se segue (T. 166). É a mesma situação das personagens, diante do mar, aparentemente numa esplanada: "Sob uma umbrela de chá em baixo estamos". E termina com um dos seus terríveis balanços de vida: "Como sapos saltamos e erramos...".

Noutro poema desse ano (T. 163) aparece sentado a uma mesa *tête-à-tête* com uma mulher, habitual freqüentadora desse bar: "loura falsa", lhe chama (falsas ou verdadeiras são louras as mulheres que perpassam pelos seus poemas). É um texto inesperado, apesar de flagrantemente Campos, levando à sua expressão mais perfeita e despojada o captar de uma situação, contando-a com recursos de mímica de cinema e de teatro. Afinal incomunicáveis, ele e a mulher (com os Alpes pelo meio, diz), assistimos às manobras de sedução desse "animal emaranhado" com sua "distinção cinematográfica", gabando-lhe o ar de estrangeiro:

"Percebe-se", dizes, "que o senhor viveu muito no estrangeiro".
E eu que sinto vaidade em ouvi-lo!

O desfecho inevitável é assim contado: "Soa em nós o gesto sexual de nos irmos embora./ Rodo a cabeça para o pagamento...".

São apenas seis os poemas com data de 1932. Destacamos outro (T. 164) em que (num desses "grandes momentos do sossego da tristeza"), movido pelo seu habitual tropismo de olhar pela janela, o poeta apetece, lá fora, a "natureza sem interrupções" (T. 164) — isto é, sem morte. É desse ano também o conhecido poema "Realidade", com silhueta de mulher ao fundo, em que o transeunte de si próprio cruza, numa rua, com o seu *eu* antigo que por ali passava há vinte anos (T. 167).

E devia ser por essa altura que Campos vociferava os palavrões do poema 162, que aliás toda a vida pronunciou — esses a que as cordas vocais de Pessoa sempre se recusaram.

O ano de 1933 é o do poema "Magnificat", esse anseio pelo cair do pano:

Quando é que passará este drama sem teatro,
Ou este teatro sem drama,
E recolherei a casa? (T. 179)

O engenheiro continua, contudo, a trabalhar no seu cubículo, em que se auto-retrata, destacando-se, como ruído de fundo, "o tic-tac estalado das máquinas de escrever" (T. 181). Mascara-se, às vezes, de almirante aposentado da "profissão do mar" — e aqui o temos "passageiro parado" (T. 176), a contemplar "o esplendor dos mapas, caminho abstracto para a imaginação concreta" (T. 169).

O cais das suas viagens é, muitas vezes, a janela, onde o vemos, fotograficamente, em "Tabacaria" e noutros poemas, "a cabeça curvada contra as mãos sobrepostas/ Sobre o parapeito alto da janela de sacada,/ Sentado de lado numa cadeira, depois de jantar" (T. 180) — fazendo os seus implacáveis balanços: "Quantos Césares fui!". Esse poema traz uma indicação final: "Mundo, 7 de Dezembro de 1933", que todas as edições têm omitido, apesar de fazer parte do corpo do poema, como as didascálias finais dos "Três sonetos". Campos é cada vez mais apátrida, mais cidadão do mundo, enquanto Pessoa é militantemente português.

É nesses parapeitos, debruçado sobre o mundo e sobre o seu passado, que entabula os monodiálogos que lhe são caros. Num deles, evoca um *tête-à-tête*, dir-se-ia conjugal, com as brancas mãos de uma inglesa (T. 178). Noutro poema (T. 176) diz *tu* a uma mulher que evoca "no silêncio da noite, quando tudo é nada".

As imagens do passado vêm constantemente ao seu encontro, sobretudo as da infância, da "sala de jantar das tias velhas" (T. 170).

Seu onipresente coração tem frio, por isso lhe diz nesse poema: "Aquece, meu coração!/ Aquece ao passado".

Um convite à partida (T. 177) assemelha-se ao desafio do poema "Se te queres matar". Incita: "Faze as malas para Parte Nenhuma!". É, afinal, continuação da obsessiva ode "A partida" que foi escrevendo ao longo da vida-obra. Nem faltam aqui os navios embandeirados que o aguardam para seguir viagem.

Enquanto apenas oito poemas trazem a data de 1933, há 22 datados de 1934. A situação de insônia continua a ser fulcral, a ânsia de conciliar não só o sono mas o sossego. No conhecido poema "Lisboa com suas casas/ de várias cores", uma voz insone repete várias vezes esses versos como quem conta carneirinhos para conseguir dormir (T. 186).

Em "Começa a haver meia-noite" (T. 193) mendiga que "qualquer coisa" aconteça, "qualquer coisa...". Umas mãos de mulheres lembradas "fotograficamente" vêm povoar outra insônia (T. 199). Entre a angústia da insônia e o pavor da loucura vai um passo — que ele dá. Ao seu coração, protagonista de todas essas turbulências, ordena: "Estala, coração de vidro pintado!" (T. 187).

O passo indeciso do poeta é surpreendido no poema 212 e nalguns outros dessa última fase. O seu ritmo curto e entrecortado é comparado nostalgicamente ao das antigas grandes odes e ao dos seus não menos grandiosos planos. O balanço negativo lhe é inevitável: "Perdi tudo que me fazia consciente/ De uma certeza qualquer no meu ser..." (T. 195).

"Colher coisa nenhuma" (T. 183) traduz o gesto em negativo, para dentro, do seu "supremíssimo cansaço" (T. 206), da sua apetência de *nada*: pensar nada, sentir nada, ser nada — embora tenha que concluir que esse *nada* que se aplica a sentir é "um nada que dói..." (T. 188).

"Sou nada..." — afirma (T. 211). E a metáfora dessa ausência é um balão de feira que rebenta (T. 183). Pior que ausência, imagina-se (como Sá-Carneiro nos seus últimos poemas) coisas cada vez mais prosaicas, até "um penico antigo", em que pede que ponham a respectiva tampa (T. 185). E da mesma forma que Sá-Carneiro quer se livrar desse ser incômodo e desinteressante que se vê ser, esquecendo-se de si "no lavabo de um Café", como um anel, Campos pede que façam dele um embrulho e o atirem ao rio (T. 208).

O teimoso coração sobrevive, contudo, ao "naufrágio sem água" (T. 183) que apetece. Continua a ser "um pouco maior que o universo inteiro", como diz nesse poema (T. 189) em que afirma a sua "vasta fraternidade com a humanidade verdadeira". Outro poema, protagonizado por esse coração onipresente que identifica como a "estalajadeira dos mortos da noite" e, finalmente, uma "algema partida" será, talvez, dessa altura (T. 191).

Será esse coração que faz *crochet*, que diz ser também o seu e o de toda a gente — "Tudo quanto nos entretém ao serão de sermos..." (T. 196) — enquanto contempla uma mulher num serão aparentemente conjugal?

O coração que é assiste ao que escreve: "Seremos nós neste mundo apenas canetas com tinta/ Com que alguém escreve a valer o que nós aqui traçamos?", pergunta (T. 210). Atendendo talvez ao caráter religioso dessa comunicação é que se insurge contra os poemas de "tantos poetas absolutamente de hoje" (T. 207).

Apetece o repouso, "depois de tantas viagens, físicas e psíquicas" (T. 205) — atingir esse nada que é a "vida vegetativa do pensamento".

A idéia de partir é agora apenas sono. Mas a "véspera de viagem" soa afinal "estridentemente" (T. 204), e o "comboio definitivo" avança, implacável. Noutro poema o vemos esperar "numa estação dos arredores/ O comboio que há-de trazer ah tão talvez, quem talvez venha" (T. 203).

"O comboio definitivo" chegou no ano seguinte, 1935.

Entretanto, começa o ano à janela, acompanhado pela voz ao longe, vinda do jardim, de uma mulher a quem diz "meu amor" (T. 215). O seu coração continua a comover-se com o "destino inevitável" das "garotas que dançam a brincar na rua" que serão inevitavelmente cilindradas pela vida, neste mas também noutro poema de 1935 (T. 220), tradicionalmente atribuído ao ortônimo.

A presença de uma mulher num interior doméstico, a quem diz *tu*, reaparece, falando e tocando piano ao mesmo tempo (T. 218). Queixa-se, então, de que as musas não acodem ao chamamento, se se debruça sobre si próprio (T. 213). Já antes o ouvíramos constatar: "Estou vazio como um poço seco" (T. 184).

O seu pensamento tem o passo cada vez mais trôpego. Até duvida do influxo dos astros, a que Pessoa esteve toda a vida atento (T. 217). O fôlego do verso torna-se também cada vez mais curto — e acompanha, decrescendo de tamanho, na estrofe, o ritmo de um sopro que se esvai (Ts. 216, 222 e 224).

O fim do *livro* é previsto em 3/2/1935 com um soneto do gênero de "Costa do Sol", de uma ironia que remete para libações imoderadas, e se intitula significativamente "Regresso ao lar" (T. 219). Balanço final: não sabe nada de nada e manda "berdamerda" o que poderá vir a saber.

Com essa pirueta se escapuliu para lá do pano: acrescentou a esse poema a indicação em inglês: "end of the book". Mas o fim real da vida de Pessoa só ocorrerá nove meses depois, durante os quais não pôde, afinal, passar sem Campos — essa máscara tão companheira da sua vera cara que "quando a quis tirar estava pegada à cara". Por isso o *livro* tem que levar um *post-scriptum* de seis poemas (datados) que, entretanto, Pessoa foi compondo na pele de Campos.

Em meados de setembro, o penúltimo poema datado, e o balanço inevitável: "Afinal/ Que vida fiz eu da vida?" (T. 224). Em final de outubro, Campos lança mão da pena para uma última mensagem curiosamente sobre cartas de amor — "ridículas", começa por dizer, acabando por fazer, afinal, um poema de amor, lembrando nostalgicamente o tempo em que as escrevia. E o coração teve a última palavra: "Só as criaturas que nunca escreveram/ Cartas de amor/ É que são/ Ridículas" (T. 225).

Nos apêndices apresento textos no estádio de esboços (um deles uma versão da "Saudação a Walt Whitman", anterior à conhecida mas texto autônomo, de tal forma diferente: T. 227a).

Separadamente, com "autoria problemática", apresento dez textos.

A presença geminada Pessoa-Campos leva a que seja por vezes melindroso reconhecer a voz não assinada de um poema. É verdade que Pessoa, na sua própria pessoa, poucas vezes usou o verso solto. Assim o T. 236 é um mero apontamento com o intuito de, sobretudo, mostrar um desses textos a que o próprio Pessoa não teria talvez sabido atribuir paternidade. O poema seguinte é protagonizado por esse coração tão nomeado, numa dessas situações metafóricas caras a Campos: "entalado num comboio"...

Atribuiria "Tramway" (T. 238) sem hesitação a Campos atendendo à atitude do viajante ("Aqui vou eu num carro eléctrico"), em dísticos rimados, se com esse ritmo tivesse prosseguido. Nem falta o toque de ironia tão próprio do engenheiro. Mas, de fato, a forma e o ritmo das estrofes não são habituais em Campos. Repare-se que em 1919, ano desse poema, Campos estava silencioso, esgotado talvez pelas febres sensacionistas. Vimos que também o próprio Pessoa não atribuiu a Campos dois poemas desse ano, em verso livre, que, provavelmente por não terem o ritmo das anteriores odes do engenheiro sensacionista, foram endossados a Caeiro. Nesse período de pousio, por assim dizer, germinava o novo Campos que, lá para 1923, revisitaria a poesia.

"Canção abrupta" (T. 239) foi escrita no reto da página em que começou a "Canção à inglesa" cuja paternidade Campos assumiu. Temos aqui o verso displicente de Campos, irregular, a sua atitude, até os seus monodiálogos, a afirmação encenada da sua heteronímia sentimental ("Eu tenho muitos corações/ É um privilégio intelectual"), a exploração dos contrastes: "Madona que vais comprar couves". Mas poderá objetar-se que é um humor mais brincalhão, à Pessoa-Íbis, que ácido, à Pessoa-Campos.

T. 240 é um monólogo de bêbado, um balanço de vida que bem poderia ser de Campos. Mas a linguagem é demasiado composta e bem articulada. Campos-Campos seria talvez mais irônico... O mesmo diria em relação ao interessantíssimo poema seguinte — apesar da exploração dos contrastes tão cara ao Engenheiro: "os ossos da alma" roídos por esse cão que "mijou no [seu] misticismo"...

O poema seguinte (T. 242) esteve vai-não-vai para figurar no *livro* de Campos e não apenas nos apêndices. O engenheiro não enjeitaria assinar, decerto, esse ácido balanço de vida, na sua autoflageladora ironia. Que pena não o ter feito! É que, metricamente, não é flagrantemente Campos. Pode acontecer — como em relação aos três anteriores — que Pessoa nos anos 1930 se começasse a parecer cada vez mais com Campos, mesmo quando não dava a cara e o nome ...

T. 243 é atribuído habitualmente a Campos mas a verdade é que Pessoa apenas o cita, entre parênteses, como também cita "o vento lá fora" — por isso o deixo nesse patamar.

T. 244 também poderia ser considerado de Campos sem razão para escândalo. É esse "falar alto", sozinho, alta noite, na torre, que ele assume como seu — semelhante ao do poema 54, com atribuição explícita a Campos. O meu escrúpulo vem de que a angústia metafísica de Campos-Campos tem mais vísceras que a de Fausto. O próprio Pessoa deveria ter dificuldade em distinguir, por vezes, e provavelmente nesse caso, o monólogo de Fausto do do engenheiro metafísico...

Em T. 245 o universo é, não o da rua dos Douradores, mas o do "Tejo lá em baixo", isto é, o de Soares, que, de fato, não apreciava o Chiado. Podia ter sido ele o autor desse breve apontamento. Quem sabe, uma das veleidades em verso, que também as teve, para variar do *Livro do desassossego*…

Recordemos que Pessoa escreveu muitos dos seus poemas como esses monólogos dramáticos que inseriu em peças de teatro batizadas de *Morte do príncipe* e *Fausto*, por exemplo. Só que às vezes não cuidou de batizar a voz que se exprimia, já que se propunha orquestrar posteriormente essas falas avulsas. Um texto inédito reza assim: "Álvaro de Campos é o personagem de uma peça; o que falta é a peça." (Esp. BN 65-10). Essa peça é, afinal, constituída por textos soltos que nos incumbe articular porque, apesar de ter afirmado que a evolução do *livro* estava prevista, e de nos pôr ao corrente das suas diferentes fases, a verdade é que Pessoa dele apenas nos indicou o primeiro e o último poema.

Teresa Rita Lopes

POEMAS

O POETA DECADENTE
(1913-1914)

1

Tão pouco heráldica a vida!
Tão sem tronos e ouropéis quotidianos!
Tão de si própria oca, tão do sentir-se despida
Afogai-me, ó ruído da acção, no som dos vossos oceanos!

Sede abençoados, □ carros, comboios e trens
Respirar regular de fábricas, motores trementes a atroar
Com vossa crónica □
Sede abençoados, vós ocultais-me a mim...

Vós ocultais o silêncio real e inteiro da Hora
Vós despis de seu murmúrio o mistério
Aquele que dentro de mim quase grita, quase, quase chora
Dorme em vosso embalar férreo,

Levai-me para longe de eu saber que vida é que sinto
Enchei de banal e de material o meu ouvido vosso
A vida que eu vivo — ó □ — é a vida que me minto
Só tenho aquilo que □; só quero o que ter não posso.

2
VIAGEM

Sonhar um sonho é perder outro. Tristonho
Fito a ponte pesada e calma...
Cada sonho é um existir de outro sonho,
Ó eterna desterrada em ti própria, ó minha alma!

Sinto em meu corpo mais conscientemente
O rodar estremecido do comboio. Pára?...
Com um como que intento intermitente
De □ mal roda, estaca. Numa estação, clara

De realidade e gente e movimento.
Olho p'ra fora... Cesso... Estagno em mim.
Resfolgar da máquina... Carícia de vento
Pela janela que se abre... Estou desatento...
Parar... seguir... parar... Isto é sem fim

Ó o horror da chegada! Ó horror. Ó nunca
Chegares, ó ferro em trémulo seguir!
À margem da viagem prossegue... Trunca
A realidade, passa ao lado do ir
E pelo lado interior da Hora
Foge, usa a eternidade, vive...
Sobrevive ao momento □ vai!
Suavemente... suavemente, mais suavemente e demora
□ entra na gare... Range-se... estaca... É agora!

Tudo o que fui de sonho, o eu-outro que tive
Resvala-me pela alma... Negro declive

Resvala, some-se, para sempre se esvai
E da minha consciência um Eu que não obtive
Dentro em mim de mim cai.

3

Lentidão dos vapores pelo mar...
Tanto que ver, tanto que abarcar.
No eterno presente da pupila
Ilhas ao longe, costas a despontar
Na imensidão oceânica e tranquila.

Mais depressa... Sigamos... Hoje é o real...
O momento embriaga... A alma esquece
Que existe no mover-se... Cais, carnal...
Para os botes no cais quem é que desce?
Que importa? Vamos! Tudo é tão real!

Quantas vidas que ignoro que me ignoram!
Passo por casas, fumo em chaminés
Interiores que adivinho! Choram
Em mim desejos lívidos, rés-vés
Do tédio de ser isto aqui, e ali
Outro não-eu... Sigamos... Outras terras!

Quantas paisagens vivi!
Planícies! mares! serras
Ao longe! Pareceis com tanta curva,
Pinheirais! Igualdade das culturas!
Dias monótonos de chuva...
Noites de lua nova — canto de ruelas escuras,

Antros... Dias de sol — de agasalho
De que o olhar abrasa e amodorrado
Mal tem espaço para desejar...

Campos cheios de vultos em trabalho
À sombra de um carvalho ali isolado
— Ah e eu passo! — um mendigo a descansar.
O longe! O além! O outro! A rota! Ir!
Ir absolutamente! ir entregadamente
Ir sem mais consciência de sentir[1]
Que tem um suicida na corrente
Que passa a dor da morte na água a rir.

Sonho-desolação![2]
Ó meu desejo e tédio das viagens,
Cansado anseio do meu coração —
Cidades, brumas, margens
De rios desejadas para olhar…
Costa triste, ermo mar
Barulhando segredos,
Negrume cortiçado dos rochedos
Donde pulsa chiando a espuma na água —
— Frio pela consciência dos meus nervos —[3]
De não estar eu a ver-vos, ódio-mágoa!
Ó Tédio! só pensar estar a ver-vos…[4]

Gozo gloriosamente estéril e oco
De encher de memórias de cidades,
De campos fugitivos, feitos pouco
Na fuga do comboio — sociedades
Só pensadas de velha bancarrota

Surpresas no olhar sobre colinas,
Rios sob pontes, águas instantâneas
Grandes cidades através neblinas
Fábricas — fumo e fragor — sonhos insónias…
Mares súbitos, através carruagens
Vistos por meu olhar sempre cansado
Tudo isto cansa, só de imaginado
Tenho em minha alma o tédio das viagens[5]

Que quero eu ser? Eu que desejo qu'rer?
Feche eu os olhos, e o comboio seja
Apenas um estremecimento a [?encher?]
Meu corpo inerte, meu cérebro que nada deseja
E já não quer saber o que é viver...

Minuto exterior pulsando em mim
Minuciosamente, entreondulando
Numa oscilada indecisão sem fim
Meu corpo inerte... Sigo, recostando
Minha cabeça no vidro que me treme
De encontro à consciência o meu ser todo;
Para que viajar? O tédio vai ao leme
De cada meu angustiado modo.

Por entre árvores — fumo...
Ó domésticos □ escondidos!
Ó tédio... Ó dor... O vago é o meu rumo.
Viajo só pelos meus sentidos
Dói-me a monotonia dessa viagem...
Peso-me... Entreolho sem me levantar
Estações □ ... [?Campolides?]...Reagem
Inutilmente em mim desejos de gozar...

4
TRÊS SONETOS

I

[A Raul de Campos]*

Quando olho para mim não me percebo.
Tenho tanto a mania de sentir
Que me extravio às vezes ao sair
Das próprias sensações que eu recebo.

O ar que respiro, este licor que bebo
Pertencem ao meu modo de existir,
E eu nunca sei como hei-de concluir
As sensações que a meu pesar concebo.

Nem nunca, propriamente, reparei
Se na verdade sinto o que sinto. Eu
Serei tal qual pareço em mim? serei

Tal qual me julgo verdadeiramente?
Mesmo ante as sensações sou um pouco ateu,
Nem sei bem se sou eu quem em mim sente.

Lisboa, (uns seis a sete meses antes do Opiário*) Agosto 1913***

II

A Praça da Figueira de manhã,
Quando o dia é de sol (como acontece

Sempre em Lisboa), nunca em mim esquece,
Embora seja uma memória vã.

Há tanta coisa mais interessante
Que aquele lugar lógico e plebeu,
Mas amo aquilo, mesmo aqui... Sei eu
Porque o amo? Não importa nada. Adiante...

Isto de sensações só vale a pena
Se a gente se não põe a olhar pra elas.
Nenhuma delas em mim é serena...

De resto, nada em mim é certo e está
De acordo comigo próprio. As horas belas
São as dos outros, ou as que não há.

Londres, (*uns cinco meses antes do* Opiário) *Outubro 1913*

III
[A Daisy Mason]*

Olha, Daisy, quando eu morrer tu hás-de
Dizer aos meus amigos aí de Londres,
Que, embora não o sintas, tu escondes
A grande dor da minha morte. Irás de

Londres pra York, onde nasceste (dizes —
Que eu nada que tu digas acredito...)
Contar àquele pobre rapazito
Que me deu tantas horas tão felizes

(Embora não o saibas) que morri.
Mesmo ele, a quem eu tanto julguei amar,

Nada se importará. Depois vai dar

A notícia a essa estranha Cecily
Que acreditava que eu seria grande...
Raios partam a vida e quem lá ande!...**

(*A bordo do navio em que embarcou para o Oriente; uns quatro meses antes do* Opiário, *portanto*) *Dezembro 1913*

5
OPIÁRIO

ao senhor Mário de Sá-Carneiro

É antes do ópio que a minh'alma é doente.
Sentir a vida convalesce e estiola
E eu vou buscar ao ópio que consola
Um Oriente ao oriente do Oriente.

Esta vida de bordo há-de matar-me.
São dias só de febre na cabeça
E, por mais que procure até que adoeça,
Já não encontro a mola pra adaptar-me.

Em paradoxo e incompetência astral
Eu vivo a vincos d'ouro a minha vida,
Onda onde o pundonor é uma descida
E os próprios gozos gânglios do meu mal.

É por um mecanismo de desastres,
Uma engrenagem com volantes falsos,
Que passo entre visões de cadafalsos
Num jardim onde há flores no ar, sem hastes.

Vou cambaleando através do lavor
Duma vida-interior de renda e laca.
Tenho a impressão de ter em casa a faca
Com que foi degolado o Precursor.

Ando expiando um crime numa mala,
Que um avô meu cometeu por requinte.
Tenho os nervos na forca, vinte a vinte,
E caí no ópio como numa vala.

Ao toque adormecido da morfina
Perco-me em transparências latejantes
E numa noite cheia de brilhantes
Ergue-se a lua como a minha Sina.

Eu, que fui sempre um mau estudante, agora
Não faço mais que ver o navio ir
Pelo canal de Suez a conduzir
A minha vida, ânfora na aurora.[1]

Perdi os dias que já aproveitara.
Trabalhei para ter só o cansaço
Que é hoje em mim uma espécie de braço
Que ao meu pescoço me sufoca e ampara.

E fui criança como toda a gente.
Nasci numa província portuguesa
E tenho conhecido gente inglesa
Que diz que eu sei inglês perfeitamente.

Gostava de ter poemas e novelas
Publicados por Plon e no *Mercure*,
Mas é impossível que esta vida dure.
Se nesta viagem nem houve procelas!

A vida a bordo é uma coisa triste
Embora a gente se divirta às vezes.
Falo com alemães, suecos e ingleses
E a minha mágoa de viver persiste.

Eu acho que não vale a pena ter
Ido ao Oriente e visto a Índia e a China.
A terra é semelhante e pequenina
E há só uma maneira de viver.

Por isso eu tomo ópio. É um remédio.
Sou um convalescente do Momento.
Moro no rés-do-chão do pensamento
E ver passar a Vida faz-me tédio.

Fumo. Canso. Ah uma terra aonde, enfim,
Muito a leste não fosse o oeste já!
Pra que fui visitar a Índia que há
Se não há Índia senão a alma em mim?

Sou desgraçado por meu morgadio.
Os ciganos roubaram minha Sorte.
Talvez nem mesmo encontre ao pé da morte
Um lugar que me abrigue do meu frio.

Eu fingi que estudei engenharia.
Vivi na Escócia. Visitei a Irlanda.
Meu coração é uma avozinha que anda
Pedindo esmola às portas da Alegria.

Não chegues a Port-Said, navio de ferro!
Volta à direita, nem eu sei para onde.
Passo os dias no smoking-room com o conde —
Um escroc francês, conde de fim de enterro.

Volto à Europa descontente, e em sortes
De vir a ser um poeta sonambólico.
Eu sou monárquico mas não católico
E gostava de ser as coisas fortes.

Gostava de ter crenças e dinheiro,
Ser vária gente insípida que vi.
Hoje, afinal, não sou senão, aqui,
Num navio qualquer um passageiro.

Não tenho personalidade alguma.
É mais notado que eu esse criado
De bordo que tem um belo modo alçado
De *laird* escocês há dias em jejum.

Não posso estar em parte alguma. A minha
Pátria é onde não estou. Sou doente e fraco.
O comissário de bordo é velhaco.
Viu-me co'a sueca... e o resto ele adivinha.

Um dia faço escândalo cá a bordo,
Só para dar que falar de mim aos mais.
Não posso com a vida, e acho fatais
As iras com que às vezes me debordo.

Levo o dia a fumar, a beber coisas,
Drogas americanas que entontecem,
E eu já tão bêbado sem nada! Dessem
Melhor cérebro aos meus nervos como rosas.

Escrevo estas linhas. Parece impossível
Que mesmo ao ter talento eu mal o sinta!
O facto é que esta vida é uma quinta
Onde se aborrece uma alma sensível.

Os ingleses são feitos pra existir.
Não há gente como esta pra estar feita
Com a Tranquilidade. A gente deita
Um vintém e sai um deles a sorrir.

Pertenço a um género de portugueses
Que depois de estar a Índia descoberta
Ficaram sem trabalho. A morte é certa.
Tenho pensado nisto muitas vezes.

Leve o diabo a vida e a gente tê-la!
Nem leio o livro à minha cabeceira.
Enoja-me o Oriente. É um esteira
Que a gente enrola e deixa de ser bela.

Caio no ópio por força. Lá querer
Que eu leve a limpo uma vida destas
Não se pode exigir. Almas honestas
Com horas pra dormir e pra comer,

Que um raio as parta! E isto afinal é inveja.
Porque estes nervos são a minha morte.
Não haver um navio que me transporte
Para onde eu nada queira que o não veja!

Ora! Eu cansava-me do mesmo modo.
Qu'ria outro ópio mais forte pra ir de ali
Para sonhos que dessem cabo de mim
E pregassem comigo nalgum lodo.

Febre! Se isto que tenho não é febre,
Não sei como é que se tem febre e sente.
O facto essencial é que estou doente.
Está corrida, amigos, esta lebre.

Veio a noite. Tocou já a primeira
Corneta, pra vestir para o jantar.
Vida social por cima! Isso! E marchar
Até que a gente saia pla coleira!

Porque isto acaba mal e há-de haver
(Olá!) sangue e um revólver lá prò fim
Deste desassossego que há em mim
E não há forma de se resolver.

E quem me olhar, há-de me achar banal,
A mim e à minha vida... Ora! um rapaz...
O meu próprio monóculo me faz
Pertencer a um tipo universal.

Ah quanta alma haverá, que ande metida
Assim como eu na Linha, e como eu mística!
Quantos sob a casaca característica
Não terão como eu o horror à vida?

Se ao menos eu por fora fosse tão
Interessante como sou por dentro!
Vou no Maelstrom, cada vez mais prò centro.
Não fazer nada é a minha perdição.

Um inútil. Mas é tão justo sê-lo!
Pudesse a gente desprezar os outros
E, ainda que co'os cotovelos rotos,
Ser herói, doido, amaldiçoado ou belo!

Tenho vontade de levar as mãos
À boca e morder nelas fundo e a mal.
Era uma ocupação original
E distraía os outros, os tais sãos.

O absurdo como uma flor da tal Índia
Que não vim encontrar na Índia, nasce
No meu cérebro farto de cansar-se.
A minha vida mude-a Deus ou finde-a...

Deixe-me estar aqui, nesta cadeira,
Até virem meter-me no caixão.
Nasci pra mandarim de condição,
Mas faltam-me o sossego, o chá e a esteira.

Ah que bom que era ir daqui de caída
Prà cova por um alçapão de estouro!
A vida sabe-me a tabaco louro.
Nunca fiz mais do que fumar a vida.

E afinal o que quero é fé, é calma,
E não ter essas sensações confusas.
Deus que acabe com isto! Abra as eclusas
E basta de comédias na minh'alma!

1914, Março.
No canal de Suez, a bordo.

6
CARNAVAL

a

A vida é uma tremenda bebedeira.*
Eu nunca tiro dela outra impressão.
Passo nas ruas, tenho a sensação
De um carnaval cheio de cor e poeira...

A cada hora tenho a dolorosa
Sensação, agradável todavia,
De ir aos encontrões atrás da alegria[1]
Duma plebe farsante e copiosa...

Cada momento é um carnaval imenso,
Em que ando misturado sem querer.
Se penso nisso maça-me viver
E eu, que amo a intensidade, acho isto intenso

De mais... Balbúrdia que entra pela cabeça
Dentro a quem quer parar um só momento
Em ver onde é que tem o pensamento[2]
Antes que o ser e a lucidez lhe esqueça...

Automóveis, veículos, □
As ruas cheias, □
Fitas de cinema correndo sempre
E nunca tendo um sentido preciso.

Julgo-me bêbado, sinto-me confuso,
Cambaleio nas minhas sensações,

Sinto uma súbita falta de corrimões
No pleno dia da cidade □

Uma pândega esta existência toda...
Que embrulhada se mete por mim dentro
E sempre em mim desloca o crente centro
Do meu psiquismo, que anda sempre à roda...

E contudo eu estou como ninguém
De amoroso acordo com isto tudo...
Não encontro em mim, quando me estudo,
Diferença entre mim e isto que tem

Esta balbúrdia de carnaval tolo,
Esta mistura de europeu e zulu
Este batuque tremendo e chulo
E elegantemente em desconsolo...

Que tipos! Que agradáveis e antipáticos!
Como eu sou deles com um nojo a eles!
O mesmo tom europeu em nossas peles[3]
E o mesmo ar conjuga-nos □[4]

Tenho às vezes o tédio de ser eu
Com esta forma de hoje e estas maneiras...
Gasto inúteis horas inteiras
A descobrir quem sou; e nunca deu

Resultado a pesquisa... Se há um plano
Que eu forme, na vida que talho para mim
Antes que eu chegue desse plano ao fim
Já estou como antes fora dele. É engano

A gente ter confiança em quem tem ser... [5]
□

◆

Olho p'ró tipo como eu que aí vem…
□
Como se veste □ bem
Porque é uma necessidade que ele tem
Sem que ele tenha essa necessidade.

Ah, tudo isto é para dizer apenas
Que não estou bem na vida, e quero ir
Para um lugar mais sossegado, ouvir
Correr os rios e não ter mais penas.

Sim, estou farto do corpo e da alma
Que esse corpo contém, ou é, ou faz-se…
Cada momento é um corpo no que nasce…
Mas o que importa é que não tenho calma.

Não tenciono escrever outro poema
Tenciono só dizer que me aborreço.
A hora a hora minha vida meço
E acho-a um lamentável estratagema

De Deus para com o bocado de matéria
Que resolveu tomar para meu corpo…
Todo o conteúdo de mim é porco
E de uma chatíssima miséria.

Só é decente ser outra pessoa
Mas isso é porque a gente a vê por fora…
Qualquer coisa em mim parece agora
□

b

É Carnaval, e estão as ruas cheias
De gente que conserva a sensação,
Tenho intenções, pensamento, ideias,
Mas não posso ter máscara nem pão.

Esta gente é igual, eu sou diverso —
Mesmo entre os poetas não me aceitariam.
Às vezes nem sequer ponho isto em verso —
E o que digo, eles nunca assim diriam.

Que pouca gente a muita gente aqui!
Estou cansado, com cérebro e cansaço.
Vejo isto, e fico, extremamente aqui
Sozinho com o tempo e com o espaço.

De trás de máscaras nosso ser espreita,
De trás de bocas um mistério acode
Que meus versos anódinos enjeita.
□

Sou maior ou menor? Com mãos e pés
E boca falo e mexo-me no mundo.
Hoje, que todos são máscaras, és
Um ser máscara-gestos, em tão fundo…

c

3*

□ não tenho compartimentos estanques
Para os meus sentimentos e emoções…

Vidas, realmente se misturam
O que era cérebro acaba sentimento
Minha unidade morre ao relento
□

Quando quero pensar, sinto, não sei
Se me sinto quem sou e queria.
Psique de fora da psicologia,
Vivo fora da □ e da lei

Amorfo anexo ao mundo exterior
Reproduzindo tudo o que nele há
Sem que em meu ser qualquer ser meu me vá
Compensar pessoalmente a minha dor.[1]

Não: sempre as dores doutra gente que é eu
(Sempre alegrias de várias pessoas)
[....]
Sempre de um centro diferente e meu

Carnaval de □
Bebendo p'ra se sentir alegres e outros
Outros bebendo como eles □ se sentem
Tendo de ser alegres □

Dêem-me um sentir que cansa e é bom e cessa
Prendam-me para que eu não faça mais versos
Façam [?ad finem?] com que o sentir cesse
Proíbam-me pensar com a cabeça.

Dói-me a vida em todos os meus poros
Estala-me na cabeça o coração,
□
Para que escrevo? É uma pura perda.
□

Depois [....]
Se escrevo o que sinto [..]. Bom. Merda.[2]

Pronto. Acabou-se. Quebro a pena e a tinta
Entorno-a aqui só para a entornar...
Não haver vida que se possa DAR!
Não haver alma com que não se sinta!

Não haver como essa alma consertar-me
Com cordéis ou arames que se aguentem
Com ferros e madeiras que não mentem
E me dêem unidade no aguentar-me!

Não haver □
Não haver, não [....]
Não haver. Não Haver!

d

Aquela falsa e triste semelhança
Entre quem julgo ser e quem eu sou.
Sou a máscara que volve a ser criança,
Mas reconheço, adulto, aonde estou,

Isto não é o Carnaval, nem eu.
Tenho vontade de dormir, e ando.
O que passa, ondeando, em torno meu,
Passa □

Dormir, despir-me deste mundo ultraje,
Como quem despe um dominó roubado.
Despir a alma postiça como a um traje.
□

Tenho náusea carnal do meu destino.
Quase me cansa me cansar. E vou,
Anónimo, □ menino,
Por meu ser fora à busca de quem sou.

7
BARROW-ON-FURNESS

I

Sou vil, sou reles, como toda a gente,
Não tenho ideais, mas não os tem ninguém.
Quem diz que os tem é como eu, mas mente.
Quem diz que busca é porque não os tem.

É com a imaginação que eu amo o bem.
Meu baixo ser porém não mo consente.
Passo, fantasma do meu ser presente,
Ébrio, por intervalos, de um Além.

Como todos não creio no que creio.
Talvez possa morrer por esse ideal.
Mas, enquanto não morro, falo e leio.

Justificar-me? Sou quem todos são...
Modificar-me? Para meu igual?...
— Acaba lá com isso, ó coração!

II

Deuses, forças, almas de ciência ou fé,
Eh! Tanta explicação que nada explica!
Estou sentado no cais, numa barrica,
E não compreendo mais do que de pé.

Porque o havia de compreender?
Pois sim, mas também porque o não havia?

Água do rio, correndo suja e fria,
Eu passo como tu, sem mais valer...

Ó universo, novelo emaranhado,
Que paciência de dedos de quem pensa
Em outra coisa te põe separado?

Deixa de ser novelo o que nos fica...
A que brincar? Ao amor?, à indif'rença?
Por mim, só me levanto da barrica.

III

Corre, raio de rio, e leva ao mar
A minha indiferença subjectiva!
Qual "leva ao mar"! Tua presença esquiva
Que tem comigo e com o meu pensar?

Lesma de sorte! Vivo a cavalgar
A sombra de um jumento. A vida viva
Vive a dar nomes ao que não se activa,
Morre a pôr etiquetas ao grande ar...

Escancarado Furness, mais três dias
Te aturarei, pobre engenheiro preso
A sucessibilíssimas vistorias...

Depois, ir-me-ei embora, eu e o desprezo
(E tu irás do mesmo modo que ias),
Qualquer, na *gare*, de cigarro aceso...

IV

Conclusão a sucata!... Fiz o cálculo,
Saiu-me certo, fui elogiado...
Meu coração é um enorme estrado
Onde se expõe um pequeno animálculo...

A microscópio de desilusões
Findei, prolixo nas minúcias fúteis...
Minhas conclusões práticas, inúteis...
Minhas conclusões teóricas, confusões...

Que teorias há para quem sente
O cérebro quebrar-se, como um dente
Dum pente de mendigo que emigrou?

Fecho o caderno dos apontamentos
E faço riscos moles e cinzentos
Nas costas do envelope do que sou...

V

Há quanto tempo, Portugal, há quanto
Vivemos separados! Ah, mas a alma,
Esta alma incerta, nunca forte ou calma,
Não se distrai de ti, nem bem nem tanto.

Sonho, histérico oculto, um vão recanto...
O rio Furness, que é o que aqui banha,
Só ironicamente me acompanha,
Que estou parado e ele correndo tanto...

Tanto? Sim, tanto relativamente...
Arre, acabemos com as distinções,
As subtilezas, o interstício, o entre,

A metafísica das sensações —
Acabemos com isto e tudo mais…
Ah, que ânsia humana de ser rio ou cais!

O ENGENHEIRO SENSACIONISTA (1914-1922)

8

ODE TRIUNFAL

À dolorosa luz das grandes lâmpadas eléctricas da fábrica
Tenho febre e escrevo.
Escrevo rangendo os dentes, fera para a beleza disto,
Para a beleza disto totalmente desconhecida dos antigos.

Ó rodas, ó engrenagens, r-r-r-r-r-r eterno!
Forte espasmo retido dos maquinismos em fúria!
Em fúria fora e dentro de mim,
Por todos os meus nervos dissecados fora,
Por todas as papilas fora de tudo com que eu sinto!
Tenho os lábios secos, ó grandes ruídos modernos,
De vos ouvir demasiadamente de perto,
E arde-me a cabeça de vos querer cantar com um excesso
De expressão de todas as minhas sensações,
Com um excesso contemporâneo de vós, ó máquinas!

Em febre e olhando os motores como a uma Natureza tropical —
Grandes trópicos humanos de ferro e fogo e força —
Canto, e canto o presente, e também o passado e o futuro,
Porque o presente é todo o passado e todo o futuro
E há Platão e Virgílio dentro das máquinas e das luzes eléctricas
Só porque houve outrora e foram humanos Virgílio e Platão,
E pedaços do Alexandre Magno do século talvez cinquenta,
Átomos que hão-de ir ter febre para o cérebro do Ésquilo do
[século cem,
Andam por estas correias de transmissão e por estes êmbolos e
[por estes volantes,
Rugindo, rangendo, ciciando, estrugindo, ferreando,

Fazendo-me um excesso de carícias ao corpo numa só carícia à
[alma.

Ah, poder exprimir-me todo como um motor se exprime!
Ser completo como uma máquina!
Poder ir na vida triunfante como um automóvel último-modelo!
Poder ao menos penetrar-me fisicamente de tudo isto,
Rasgar-me todo, abrir-me completamente, tornar-me passento
A todos os perfumes de óleos e calores e carvões
Desta flora estupenda, negra, artificial e insaciável!

Fraternidade com todas as dinâmicas!
Promíscua fúria de ser parte-agente
Do rodar férreo e cosmopolita
Dos comboios estrénuos,
Da faina transportadora-de-cargas dos navios,
Do giro lúbrico e lento dos guindastes,
Do tumulto disciplinado das fábricas,
E do quase-silêncio ciciante e monótono das correias de trans-
[missão!

Horas europeias, produtoras, entaladas
Entre maquinismos e afazeres úteis!
Grandes cidades paradas nos cafés,
Nos cafés — oásis de inutilidades ruidosas
Onde se cristalizam e se precipitam
Os rumores e os gestos do Útil
E as rodas, e as rodas-dentadas e as chumaceiras do Progressivo!
Nova Minerva sem-alma dos cais e das gares!
Novos entusiasmos de estatura do Momento!
Quilhas de chapas de ferro sorrindo encostadas às docas,
Ou a seco, erguidas, nos planos-inclinados dos portos!
Actividade internacional, transatlântica, *Canadian-Pacific*!
Luzes e febris perdas de tempo nos bares, nos hotéis,
Nos Longchamps e nos Derbies e nos Ascots,
E Piccadillies e Avenues de l'Opéra que entram

Pela minh'alma dentro!
Hé-la as ruas, hé-lá as praças, hé-lá-hô *la foule*!
Tudo o que passa, tudo o que pára às montras!
Comerciantes; vadios; escrocs exageradamente bem-vestidos;
Membros evidentes de clubs aristocráticos;
Esquálidas figuras dúbias; chefes de família vagamente felizes
E paternais até na corrente de oiro que atravessa o colete
De algibeira a algibeira!
Tudo o que passa, tudo o que passa e nunca passa!
Presença demasiadamente acentuada das cocottes;
Banalidade interessante (e quem sabe o quê por dentro?)
Das burguesinhas, mãe e filha geralmente,
Que andam na rua com um fim qualquer;
A graça feminil e falsa dos pederastas que passam, lentos;
E toda a gente simplesmente elegante que passeia e se mostra
E afinal tem alma lá dentro!

(Ah, como eu desejaria ser o *souteneur* disto tudo!)

A maravilhosa beleza das corrupções políticas,
Deliciosos escândalos financeiros e diplomáticos,
Agressões políticas nas ruas,
E de vez em quando o cometa dum regicídio
Que ilumina de Prodígio e Fanfarra os céus
Usuais e lúcidos da Civilização quotidiana!

Notícias desmentidas dos jornais,
Artigos políticos insinceramente sinceros,
Notícias *passez à-la-caisse*, grandes crimes —
Duas colunas deles passando para a segunda página!
O cheiro fresco a tinta de tipografia!
Os cartazes postos há pouco, molhados!
Vients-de-paraître amarelos com uma cinta branca!
Como eu vos amo a todos, a todos, a todos,
Como eu vos amo de todas as maneiras,

Com os olhos e com os ouvidos e com o olfacto
E com o tacto (o que palpar-vos representa para mim!)
E com a inteligência como uma antena que fazeis vibrar!
Ah, como todos os meus sentidos têm cio de vós!

Adubos, debulhadoras a vapor, progressos da agricultura!
Química agrícola, e o comércio quase uma ciência!
Ó mostruários dos caixeiros-viajantes,
Dos caixeiros-viajantes, cavaleiros-andantes da Indústria,
Prolongamentos humanos das fábricas e dos calmos escritórios!

Ó fazendas nas montras! ó manequins! ó últimos figurinos!
Ó artigos inúteis que toda a gente quer comprar!
Olá grandes armazéns com várias secções!
Olá anúncios eléctricos que vêm e estão e desaparecem!
Olá tudo com que hoje se constrói, com que hoje se é diferente
[de ontem!
Eh, cimento armado, beton de cimento, novos processos!
Progressos dos armamentos gloriosamente mortíferos!
Couraças, canhões, metralhadoras, submarinos, aeroplanos!

Amo-vos a todos, a tudo, como uma fera.
Amo-vos carnivoramente,
Pervertidamente e enroscando a minha vista
Em vós, ó coisas grandes, banais, úteis, inúteis,
Ó coisas todas modernas,
Ó minhas contemporâneas, forma actual e próxima
Do sistema imediato do Universo!
Nova Revelação metálica e dinâmica de Deus!

Ó fábricas, ó laboratórios, ó *music-halls*, ó Luna-Parks,
Ó couraçados, ó pontes, ó docas flutuantes —
Na minha mente turbulenta e encandescida
Possuo-vos como a uma mulher bela,

Completamente vos possuo como a uma mulher bela que não
[se ama,
Que se encontra casualmente e se acha interessantíssima.

Eh-lá-hô fachadas das grandes lojas!
Eh-lá-hô elevadores dos grandes edifícios!
Eh-lá-hô recomposições ministeriais!
Parlamentos, políticas, relatores de orçamentos,
Orçamentos falsificados!
(Um orçamento é tão natural como uma árvore
E um parlamento tão belo como uma borboleta).

Eh-lá o interesse por tudo na vida,
Porque tudo é a vida, desde os brilhantes nas montras
Até à noite ponte misteriosa entre os astros
E o mar antigo e solene, lavando as costas
E sendo misericordiosamente o mesmo
Que era quando Platão era realmente Platão
Na sua presença real e na sua carne com a alma dentro,
E falava com Aristóteles, que havia de não ser discípulo dele.

Eu podia morrer triturado por um motor
Com o sentimento de deliciosa entrega duma mulher possuída.
Atirem-me para dentro das fornalhas!
Metam-me debaixo dos comboios!
Espanquem-me a bordo de navios!
Masoquismo através de maquinismos!
Sadismo de não sei quê moderno e eu e barulho!

Up-lá-hô jockey que ganhaste o Derby,
Morder entredentes o teu *cap* de duas cores!

(Ser tão alto que não pudesse entrar por nenhuma porta!
Ah, olhar é em mim uma perversão sexual!)

Eh-lá, eh-lá, eh-lá, catedrais!
Deixai-me partir a cabeça de encontro às vossas esquinas,
E ser levantado da rua cheio de sangue
Sem ninguém saber quem eu sou!

Ó tramways, funiculares, metropolitanos,
Roçai-vos por mim até ao espasmo!
Hilla! hilla! hilla-hô!
Dai-me gargalhadas em plena cara,
Ó automóveis apinhados de pândegos e de putas,
Ó multidões quotidianas nem alegres nem tristes das ruas,
Rio multicolor anónimo e onde eu não me posso banhar como
[quereria!
Ah, que vidas complexas, que coisas lá pelas casas de tudo isto!
Ah, saber-lhes as vidas a todos, as dificuldades de dinheiro,
As dissensões domésticas, os deboches que não se suspeitam,
Os pensamentos que cada um tem a sós consigo no seu quarto
E os gestos que faz quando ninguém o pode ver!
Não saber tudo isto é ignorar tudo, ó raiva,
Ó raiva que como uma febre e um cio e uma fome
Me põe a magro o rosto e me agita às vezes as mãos
Em crispações absurdas em pleno meio das turbas
Nas ruas cheias de encontrões!

Ah, e a gente ordinária e suja, que parece sempre a mesma,
Que emprega palavrões como palavras usuais,
Cujos filhos roubam às portas das mercearias
E cujas filhas aos oito anos — e eu acho isto belo e amo-o! —
Masturbam homens de aspecto decente nos vãos de escada.
A gentalha que anda pelos andaimes e que vai para casa
Por vielas quase irreais de estreiteza e podridão.
Maravilhosa gente humana que vive como os cães,
Que está abaixo de todos os sistemas morais,
Para quem nenhuma religião foi feita,
Nenhuma arte criada,

Nenhuma política destinada para eles!
Como eu vos amo a todos, porque sois assim,
Nem imorais de tão baixos que sois, nem bons nem maus,
Inatingíveis por todos os progressos,
Fauna maravilhosa do fundo do mar da vida!
(Na nora do quintal da minha casa
O burro anda à roda, anda à roda,
E o mistério do mundo é do tamanho disto.
Limpa o suor com o braço, trabalhador descontente.
A luz do sol abafa o silêncio das esferas
E havemos todos de morrer,
Ó pinheirais sombrios ao crepúsculo,
Pinheirais onde a minha infância era outra coisa
Do que eu sou hoje...)

Mas, ah outra vez a raiva mecânica constante!
Outra vez a obsessão movimentada dos ómnibus.
E outra vez a fúria de estar indo ao mesmo tempo dentro de
[todos os comboios
De todas as partes do mundo,
De estar dizendo adeus de bordo de todos os navios,
Que a estas horas estão levantando ferro ou afastando-se das
[docas.
Ó ferro, ó aço, ó alumínio, ó chapas de ferro ondulado!
Ó cais, ó portos, ó comboios, ó guindastes, ó rebocadores!

Eh-lá grandes desastres de comboios!
Eh-lá desabamentos de galerias de minas!
Eh-lá naufrágios deliciosos dos grandes transatlânticos!
Eh-lá-hô revoluções aqui, ali, acolá,
Alterações de constituições, guerras, tratados, invasões,
Ruído, injustiças, violências, e talvez para breve o fim,
A grande invasão dos bárbaros amarelos pela Europa,
E outro Sol no novo Horizonte!

Que importa tudo isto, mas que importa tudo isto
Ao fúlgido e rubro ruído contemporâneo,
Ao ruído cruel e delicioso da civilização de hoje?
Tudo isso apaga tudo, salvo o Momento,
O Momento de tronco nu e quente como um fogueiro,
O Momento estridentemente ruidoso e mecânico,
O Momento dinâmico passagem de todas as bacantes
Do ferro e do bronze e da bebedeira dos metais.

Eia comboios, eia pontes, eia hotéis à hora do jantar,
Eia aparelhos de todas as espécies, férreos, brutos, mínimos,
Instrumentos de precisão, aparelhos de triturar, de cavar,
Engenhos, brocas, máquinas rotativas!
Eia! eia! eia!
Eia electricidade, nervos doentes da Matéria!
Eia telegrafia-sem-fios, simpatia metálica do Inconsciente!
Eia túneis, eia canais, Panamá, Kiel, Suez!
Eia todo o passado dentro do presente!
Eia todo o futuro já dentro de nós! eia!
Eia! eia! eia!
Frutos de ferro e útil da árvore-fábrica cosmopolita!
Eia! eia! eia! eia-hô-ô-ô!
Nem sei que existo para dentro. Giro, rodeio, engenho-me.
Engatam-me em todos os comboios.
Içam-me em todos os cais.
Giro dentro das hélices de todos os navios.
Eia! eia-hô! eia!
Eia! sou o calor mecânico e a electricidade!
Eia! e os *rails* e as casas de máquinas e a Europa!
Eia e hurrah por mim-tudo e tudo, máquinas a trabalhar, eia!

Galgar com tudo por cima de tudo! Hup-lá!

Hup lá, hup lá, hup-lá-hô, hup-lá!
Hé-há! Hé-hô! Ho-o-o-o-o!

Z-z-z-z-z-z-z-z-z-z-z-z!

Ah não ser eu toda a gente e toda a parte!

Londres, 1914 — Junho.
Álvaro de Campos.
Dum livro chamado Arco do Triunfo, *a publicar.*

9

DOIS EXCERTOS DE ODES
(FINS DE DUAS ODES, NATURALMENTE)

[I]

Vem, Noite antiquíssima e idêntica,
Noite Rainha nascida destronada,
Noite igual por dentro ao silêncio, Noite
Com as estrelas lantejoulas rápidas
No teu vestido franjado de Infinito.

Vem, vagamente,
Vem, levemente,
Vem sozinha, solene, com as mãos caídas
Ao teu lado, vem
E traz os montes longínquos para ao pé das árvores próximas,
Funde num campo teu todos os campos que vejo,
Faze da montanha um bloco só do teu corpo,
Apaga-lhe todas as diferenças que de longe vejo,
Todas as estradas que a sobem,
Todas as várias árvores que a fazem verde-escuro ao longe,
Todas as casas brancas e com fumo entre as árvores,
E deixa só uma luz e outra luz e mais outra,
Na distância imprecisa e vagamente perturbadora,
Na distância subitamente impossível de percorrer.

Nossa Senhora
Das coisas impossíveis que procuramos em vão,
Dos sonhos que vêm ter connosco ao crepúsculo, à janela,
Dos propósitos que nos acariciam
Nos grandes terraços dos hotéis cosmopolitas
Ao som europeu das músicas e das vozes longe e perto,

E que doem por sabermos que nunca os realizaremos...
Vem, e embala-nos,
Vem e afaga-nos,
Beija-nos silenciosamente na fronte,
Tão levemente na fronte que não saibamos que nos beijam
Senão por uma diferença na alma
E um vago soluço partindo melodiosamente
Do antiquíssimo de nós
Onde têm raiz todas essas árvores de maravilha
Cujos frutos são os sonhos que afagamos e amamos
Porque os sabemos fora de relação com o que há na vida.

Vem solenníssima,
Soleníssima e cheia
De uma oculta vontade de soluçar,
Talvez porque a alma é grande e a vida pequena,
E todos os gestos não saem do nosso corpo
E só alcançamos onde o nosso braço chega,
E só vemos até onde chega o nosso olhar.

Vem, dolorosa,
Mater-Dolorosa das Angústias dos Tímidos,
Turris-Ebúrnea das Tristezas dos Desprezados,
Mão fresca sobre a testa em febre dos humildes,
Sabor de água sobre os lábios secos dos Cansados.
Vem, lá do fundo
Do horizonte lívido,
Vem e arranca-me
Do solo de angústia e de inutilidade
Onde vicejo.
Apanha-me do meu solo, malmequer esquecido,
Folha a folha lê em mim não sei que sina
E desfolha-me para teu agrado,
Para teu agrado silencioso e fresco.
Uma folha de mim lança para o Norte,
Onde estão as cidades de Hoje que eu tanto amei;

Outra folha de mim lança para o Sul,
Onde estão os mares que os Navegadores abriram;
Outra folha minha atira ao Ocidente,
Onde arde ao rubro tudo o que talvez seja o Futuro,
Que eu sem conhecer adoro;
E a outra, as outras, o resto de mim
Atira ao Oriente,
Ao Oriente donde vem tudo, o dia e a fé,
Ao Oriente pomposo e fanático e quente,
Ao Oriente excessivo que eu nunca verei,
Ao Oriente budista, bramânico, sintoísta,
Ao Oriente que é tudo o que nós não temos,[1]
Que é tudo o que nós não somos,[2]
Ao Oriente onde — quem sabe? — Cristo talvez ainda hoje viva,
Onde Deus talvez exista realmente e mandando tudo...

Vem sobre os mares,
Sobre os mares maiores,
Sobre os mares sem horizontes precisos,
Vem e passa a mão pelo dorso de fera,
E acalma-o misteriosamente,
Ó domadora hipnótica das coisas que se agitam muito!

Vem, cuidadosa,
Vem, maternal,
Pé ante pé enfermeira antiquíssima, que te sentaste
À cabeceira dos deuses das fés já perdidas,
E que viste nascer Jeová e Júpiter,
E sorriste porque tudo te é falso e inútil.

Vem, Noite silenciosa e extática,
Vem envolver na noite manto branco
O meu coração...
Serenamente como uma brisa na tarde leve,
Tranquilamente como um gesto materno afagando,
Com as estrelas luzindo nas tuas mãos

E a lua máscara misteriosa sobre a tua face.
Todos os sons soam de outra maneira
Quando tu vens.
Quando tu entras baixam todas as vozes,
Ninguém te vê entrar,
Ninguém sabe quando entraste,
Senão de repente, vendo que tudo se recolhe,
Que tudo perde as arestas e as cores,
E que no alto céu ainda claramente azul
Já crescente nítido, ou círculo branco, ou mera luz nova que
[vem,

A lua começa a ser real.

[II]

Ah o crepúsculo, o cair da noite, o acender das luzes nas grandes
[cidades,
E a mão de mistério que abafa o bulício,
E o cansaço de tudo em nós que nos corrompe
Para uma sensação exacta e precisa e activa da Vida!
Cada rua é um canal de uma Veneza de tédios
E que misterioso o fundo unânime das ruas,
Das ruas ao cair da noite, ó Cesário Verde, ó Mestre,
Ó do "Sentimento de um Ocidental"!

Que inquietação profunda, que desejo de outras coisas,
Que nem são países, nem momentos, nem vidas,
Que desejo talvez de outros modos de estados de alma
Humedece interiormente o instante lento e longínquo!

Um horror sonâmbulo entre luzes que se acendem,
Um pavor terno e líquido, encostado às esquinas
Como um mendigo de sensações impossíveis
Que não sabe quem lhas possa dar...

◆

Quando eu morrer,
Quando me for, ignobilmente, como toda a gente,
Por aquele caminho cuja ideia se não pode encarar de frente,[3]
Por aquela porta a que, se pudéssemos assomar, não assoma-
[ríamos,
Para aquele porto que o capitão do Navio não conhece,
Seja por esta hora condigna dos tédios que tive,
Por esta hora mística e espiritual e antiquíssima,
Por esta hora em que talvez, há muito mais tempo do que
[parece,
Platão sonhando viu a ideia de Deus
Esculpir corpo e existência nitidamente plausível
Dentro do seu pensamento exteriorizado como um campo.

Seja por esta hora que me leveis a enterrar,
Por esta hora que eu não sei como viver,
Em que não sei que sensações ter ou fingir que tenho,
Por esta hora cuja misericórdia é torturada e excessiva,
Cujas sombras vêm de qualquer outra coisa que não as coisas,
Cuja passagem não roça vestes no chão da Vida Sensível
Nem deixa perfume nos caminhos do Olhar.

Cruza as mãos sobre o joelho, ó companheira que eu não tenho
[nem quero ter,
Cruza as mãos sobre o joelho e olha-me em silêncio
A esta hora em que eu não posso ver que tu me olhas,
Olha-me em silêncio e em segredo e pergunta a ti própria
— Tu que me conheces — quem eu sou...

[*30/6/1914*]*

10

Acordar da cidade de Lisboa, mais tarde do que as outras,
Acordar da rua do Ouro
Acordar do Rossio, às portas dos cafés,
Acordar
E no meio de tudo a gare, a gare que nunca dorme,
Como um coração que tem que pulsar através da vigília e do
[sono.

Toda a manhã que raia, raia sempre no mesmo lugar,
Não há manhãs sobre cidades, ou manhãs sobre o campo
À hora em que o dia raia, em que a luz estremece a erguer-se
Todos os lugares são o mesmo lugar, todas as terras são a
[mesma,
E é eterna e de todos os lugares a frescura que sobe por tudo
E □

Uma espiritualidade feita com a nossa própria carne,
Um alívio de viver de que o nosso corpo partilha,
Um entusiasmo por o dia que vai vir, uma alegria por o que
[pode acontecer de bom,
São os sentimentos que nascem de estar olhando para a madru-
[gada,
Seja ela a leve senhora dos cumes dos montes,
Seja ela a invasora lenta das ruas das cidades que vão leste-
[oeste,
Seja □

A mulher que chora baixinho
Entre o ruído da multidão em vivas...

O vendedor de ruas, que tem um pregão esquisito,
Cheio de individualidade para quem repara...
O arcanjo isolado, escultura numa catedral,
Siringe fugindo aos braços estendidos de Pã,
Tudo isto tende para o mesmo centro,
Busca encontrar-se e fundir-se
Na minha alma.

Eu adoro todas as coisas
E o meu coração é um albergue aberto toda a noite.
Tenho pela vida um interesse ávido
Que busca compreendê-la sentindo-a muito.
Amo tudo, animo tudo, empresto humanidade a tudo,
Aos homens e às pedras, às almas e às máquinas,
Para aumentar com isso a minha personalidade.
Pertenço a tudo para pertencer cada vez mais a mim próprio
E a minha ambição era trazer o universo ao colo
Como uma criança a quem a ama beija.

Eu amo todas as coisas, umas mais do que as outras —
Não nenhuma mais do que outra, mas sempre mais as que estou
[vendo
Do que as que vi ou verei.
Nada para mim é tão belo como o movimento e as sensações.
A vida é uma grande feira e tudo são barracas e saltimbancos.
Penso nisto, enterneço-me mas não sossego nunca.

Dá-me lírios, lírios
E rosas também.

11

Tudo se funde no movimento
□
E cada arbusto fitado
Nem é o terceiro que está a seguir.

A bondade da chama nocturna em casas distantes,
Os lares dos outros meras estrelas humanas na noite
A indefinida felicidade para nós de ver outros a distância.*

12

Chove muito, chove excessivamente...
Chove e de vez em quando faz um vento frio...
Estou triste, muito triste, como se o dia fosse eu.[1]

Num dia no meu futuro em que chova assim também
E eu, à janela, de repente me lembre do dia de hoje,
Pensarei eu "ah nesse tempo eu era mais feliz"
Ou pensarei "ah, que tempo triste foi aquele"!
Ah, meu Deus, eu que pensarei deste dia nesse dia
E o que serei, de que forma; o que me será o passado que é hoje
[só presente?...
O ar está mais desagasalhado, mais frio, mais triste
E há uma grande dúvida de chumbo no meu coração...

20/11/1914

13

O melodioso sistema do Universo,
O grande festival pagão de haver o sol e a lua
E a titânica dança das estações
E o ritmo plácido das eclípticas
Mandando tudo estar calado.
E atender apenas ao brilho exterior do Universo.[1]

27/11/1914

14

Os mortos! Que prodigiosamente
E com que horrível reminiscência
Vivem na nossa recordação deles!

A minha velha tia na sua antiga casa, no campo
Onde eu era feliz e tranquilo e a criança que eu era...
Penso nisso e uma saudade toda raiva repassa-me...
E, além disso, penso, ela já morreu há anos...
Tudo isto, vendo bem, é misterioso como um lusco-fusco...
Penso, e todo o enigma do universo repassa-me.
Revejo aquilo na imaginação com tal realidade
Que depois, quando penso que aquilo acabou
E que ela está morta,
Encaro com o mistério mais palidamente
Vejo-o mais escuro, mais impiedoso, mais longínquo
E nem choro, de atento que estou ao terror da vida...[1]

Como eu desejaria ser parte da noite,
Parte sem contornos da noite, um lugar qualquer no espaço
Não propriamente um lugar, por não ter posição nem contornos,
Mas noite na noite, uma parte dela, pertencendo-lhe por todos
[os lados
E unido e afastado companheiro da minha ausência de existir...

Aquilo era tão real, tão vivo, tão actual!...
Quando em mim o revejo, está outra vez vivo em mim...
Pasmo de que coisa tão real pudesse passar...
E não existir hoje e hoje ser tão diverso...
Corre para o mar a água do rio, abandona a minha vista,

Chega ao mar e perde-se no mar,
Mas a água perde-se de si-própria?
Uma coisa deixa de ser o que é absolutamente
Ou pecam de vida os nossos olhos e os nossos ouvidos
E a nossa consciência exterior do Universo?
Onde está hoje o meu passado?
Em que baú o guardou Deus que não sei dar com ele?
Quando o revejo em mim, onde é que o estou vendo?
Tudo isto deve ter um sentido — talvez muito simples —
Mas por mais que pense não atino com ele.

13/12/1914

15

Ah, os primeiros minutos nos cafés de novas cidades!
A chegada pela manhã a cais ou a gares
Cheios de um silêncio repousado e claro!
Os primeiros passantes nas ruas das cidades a que se chega...
E o som especial que o correr das horas tem nas viagens...

Os ómnibus ou os eléctricos ou os automóveis...
O novo aspecto das ruas de novas terras...
A paz que parecem ter para a nossa dor
O bulício alegre para a nossa tristeza
A falta de monotonia para o nosso coração cansado!...
As praças nitidamente quadradas e grandes,
As ruas com as casas que se aproximam ao fim,
As ruas transversais revelando súbitos interesses,
E através disto tudo, como uma coisa que inunda e nunca trans-
[borda,
O movimento, o movimento
Rápida coisa colorida e humana que passa e fica...

Os portos com navios parados,
Excessivamente navios parados,
Com barcos pequenos ao pé, esperando...

16

Através do ruído do café cheio de gente
Chega-me a brisa que passa pelo convés
Nas longas viagens, no alto mar, no verão
Perto dos trópicos (no amontoado nocturno do navio —
Sacudido regularmente pela hélice palpitante —
Vejo passar os uniformes brancos dos oficiais de bordo).
E essa brisa traz um ruído de mar-alto, pluromar
E a nossa civilização não pertence à minha reminiscência.

1/5/1915

17

Mas mesmo assim, de repente, mas devagar, devagar,
Atravessando todas estas coisas modernas e presentes,
Vindo naturalmente através de todas estas coisas e estes ruídos,
Como se tudo isto fosse um vidro fosco transparente a essa luz,
Através do ruído dos guindastes, pelos interstícios do marulhar
[dos barcos,
Coando pelas frinchas dos assobios dos comboios,
Misteriosamente repassando, ensopando a faina das gentes,
Torna, através do moderno e do actual, a eterna voz marítima,[1]
A eterna voz representativa das grandes coisas oceânicas,*
□

18
ODE MARÍTIMA

a Santa Rita Pintor

Sozinho, no cais deserto, a esta manhã de verão,
Olho prò lado da barra, olho prò Indefinido,
Olho e contenta-me ver,
Pequeno, negro e claro, um paquete entrando.
Vem muito longe, nítido, clássico à sua maneira.
Deixa no ar distante atrás de si a orla vã do seu fumo.
Vem entrando, e a manhã entra com ele, e no rio,
Aqui, acolá, acorda a vida marítima,
Erguem-se velas, avançam rebocadores,
Surgem barcos pequenos de trás dos navios que estão no porto.
Há uma vaga brisa.
Mas a minh'alma está com o que vejo menos,
Com o paquete que entra,
Porque ele está com a Distância, com a Manhã,
Com o sentido marítimo desta Hora,
Com a doçura dolorosa que sobe em mim como uma náusea,
Como um começar a enjoar, mas no espírito.

Olho de longe o paquete, com uma grande independência de
[alma,
E dentro de mim um volante começa a girar, lentamente.

Os paquetes que entram de manhã na barra
Trazem aos meus olhos consigo
O mistério alegre e triste de quem chega e parte.
Trazem memórias de cais afastados e doutros momentos
Doutro modo da mesma humanidade noutros portos.
Todo o atracar, todo o largar de navio,
É — sinto-o em mim como o meu sangue —

Inconscientemente simbólico, terrivelmente
Ameaçador de significações metafísicas
Que perturbam em mim quem eu fui...

Ah, todo o cais é uma saudade de pedra!
E quando o navio larga do cais
E se repara de repente que se abriu um espaço
Entre o cais e o navio,
Vem-me, não sei porquê, uma angústia recente,
Uma névoa de sentimentos de tristeza
Que brilha ao sol das minhas angústias relvadas
Como a primeira janela onde a madrugada bate,
E me envolve como uma recordação duma outra pessoa
Que fosse misteriosamente minha.

Ah, quem sabe, quem sabe,
Se não parti outrora, antes de mim,
Dum cais; se não deixei, navio ao sol
Oblíquo da madrugada,
Uma outra espécie de porto?
Quem sabe se não deixei, antes de a hora
Do mundo exterior como eu o vejo
Raiar-se para mim,
Um grande cais cheio de pouca gente,
Duma grande cidade meio-desperta,
Duma enorme cidade comercial, crescida, apoplética,
Tanto quanto isso pode ser fora do Espaço e do Tempo?

Sim, dum cais, dum cais dalgum modo material,
Real, visível como cais, cais realmente,
O Cais Absoluto por cujo modelo inconscientemente imitado,
Insensivelmente evocado,
Nós os homens construímos
Os nossos cais nos nossos portos,
Os nossos cais de pedra actual sobre água verdadeira,
Que depois de construídos se anunciam de repente

Coisas-Reais, Espíritos-Coisas, Entidades em Pedra-Almas,
A certos momentos nossos de sentimento-raiz
Quando no mundo-exterior como que se abre uma porta
E, sem que nada se altere,
Tudo se revela diverso.

Ah o Grande Cais donde partimos em Navios-Nações!
O Grande Cais Anterior, eterno e divino!
De que porto? Em que águas? E porque penso eu isto?
Grande Cais como os outros cais, mas o Único.
Cheio como eles de silêncios rumorosos nas antemanhãs,
E desabrochando com as manhãs num ruído de guindastes
E chegadas de comboios de mercadorias,
E sob a nuvem negra e ocasional e leve
Do fumo das chaminés das fábricas próximas
Que lhe sombreia o chão preto de carvão pequenino que brilha,
Como se fosse a sombra duma nuvem que passasse sobre água
[sombria.
Ah, que essencialidade de mistério e sentidos parados
Em divino êxtase revelador
Às horas cor de silêncios e angústias
Não é ponte entre qualquer cais e O Cais!

Cais negramente reflectido nas águas paradas,
Bulício a bordo dos navios,
Ó alma errante e instável da gente que anda embarcada,
Da gente simbólica que passa e com quem nada dura,
Que quando o navio volta ao porto
Há sempre qualquer alteração a bordo!

Ó fugas contínuas, idas, ebriedade do Diverso!
Alma eterna dos navegadores e das navegações!
Cascos reflectidos devagar nas águas,
Quando o navio larga do porto!
Flutuar como alma da vida, partir como voz,
Viver o momento tremulamente sobre águas eternas.

Acordar para dias mais directos que os dias da Europa,
Ver portos misteriosos sobre a solidão do mar,
Virar cabos longínquos para súbitas vastas paisagens
Por inumeráveis encostas atónitas...

Ah, as praias longínquas, os cais vistos de longe,
E depois as praias próximas, os cais vistos de perto.
O mistério de cada ida e de cada chegada,
A dolorosa instabilidade e incompreensibilidade
Deste impossível universo
A cada hora marítima mais na própria pele sentido!
O soluço absurdo que as nossas almas derramam
Sobre as extensões de mares diferentes com ilhas ao longe,
Sobre as ilhas longínquas das costas deixadas passar,
Sobre o crescer nítido dos portos, com as suas casas e a sua gente,
Para o navio que se aproxima.

Ah, a frescura das manhãs em que se chega,
E a palidez das manhãs em que se parte,
Quando as nossas entranhas se arrepanham
E uma vaga sensação parecida com um medo
— O medo ancestral de se afastar e partir,
O misterioso receio ancestral à Chegada e ao Novo —
Encolhe-nos a pele e agonia-nos,
E todo o nosso corpo angustiado sente,
Como se fosse a nossa alma,
Uma inexplicável vontade de poder sentir isto doutra maneira:
Uma saudade a qualquer coisa,
Uma perturbação de afeições a que vaga pátria?
A que costa? a que navio? a que cais?
Que se adoece em nós o pensamento
E só fica um grande vácuo dentro de nós,
Uma oca saciedade de minutos marítimos,
E uma ansiedade vaga que seria tédio ou dor
Se soubesse como sê-lo...
A manhã de verão está, ainda assim, um pouco fresca.

Um leve torpor de noite anda ainda no ar sacudido.
Acelera-se ligeiramente o volante dentro de mim.
E o paquete vem entrando, porque deve vir entrando sem dúvida,
E não porque eu o veja mover-se na sua distância excessiva.

Na minha imaginação ele está já perto e é visível
Em toda a extensão das linhas das suas vigias,
E treme em mim tudo, toda a carne e toda a pele,
Por causa daquela criatura que nunca chega em nenhum barco
E eu vim esperar hoje ao cais, por um mandado oblíquo.

Os navios que entram a barra,
Os navios que saem dos portos,
Os navios que passam ao longe
(Suponho-me vendo-os duma praia deserta) —
Todos estes navios abstractos quase na sua ida,
Todos estes navios assim comovem-me como se fossem outra
[coisa
E não apenas navios, navios indo e vindo.

E os navios vistos de perto, mesmo que se não vá embarcar
[neles,
Vistos de baixo, dos botes, muralhas altas de chapas,
Vistos dentro, através das câmaras, das salas, das dispensas,
Olhando de perto os mastros, afilando-se lá prò alto,
Roçando pelas cordas, descendo as escadas incómodas,
Cheirando a untada mistura metálica e marítima de tudo aquilo —
Os navios vistos de perto são outra coisa e a mesma coisa,
Dão a mesma saudade e a mesma ânsia doutra maneira.

Toda a vida marítima! tudo na vida marítima!
Insinua-se no meu sangue toda essa sedução fina
E eu cismo indeterminadamente as viagens.
Ah, as linhas das costas distantes, achatadas pelo horizonte!
Ah, os cabos, as ilhas, as praias areentas!
As solidões marítimas, como certos momentos no Pacífico

Em que não sei por que sugestão aprendida na escola
Se sente pesar sobre os nervos o facto de que aquele é o maior
[dos oceanos
E o mundo e o sabor das coisas tornam-se um deserto dentro de
[nós!
A extensão mais humana, mais salpicada, do Atlântico!
O Índico, o mais misterioso dos oceanos todos!
O Mediterrâneo, doce, sem mistério nenhum, clássico, um mar
[pra bater
De encontro a esplanadas olhadas de jardins próximos por es-
[tátuas brancas!
Todos os mares, todos os estreitos, todas as baías, todos os
[golfos,
Queria apertá-los ao peito, senti-los bem e morrer!

E vós, ó coisas navais, meus velhos brinquedos de sonho!
Componde fora de mim a minha vida interior!
Quilhas, mastros e velas, rodas do leme, cordagens,
Chaminés de vapores, hélices, gáveas, flâmulas,
Galdropes, escotilhas, caldeiras, colectores, válvulas,
Caí por mim dentro em montão, em monte,
Como o conteúdo confuso de uma gaveta despejada no chão!
Sede vós o tesouro da minha avareza febril,
Sede vós os frutos da árvore da minha imaginação,
Tema de cantos meus, sangue nas veias da minha inteligência,
Vosso seja o laço que me une ao exterior pela estética,
Fornecei-me metáforas, imagens, literatura,
Porque em real verdade, a sério, literalmente,
Minhas sensações são um barco de quilha prò ar,
Minha imaginação uma âncora meio submersa,
Minha ânsia um remo partido,
E a tessitura dos meus nervos uma rede a secar na praia!

Soa no acaso do rio um apito, só um.
Treme já todo o chão do meu psiquismo.
Acelera-se cada vez mais o volante dentro de mim.

◆

Ah, os paquetes, as viagens, o não-se-saber-o-paradeiro
De Fulano-de-tal, marítimo, nosso conhecido!
Ah, a glória de se saber que um homem que andava connosco
Morreu afogado ao pé duma ilha do Pacífico!
Nós que andámos com ele vamos falar nisso a todos,
Com um orgulho legítimo, com uma confiança invisível
Em que tudo isso tenha um sentido mais belo e mais vasto
Que apenas o ter-se perdido o barco onde ele ia
E ele ter ido ao fundo por lhe ter entrado água pròs pulmões!

Ah, os paquetes, os navios-carvoeiros, os navios de vela!
Vão rareando — ai de mim! — os navios de vela nos mares!
E eu, que amo a civilização moderna, eu que beijo com a alma
[as máquinas,
Eu o engenheiro, eu o civilizado, eu o educado no estrangeiro,
Gostaria de ter outra vez ao pé da minha vista só veleiros e barcos
[de madeira,
De não saber doutra vida marítima que a antiga vida dos mares!
Porque os mares antigos são a Distância Absoluta,
O Puro Longe, liberto do peso do Actual...
E ah, como aqui tudo me lembra essa vida melhor,
Esses mares, maiores, porque se navegava mais devagar.
Esses mares, misteriosos, porque se sabia menos deles.

Todo o vapor ao longe é um barco de vela perto.
Todo o navio distante visto agora é um navio no passado visto
[próximo.
Todos os marinheiros invisíveis a bordo dos navios no horizonte
São os marinheiros visíveis do tempo dos velhos navios,
Da época lenta e veleira das navegações perigosas,
Da época de madeira e lona das viagens que duravam meses.

Toma-me pouco a pouco o delírio das coisas marítimas,
Penetram-me fisicamente o cais e a sua atmosfera,

O marulho do Tejo galga-me por cima dos sentidos,
E começo a sonhar, começo a envolver-me do sonho das águas,
Começam a pegar bem as correias-de-transmissão na minh'alma
E a aceleração do volante sacode-me nitidamente.

Chamam por mim as águas,
Chamam por mim os mares.
Chamam por mim, levantando uma voz corpórea, os longes,
As épocas marítimas todas sentidas no passado, a chamar.
Tu, marinheiro inglês, Jim Barns meu amigo, foste tu
Que me ensinaste esse grito antiquíssimo, inglês,
Que tão venenosamente resume
Para as almas complexas como a minha
O chamamento confuso das águas,
A voz inédita e implícita de todas as coisas do mar,
Dos naufrágios, das viagens longínquas, das travessias perigosas.
Esse teu grito inglês, tornado universal no meu sangue,
Sem feitio de grito, sem forma humana nem voz,
Esse grito tremendo que parece soar
De dentro duma caverna cuja abóbada é o céu
E parece narrar todas as sinistras coisas
Que podem acontecer no Longe, no Mar, pela Noite...
(Fingias sempre que era por uma escuna que chamavas,
E dizias assim, pondo uma mão de cada lado da boca,
Fazendo porta-voz das grandes mãos curtidas e escuras:

Ahò ò-ò ò-ò-ò-ò-ò ò-ò ò----yyyy...
Schooner ahò-ò-ò ò-ò-ò-ò---yyyy...)

Escuto-te de aqui, agora, e desperto a qualquer coisa.
Estremece o vento. Sobe a manhã. O calor abre.
Sinto corarem-me as faces.
Meus olhos conscientes dilatam-se.
O êxtase em mim levanta-se, cresce, avança,
E com um ruído cego de arruaça acentua-se
O giro vivo do volante.

◆

Ó clamoroso chamamento
A cujo calor, a cuja fúria fervem em mim
Numa unidade explosiva todas as minhas ânsias,
Meus próprios tédios tornados dinâmicos, todos!...
Apelo lançado ao meu sangue
Dum amor passado, não sei onde, que volve
E ainda tem força para me atrair e puxar,
Que ainda tem força para me fazer odiar esta vida
Que passo entre a impenetrabilidade física e psíquica
Da gente real com que vivo!

Ah, seja como for, seja para onde for, partir!
Largar por aí fora, pelas ondas, pelo perigo, pelo mar,
Ir para Longe, ir para Fora, para a Distância Abstracta,
Indefinidamente, pelas noites misteriosas e fundas,
Levado, como a poeira, plos ventos, plos vendavais!
Ir, ir, ir, ir de vez!
Todo o meu sangue raiva por asas!
Todo o meu corpo atira-se prà frente!
Galgo pla minha imaginação fora em torrentes!
Atropelo-me, rujo, precipito-me!...
Estoiram em espuma as minhas ânsias
E a minha carne é uma onda dando de encontro a rochedos!

Pensando nisto — ó raiva! pensando nisto — ó fúria!
Pensando nesta estreiteza da minha vida cheia de ânsias,
Subitamente, tremulamente, extraorbitadamente,
Com uma oscilação viciosa, vasta, violenta,
Do volante vivo da minha imaginação,
Rompe, por mim, assobiando, silvando, vertiginando,
O cio sombrio e sádico da estrídula vida marítima.

Eh marinheiros, gajeiros! eh tripulantes, pilotos!
Navegadores, mareantes, marujos, aventureiros!

Eh capitães de navios! homens ao leme e em mastros!
Homens que dormem em beliches rudes!
Homens que dormem co'o Perigo a espreitar plas vigias!
Homens que dormem co'a Morte por travesseiro!
Homens que têm tombadilhos, que têm pontes donde olhar
A imensidade imensa do mar imenso!
Eh manipuladores dos guindastes de carga!
Eh amainadores de velas, fogueiros, criados de bordo!
Homens que metem a carga nos porões!
Homens que enrolam cabos no convés!
Homens que limpam os metais das escotilhas!
Homens do leme! homens das máquinas! homens dos mastros!
Eh-eh-eh-eh-eh-eh-eh!
Gente de bonet de pala! Gente de camisola de malha!
Gente de âncoras e bandeiras cruzadas bordadas no peito!
Gente tatuada! gente de cachimbo! gente de amurada!
Gente escura de tanto sol, crestada de tanta chuva,
Limpa de olhos de tanta imensidade diante deles,
Audaz de rosto de tantos ventos que lhes bateram a valer!
Eh-eh-eh-eh-eh-eh-eh!
Homens que vistes a Patagónia!
Homens que passastes pela Austrália!
Que enchestes o vosso olhar de costas que nunca verei!
Que fostes a terra em terras onde nunca descerei!
Que comprastes artigos toscos em colónias à proa de sertões!
E fizestes tudo isso como se não fosse nada,
Como se isso fosse natural,
Como se a vida fosse isso,
Como nem sequer cumprindo um destino!
Eh-eh-eh-eh-eh-eh-eh!
Homens do mar actual! homens do mar passado!
Comissários de bordo! escravos das galés! combatentes de
[Lepanto!
Piratas do tempo de Roma! Navegadores da Grécia!
Fenícios! Cartagineses! Portugueses atirados de Sagres

Para a aventura indefinida, para o Mar Absoluto, para realizar o
[Impossível!
Eh-eh-eh-eh-eh-eh-eh eh-eh!
Homens que erguestes padrões, que destes nomes a cabos!
Homens que negociastes pela primeira vez com pretos!
Que primeiro vendestes escravos de novas terras!
Que destes o primeiro espasmo europeu às negras atónitas!
Que trouxestes ouro, missanga, madeiras cheirosas, setas,
De encostas explodindo em verde vegetação!
Homens que saqueastes tranquilas povoações africanas,
Que fizestes fugir com o ruído de canhões essas raças,
Que matastes, roubastes, torturastes, ganhastes
Os prémios de Novidade de quem, de cabeça baixa,
Arremete contra o mistério de novos mares! Eh-eh-eh-eh-eh!
A vós todos num, a vós todos em vós todos como um,
A vós todos misturados, entrecruzados,
A vós todos sangrentos, violentos, odiados, temidos, sagrados,
Eu vos saúdo, eu vos saúdo, eu vos saúdo!
Eh-eh-eh-eh eh! Eh eh-eh-eh eh! Eh-eh-eh eh-eh-eh eh!
Eh-lahô-lahô-laHO— lahá-á-á-à à!

Quero ir convosco, quero ir convosco,
Ao mesmo tempo com vós todos
Pra toda a parte pr'onde fostes!
Quero encontrar vossos perigos frente a frente,
Sentir na minha cara os ventos que engelharam as vossas,
Cuspir dos lábios o sal dos mares que beijaram os vossos,
Ter braços na vossa faina, partilhar das vossas tormentas,
Chegar como vós, enfim, a extraordinários portos!
Fugir convosco à civilização!
Perder convosco a noção da moral!
Sentir mudar-se no longe a minha humanidade!
Beber convosco em mares do sul
Novas selvagerias, novas balbúrdias da alma,
Novos fogos centrais no meu vulcânico espírito!
Ir convosco, despir de mim — ah! põe-te daqui pra fora! —

O meu traje de civilizado, a minha brandura de acções,
Meu medo inato das cadeias,
Minha pacífica vida,
A minha vida sentada, estática, regrada e revista!

No mar, no mar, no mar, no mar,
Eh! pôr no mar, ao vento, às vagas,
A minha vida!
Salgar de espuma arremessada pelos ventos
Meu paladar das grandes viagens.
Fustigar de água chicoteante as carnes da minha aventura,
Repassar de frios oceânicos os ossos da minha existência,
Flagelar, cortar, engelhar de ventos, de espumas, de sóis,
Meu ser ciclónico e atlântico,
Meus nervos postos como enxárcias,
Lira nas mãos dos ventos!

Sim, sim, sim... Crucificai-me nas navegações
E as minhas espáduas gozarão a minha cruz!
Atai-me às viagens como a postes
E a sensação dos postes entrará pela minha espinha
E eu passarei a senti-los num vasto espasmo passivo!
Fazei o que quiserdes de mim, logo que seja nos mares,
Sobre conveses, ao som de vagas,
Que me rasgueis, mateis, firais!
O que quero é levar prà Morte
Uma alma a transbordar de Mar,
Ébria a cair das coisas marítimas,
Tanto dos marujos como das âncoras, dos cabos,
Tanto das costas longínquas como do ruído dos ventos,
Tanto do Longe como do Cais, tanto dos naufrágios
Como dos tranquilos comércios,
Tanto dos mastros como das vagas,
Levar prà Morte com dor, voluptuosamente,
Um corpo cheio de sanguessugas, a sugar, a sugar,
De estranhas verdes absurdas sanguessugas marítimas!

◆

Façam enxárcias das minhas veias!
Amarras dos meus músculos!
Arranquem-me a pele, preguem-na às quilhas.
E possa eu sentir a dor dos pregos e nunca deixar de sentir!
Façam do meu coração uma flâmula de almirante
Na hora de guerra dos velhos navios!
Calquem aos pés nos conveses meus olhos arrancados!
Quebrem-me os ossos de encontro às amuradas!
Fustiguem-me atado aos mastros, fustiguem-me!
A todos os ventos de todas as latitudes e longitudes
Derramem meu sangue sobre as águas arremessadas
Que atravessam o navio, o tombadilho, de lado a lado,
Nas vascas bravas das tormentas!

Ter a audácia ao vento dos panos das velas!
Ser, como as gáveas altas, o assobio dos ventos!
A velha guitarra do Fado dos mares cheios de perigos,
Canção para os navegadores ouvirem e não repetirem!

Os marinheiros que se sublevaram
Enforcaram o capitão numa verga.
Desembarcaram um outro numa ilha deserta.
Marooned!
O sol dos trópicos pôs a febre da pirataria antiga
Nas minhas veias intensivas.
Os ventos da Patagónia tatuaram a minha imaginação
De imagens trágicas e obscenas.
Fogo, fogo, fogo, dentro de mim!
Sangue! sangue! sangue! sangue!
Explode todo o meu cérebro!
Parte-se-me o mundo em vermelho!
Estoiram-me com o som de amarras as veias!
E estala em mim, feroz, voraz,
A canção do Grande Pirata,

A morte berrada do Grande Pirata a cantar
Até meter pavor plas espinhas dos seus homens abaixo.
Lá da ré a morrer, e a berrar, a cantar:

> *Fifteen men on the Dead Man's Chest.*
> *Yo-ho ho and a bottle of rum!*

E depois a gritar, numa voz já irreal, a estoirar no ar:

Darby M'Graw-aw-aw-aw-aw!
Darby M'Graw-aw-aw-aw aw-aw-aw-aw!
Fetch a-a-aft the ru-u-u-u-u-u-u-u-um, Darby!
Eia, que vida essa! essa era a vida, eia!
Eh-eh-eh eh-eh-eh-eh!
Eh-lahô-lahô-laHO-lahá-á-á-à-à!
Eh-eh-eh-eh-eh-eh-eh!

Quilhas partidas, navios ao fundo, sangue nos mares!
Conveses cheios de sangue, fragmentos de corpos!
Dedos decepados sobre amuradas!
Cabeças de crianças, aqui, acolá!
Gente de olhos fora, a gritar, a uivar!
Eh-eh-eh-eh-eh-eh-eh-eh-eh-eh!
Eh-eh-eh-eh-eh-eh-eh-eh-eh-eh!
Embrulho-me em tudo isto como numa capa no frio!
Roço-me por tudo isto como uma gata com cio por um muro!
Rujo como um leão faminto para tudo isto!
Arremeto como um touro louco sobre tudo isto!
Cravo unhas, parto garras, sangro dos dentes sobre isto!
Eh-eh-eh-eh-eh-eh eh-eh-eh-eh!

De repente estala-me sobre os ouvidos
Como um clarim a meu lado,
O velho grito, mas agora irado, metálico,
Chamando a presa que se avista,
A escuna que vai ser tomada:

◆

Ahó-ó-ó-ó-ó-ó-ó-ó-ó-ó-ó-------yyyy...
Schooner ahó-ó-ó-ó-ó-ó-ó-ó ó-ó-ó-ó-ó-------yyyy...

O mundo inteiro não existe para mim! Ardo vermelho!
Rujo na fúria da abordagem!
Pirata-mor! César-Pirata!
Pilho, mato, esfacelo, rasgo!
Só sinto o mar, a presa, o saque!
Só sinto em mim bater, baterem-me
As veias das minhas fontes!
Escorre sangue quente a minha sensação dos meus olhos!
Eh-eh-eh-eh-eh-eh-eh-eh-eh-eh-eh!

Ah piratas, piratas, piratas!
Piratas, amai-me e odiai-me!
Misturai-me convosco, piratas!

Vossa fúria, vossa crueldade como falam ao sangue
Dum corpo de mulher que foi meu outrora e cujo cio sobre-
[vive!

Eu queria ser um bicho representativo de todos os vossos
[gestos,
Um bicho que cravasse dentes nas amuradas, nas quilhas,
Que comesse mastros, bebesse sangue e alcatrão nos conveses,
Trincasse velas, remos, cordame e poleame,
Serpente do mar feminina e monstruosa cevando-se nos crimes!

E há uma sinfonia de sensações incompatíveis e análogas,
Há uma orquestração no meu sangue de balbúrdias de crimes,
De estrépitos espasmados de orgias de sangue nos mares,
Furibundamente, como um vendaval de calor pelo espírito,
Nuvem de poeira quente anuviando a minha lucidez
E fazendo-me ver e sonhar isto tudo só com a pele e as veias!

◆

Os piratas, a pirataria, os barcos, a hora,
Aquela hora marítima em que as presas são assaltadas,
E o terror dos apresados foge prà loucura — essa hora,
No seu total de crimes, terror, barcos, gente, mar, céu, nuvens,
Brisa, latitude, longitude, vozearia,
Queria eu que fosse em seu Todo meu corpo em seu Todo,
[sofrendo,
Que fosse meu corpo e meu sangue, compusesse meu ser em
[vermelho,
Florescesse como uma ferida comichando na carne irreal da
[minha alma!

Ah, ser tudo nos crimes! ser todos os elementos componentes
Dos assaltos aos barcos e das chacinas e das violações!
Ser quanto foi no lugar dos saques!
Ser quanto viveu ou jazeu no local das tragédias de sangue!
Ser o pirata-resumo de toda a pirataria no seu auge,
E a vítima-síntese, mas de carne e osso, de todos os piratas do
[mundo!

Ser no meu corpo passivo a mulher-todas-as-mulheres
Que foram violadas, mortas, feridas, rasgadas plos piratas!
Ser no meu ser subjugado a fêmea que tem de ser deles!
E sentir tudo isso — todas estas coisas duma só vez — pela
[espinha!

Ó meus peludos e rudes heróis da aventura e do crime!
Minhas marítimas feras, maridos da minha imaginação!
Amantes casuais da obliquidade das minhas sensações!
Queria ser Aquela que vos esperasse nos portos,
A vós, odiados amados do seu sangue de pirata nos sonhos!
Porque ela teria convosco, mas só em espírito, raivado
Sobre os cadáveres nus das vítimas que fazeis no mar!
Porque ela teria acompanhado vosso crime, e na orgia oceânica

Seu espírito de bruxa dançaria invísivel em volta dos gestos
Dos vossos corpos, dos vossos cutelos, das vossas mãos estran-
[guladoras!
E ela em terra, esperando-vos, quando viésseis, se acaso viésseis,
Iria beber nos rugidos do vosso amor todo o vasto,
Todo o nevoento e sinistro perfume das vossas vitórias,
E através dos vossos espasmos silvaria um sabbat de vermelho e
[amarelo!

A carne rasgada, a carne aberta e estripada, o sangue correndo!
Agora, no auge conciso de sonhar o que vós fazíeis,
Perco-me todo de mim, já não vos pertenço, sou vós,
A minha femininidade que vos acompanha é ser as vossas almas!
Estar por dentro de toda a vossa ferocidade, quando a pra-
[ticáveis!
Sugar por dentro a vossa consciência das vossas sensações
Quando tingíeis de sangue os mares altos,
Quando de vez em quando atiráveis aos tubarões
Os corpos vivos ainda dos feridos, a carne rosada das crianças
E leváveis as mães às amuradas para verem o que lhes acontecia!

Estar convosco na carnagem, na pilhagem!
Estar orquestrado convosco na sinfonia dos saques!
Ah, não sei quê, não sei quanto queria eu ser de vós!
Não era só ser-vos a fêmea, ser-vos as fêmeas, ser-vos as vítimas,
Ser-vos as vítimas — homens, mulheres, crianças, navios —,
Não era só ser a hora e os barcos e as ondas,
Não era só ser vossas almas, vossos corpos, vossa fúria, vossa
[posse,
Não era só ser concretamente vosso acto abstracto de orgia,
Não era só ser isto que eu queria ser — era mais que isto, o
[Deus-isto!
Era preciso ser Deus, o Deus dum culto ao contrário,
Um Deus monstruoso e satânico, um Deus dum panteísmo de
sangue
Para poder encher toda a medida da minha fúria imaginativa,

Para poder nunca esgotar os meus desejos de identidade
Com o cada, e o tudo, e o mais-que-tudo das vossas vitórias!

Ah, torturai-me para me curardes!
Minha carne — fazei dela o ar que os vossos cutelos atravessam
Antes de caírem sobre as cabeças e os ombros!
Minhas veias sejam os fatos que as facas trespassam!
Minha imaginação o corpo das mulheres que violais!
Minha inteligência o convés onde estais de pé matando!
Minha vida toda, no seu conjunto nervoso, histérico, absurdo,
O grande organismo de que cada acto de pirataria que se cometeu
Fosse uma célula consciente — e todo eu turbilhonasse
Como uma imensa podridão ondeando, e fosse aquilo tudo!

Com tal velocidade desmedida, pavorosa,
A máquina de febre das minhas visões transbordantes
Gira agora que a minha consciência, volante,
É apenas um nevoento círculo assobiando no ar.

Fifteen men on the Dead Man's Chest.
Yo-ho-ho and a bottle of rum!

Eh-lahô-lahô-laHO------lahá-á-ááá------ààà...

Ah! a selvageria desta selvageria! Merda
Pra toda a vida como a nossa, que não é nada disto!
Eu pr'aqui engenheiro, prático à força, sensível a tudo,
Pr'aqui parado, em relação a vós, mesmo quando ando;
Mesmo quando ajo, inerte; mesmo quando me imponho, débil;
Estático, quebrado, dissidente cobarde da vossa Glória,
Da vossa grande dinâmica estridente, quente e sangrenta!

Arre! por não poder agir d'acordo com o meu delírio!
Arre! por andar sempre agarrado às saias da civilização!
Por andar com a *douceur des moeurs* às costas, como um fardo de
[rendas!

Moços de esquina — todos nós o somos — do humanitarismo [moderno!
Estupores de tísicos, de neurasténicos, de linfáticos,
Sem coragem para ser gente com violência e audácia,
Com a alma como uma galinha presa por uma perna!

Ah, os piratas! os piratas!
A ânsia do ilegal unido ao feroz
A ânsia das coisas absolutamente cruéis e abomináveis,
Que rói como um cio abstracto os nossos corpos franzinos,
Os nossos nervos femininos e delicados,
E põe grandes febres loucas nos nossos olhares vazios!

Obrigai-me a ajoelhar diante de vós!
Humilhai-me e batei-me!
Fazei de mim o vosso escravo e a vossa coisa!
E que o vosso desprezo por mim nunca me abandone,
Ó meus senhores! ó meus senhores!

Tomar sempre gloriosamente a parte submissa
Nos acontecimentos de sangue e nas sensualidades estiradas!
Desabai sobre mim, como grandes muros pesados,
Ó bárbaros do antigo mar!
Rasgai-me e feri-me!
De leste a oeste do meu corpo
Riscai de sangue a minha carne!
Beijai com cutelos de bordo e açoites e raiva
O meu alegre terror carnal de vos pertencer,
A minha ânsia masoquista em me dar à vossa fúria,
Em ser objecto inerte e sentiente da vossa omnívora crueldade,
Dominadores, senhores, imperadores, corcéis!
Ah, torturai-me,
Rasgai-me e abri-me!
Desfeito em pedaços conscientes
Entornai-me sobre os conveses,

Espalhai-me nos mares, deixai-me
Nas praias ávidas das ilhas!

Cevai sobre mim todo o meu misticismo de vós!
Cinzelai a sangue a minh'alma! Cortai, riscai!
Ó tatuadores da minha imaginação corpórea!
Esfoladores amados da minha carnal submissão!
Submetei-me como quem mata um cão a pontapés!
Fazei de mim o poço para o vosso desprezo de domínio!

Fazei de mim as vossas vítimas todas!
Como Cristo sofreu por todos os homens, quero sofrer
Por todas as vossas vítimas às vossas mãos,
Às vossas mãos calosas, sangrentas e de dedos decepados
Nos assaltos bruscos de amuradas!

Fazei de mim qualquer coisa como se eu fosse
Arrastado — ó prazer, ó beijada dor! —
Arrastado à cauda de cavalos chicoteados por vós...
Mas isto no mar, isto no ma-a-a-ar, isto no MA-A-A-AR!
Eh-eh-eh-eh-eh! Eh-eh-eh-eh-eh-eh-eh! EH-EH-EH-EH-EH-
[EH-EH! NO MA-A-A-A-AR!
Yeh-eh-eh-eh-eh eh! Yeh-eh-eh-eh-eh-eh! Yeh-eh-eh-eh-eh-
[eh-eh-eh!
Grita tudo! tudo a gritar! ventos, vagas, barcos,
Mares, gáveas, piratas, a minha alma, o sangue, e o ar, e o ar!
Eh-eh-eh-eh! Yeh-eh-eh-eh-eh! Yeh-eh-eh-eh eh-eh! Tudo
[canta a gritar!

FIFTEEN MEN ON THE DEAD MAN'S CHEST.
YO-HO-HO AND A BOTTLE OF RUM!
Eh-eh-eh-eh eh-eh-eh! Eh-eh-eh-eh-eh-eh-eh! Eh eh-eh eh-
[eh-eh-eh!
Hé-lahô-lahô-la HO-O-O-ôô-lahá-á-á-----ààà!

AHÓ-Ó-Ó-Ó-Ó-Ó Ó-Ó-Ó Ó Ó-----yyy!...
SCHOONER AHÓ-Ó-Ó-Ó-Ó-Ó-Ó-Ó-Ó-Ó-----yyyy!...

Darby M'Graw-aw-aw-aw-aw-aw!
DARBY M'GRAW-AW-AW-AW-AW-AW-AW!
FETCH A-A-AFT THE RU-U-U-U-U-UM, DARBY!

Eh-eh-eh-eh-eh-eh-eh-eh-eh-eh eh-eh-eh!
EH-EH-EH-EH-EH-EH-EH EH-EH EH-EH-EH!
EH-EH-EH-EH-EH-EH-EH-EH-EH-EH EH-EH!
EH-EH-EH-EH-EH-EH-EH-EH-EH-EH-EH-EH!

EH-EH-EH-EH-EH-EH-EH-EH-EH-EH-EH!

Parte-se em mim qualquer coisa. O vermelho anoiteceu.
Senti de mais para poder continuar a sentir.
Esgotou-se-me a alma, ficou só um eco dentro de mim.
Decresce sensivelmente a velocidade do volante.
Tiram-me um pouco as mãos dos olhos os meus sonhos.
Dentro de mim há só um vácuo, um deserto, um mar nocturno.
E logo que sinto que há um mar nocturno dentro de mim,
Sobe dos longes dele, nasce do seu silêncio,
Outra vez, outra vez, o vasto grito antiquíssimo.
De repente, como um relâmpago de som, que não faz barulho
[mas ternura,
Subitamente abrangendo todo o horizonte marítimo
Húmido e sombrio marulho humano nocturno,
Voz de sereia longínqua chorando, chamando,
Vem do fundo do Longe, do fundo do Mar, da alma dos Abismos,
E à tona dele, como algas, boiam meus sonhos desfeitos...

Ahò ò-ò ò ò ò ò-ò ò ò ò----yy..
Schooner ahò-ò-ò ò-ò-ò ò ò ò-ò-ò-ò----yy.....

Ah, o orvalho sobre a minha excitação!
O frescor nocturno no meu oceano interior!

Eis tudo em mim de repente ante uma noite no mar
Cheia do enorme mistério humaníssimo das ondas nocturnas.
A lua sobe no horizonte
E a minha infância feliz acorda, como uma lágrima, em mim.
O meu passado ressurge, como se esse grito marítimo
Fosse um aroma, uma voz, o eco duma canção
Que fosse chamar ao meu passado
Por aquela felicidade que nunca mais tornarei a ter.

Era na velha casa sossegada, ao pé do rio...
(As janelas do meu quarto, e as da casa de jantar também,
Davam, por sobre umas casas baixas, para o rio próximo,
Para o Tejo, este mesmo Tejo, mas noutro ponto, mais abaixo...
Se eu agora chegasse às mesmas janelas não chegava às mesmas [janelas.
Aquele tempo passou como o fumo dum vapor no mar alto...)

Uma inexplicável ternura,
Um remorso comovido e lacrimoso,
Por todas aquelas vítimas — principalmente as crianças —
Que sonhei fazendo ao sonhar-me pirata antigo,
Emoção comovida, porque elas foram minhas vítimas;
Terna e suave, porque não o foram realmente;
Uma ternura confusa, como um vidro embaciado, azulada,
Canta velhas canções na minha pobre alma dolorida.

Ah, como pude eu pensar, sonhar aquelas coisas?
Que longe estou do que fui há uns momentos!
Histeria das sensações — ora estas, ora as opostas!
Na loura manhã que se ergue, como o meu ouvido só escolhe
As coisas de acordo com esta emoção — o marulho das águas,
O marulho leve das águas do rio de encontro ao cais...,
A vela passando perto do outro lado do rio,
Os montes longínquos, dum azul japonês,
As casas de Almada,
E o que há de suavidade e de infância na hora matutina!...

◆

Uma gaivota que passa,
E a minha ternura é maior.

Mas todo este tempo não estive a reparar para nada.
Tudo isto foi uma impressão só da pele, como uma carícia.
Todo este tempo não tirei os olhos do meu sonho longínquo,
Da minha casa ao pé do rio,
Da minha infância ao pé do rio,
Das janelas do meu quarto dando para o rio de noite,
E a paz do luar esparso nas águas!...
Minha velha tia, que me amava por causa do filho que perdeu...,
Minha velha tia costumava adormecer-me cantando-me
(Se bem que eu fosse já crescido demais para isso)...
Lembro-me e as lágrimas caem sobre o meu coração e lavam-
[-no da vida,
E ergue-se uma leve brisa marítima dentro de mim.
Às vezes ela cantava a "Nau Catrineta":

Lá vai a Nau Catrineta
Por sobre as águas do mar...

E outras vezes, numa melodia muito saudosa e tão medieval,
Era a "Bela Infanta"... Relembro, e a pobre velha voz ergue-se
[dentro de mim
E lembra-me que pouco me lembrei dela depois, e ela amava-
[-me tanto!
Como fui ingrato para ela — e afinal que fiz eu da vida?
Era a "Bela Infanta"... Eu fechava os olhos, e ela cantava:

Estando a Bela Infanta
No seu jardim assentada...

Eu abria um pouco os olhos e via a janela cheia de luar
E depois fechava os olhos outra vez, e em tudo isto era feliz.

Estando a Bela Infanta
No seu jardim assentada,
Seu pente de ouro na mão,
Seus cabelos penteava...

Ó meu passado de infância, boneco que me partiram!

Não poder viajar pra o passado, para aquela casa e aquela afeição,
E ficar lá sempre, sempre criança e sempre contente!

Mas tudo isto foi o Passado, lanterna a uma esquina de rua velha.
Pensar nisto faz frio, faz fome duma coisa que se não pode obter.
Dá-me não sei que remorso absurdo pensar nisto.
Oh turbilhão lento de sensações desencontradas!
Vertigem ténue de confusas coisas na alma!
Fúrias partidas, ternuras como carrinhos de linha com que as [crianças brincam,
Grandes desabamentos de imaginação sobre os olhos dos sen- [tidos,
Lágrimas, lágrimas inúteis,
Leves brisas de contradição roçando pela face a alma...

Evoco, por um esforço voluntário, para sair desta emoção,
Evoco, com um esforço desesperado, seco, nulo,
A canção do Grande Pirata, quando estava a morrer:

Fifteen men on the Dead Man's Chest.
Yo-ho-ho and a bottle of rum!

Mas a canção é uma linha recta mal traçada dentro de mim...

Esforço-me e consigo chamar outra vez ante os meus olhos na [alma,
Outra vez, mas através duma imaginação quase literária,
A fúria da pirataria, da chacina, o apetite, quase do paladar, do [saque,

Da chacina inútil de mulheres e de crianças,
Da tortura fútil, e só para nos distrairmos, dos passageiros pobres,
E a sensualidade de escangalhar e partir as coisas mais queridas
[dos outros,
Mas sonho isto tudo com um medo de qualquer coisa a respi-
[rar-me sobre a nuca.
Lembro-me de que seria interessante
Enforcar os filhos à vista das mães
(Mas sinto-me sem querer as mães deles),
Enterrar vivas nas ilhas desertas as crianças de quatro anos
Levando os pais em barcos até lá para verem
(Mas estremeço, lembrando-me dum filho que não tenho e está
[dormindo tranquilo em casa).

Aguilhoo uma ânsia fria dos crimes marítimos,
Duma inquisição sem a desculpa da Fé,
Crimes nem sequer com razão de ser de maldade e de fúria,
Feitos a frio, nem sequer para ferir, nem sequer para fazer mal,
Nem sequer para nos divertirmos, mas apenas para passar o
[tempo,
Como quem faz paciências a uma mesa de jantar de província com
[a toalha atirada pra o outro lado da mesa depois de jantar,
Só pelo suave gosto de cometer crimes abomináveis e não os achar
[grande coisa,
De ver sofrer até ao ponto da loucura e da morte-pela-dor mas
[nunca deixar chegar lá...

Mas a minha imaginação recusa-se a acompanhar-me.
Um calafrio arrepia-me.
E de repente, mais de repente do que da outra vez, de mais
[longe, de mais fundo,
De repente — oh pavor por todas as minhas veias! —,
Oh frio repentino da porta para o Mistério que se abriu dentro
[de mim e deixou entrar uma corrente de ar!
Lembro-me de Deus, do Transcendental da vida, e de repente

A velha voz do marinheiro inglês Jim Barns, com quem eu falava,
Tornada voz das ternuras misteriosas dentro de mim, das pe-
[quenas coisas de regaço de mãe e de fita de cabelo de irmã,
Mas estupendamente vinda de além da aparência das coisas,
A Voz surda e remota tornada A Voz Absoluta, a Voz Sem Boca,
Vinda de sobre e de dentro da solidão nocturna dos mares,
Chama por mim, chama por mim, chama por mim...

Vem surdamente, como se fosse suprimida e se ouvisse,
Longinquamente, como se estivesse soando noutro lugar e aqui
[não se pudesse ouvir,
Como um soluço abafado, uma luz que se apaga, um hálito
[silencioso,
De nenhum lado do espaço, de nenhum local no tempo,
O grito eterno e nocturno, o sopro fundo e confuso:

Ahô-ô-ô-ô-ô-ô-ô-ô-ô-ô-ô-ô....yyy......
Ahô-ô-ô-ô-ô-ô-ô-ô-ô-ô-ô-ô-ô-ô-ô.....yyy ......
Schooner ahô-ô-ô-ô-ô-ô-ô-ô-ô-ô-ô-ô-ô-ô-ô-ô.....yy.........

Tremo com um frio da alma repassando-me o corpo
E abro de repente os olhos, que não tinha fechado.
Ah, que alegria a de sair dos sonhos de vez!
Eis outra vez o mundo real, tão bondoso para os nervos!
Ei-lo a esta hora matutina em que entram os paquetes que che-
[gam cedo.

Já não me importa o paquete que entrava. Ainda está longe.
Só o que está perto agora me lava a alma.
A minha imaginação higiénica, forte, prática,
Preocupa-se agora apenas com as coisas modernas e úteis,
Com os navios de carga, com os paquetes e os passageiros,
Com as fortes coisas imediatas, modernas, comerciais, verdadeiras.
Abranda o seu giro dentro de mim o volante.

◆

Maravilhosa vida marítima moderna,
Toda limpeza, máquinas e saúde!
Tudo tão bem arranjado, tão espontaneamente ajustado,
Todas as peças das máquinas, todos os navios pelos mares,
Todos os elementos da actividade comercial de exportação e
[importação
Tão maravilhosamente combinando-se
Que corre tudo como se fosse por leis naturais,
Nenhuma coisa esbarrando com outra!
Nada perdeu a poesia. E agora há a mais as máquinas
Com a sua poesia também, e todo o novo género de vida
Comercial, mundana, intelectual, sentimental,
Que a era das máquinas veio trazer para as almas.
As viagens agora são tão belas como eram dantes
E um navio será sempre belo, só porque é um navio.
Viajar ainda é viajar e o longe está sempre onde esteve —
Em parte nenhuma, graças a Deus!

Os portos cheios de vapores de muitas espécies!
Pequenos, grandes, de várias cores, com várias disposições
[de vigias,
De tão deliciosamente tantas companhias de navegação!
Vapores nos portos, tão individuais na separação destacada
[dos ancoramentos!
Tão prazenteiro o seu garbo quieto de coisas comerciais que
[andam no mar,
No velho mar sempre o homérico, ó Ulisses!
O olhar humanitário dos faróis na distância da noite,
Ou o súbito farol próximo na noite muito escura
("Que perto da terra que estávamos passando!" E o som da
[água canta-nos ao ouvido)!...

Tudo isto hoje é como sempre foi, mas há o comércio;
E o destino comercial dos grandes vapores

Envaidece-me da minha época!
A mistura de gente a bordo dos navios de passageiros
Dá-me o orgulho moderno de viver numa época onde é tão fácil
Misturarem-se as raças, transporem-se os espaços, ver com
[facilidade todas as coisas,
E gozar a vida realizando um grande número de sonhos.

Limpos, regulares, modernos como um escritório com guichets
[em redes de arame amarelo,
Meus sentimentos agora, naturais e comedidos como gentlemen,
São práticos, longe de desvairamentos, enchem de ar marítimo
[os pulmões,
Como gente perfeitamente consciente de como é higiénico res-
[pirar o ar do mar.
O dia é perfeitamente já de horas de trabalho.
Começa tudo a movimentar-se, a regularizar-se.

Com um grande prazer natural e directo percorro com a alma
Todas as operações comerciais necessárias a um embarque de
[mercadorias.
A minha época é o carimbo que levam todas as facturas,
E sinto que todas as cartas de todos os escritórios
Deviam ser endereçadas a mim.

Um conhecimento de bordo tem tanta individualidade,
E uma assinatura de comandante de navio é tão bela e mo-
[derna!
Rigor comercial do princípio e do fim das cartas:
Dear Sirs — Messieurs — Amigos e Snrs,
Yours faithfully —... nos salutations empressées...
Tudo isto é não só humano e limpo, mas também belo,
E tem ao fim um destino marítimo, um vapor onde embarquem
As mercadorias de que as cartas e as facturas tratam.

Complexidade da vida! As facturas são feitas por gente
Que tem amores, ódios, paixões políticas, às vezes crimes —

E são tão bem escritas, tão alinhadas, tão independentes de tudo
[isso!
Há quem olhe para uma factura e não sinta isto.
Com certeza que tu, Cesário Verde, o sentias.
Eu é até às lagrimas que o sinto humanissimamente.
Venham dizer-me que não há poesia no comércio, nos escritórios!
Ora, ela entra por todos os poros... Neste ar marítimo respiro-a,
Porque tudo isto vem a propósito dos vapores, da navegação
[moderna,
Porque as facturas e as cartas comerciais são o princípio da
[história
E os navios que levam as mercadorias pelo mar eterno são o fim.

Ah, e as viagens, as viagens de recreio, e as outras,
As viagens por mar, onde todos somos companheiros dos outros
Duma maneira especial, como se um mistério marítimo
Nos aproximasse as almas e nos tornasse um momento
Patriotas transitórios duma mesma pátria incerta,
Eternamente deslocando-se sobre a imensidade das águas!
Grandes hotéis do Infinito, oh transatlânticos meus!
Com o cosmopolitismo perfeito e total de nunca pararem num
[ponto
E conterem todas as espécies de trajes, de caras, de raças!

As viagens, os viajantes — tantas espécies deles!
Tanta nacionalidade sobre o mundo! tanta profissão! tanta gente!
Tanto destino diverso que se pode dar à vida,
À vida, afinal, no fundo sempre, sempre a mesma!
Tantas caras curiosas! Todas as caras são curiosas
E nada traz tanta religiosidade como olhar muito para gente.
A fraternidade afinal não é uma ideia revolucionária.
É uma coisa que a gente aprende pela vida fora, onde tem que
[tolerar tudo,
E passa a achar graça ao que tem que tolerar,
E acaba quase a chorar de ternura sobre o que tolerou!

Ah, tudo isto é belo, tudo isto é humano e anda ligado
Aos sentimentos humanos, tão conviventes e burgueses,
Tão complicadamente simples, tão metafisicamente tristes!
A vida flutuante, diversa, acaba por nos educar no humano.
Pobre gente! pobre gente toda a gente!

Despeço-me desta hora no corpo deste outro navio
Que vai agora saindo. É um tramp-steamer inglês,
Muito sujo, como se fosse um navio francês,
Com um ar simpático de proletário dos mares,
E sem dúvida anunciado ontem na última página das gazetas.

Enternece-me o pobre vapor, tão humilde vai ele e tão natural.
Parece ter um certo escrúpulo não sei em quê, ser pessoa honesta,
Cumpridora duma qualquer espécie de deveres.
Lá vai ele deixando o lugar defronte do cais onde estou.
Lá vai ele tranquilamente, passando por onde as naus estiveram
Outrora, outrora...
Para Cardiff? Para Liverpool? Para Londres? Não tem im-
[portância.
Ele faz o seu dever. Assim façamos nós o nosso. Bela vida!
Boa viagem! Boa viagem!
Boa viagem, meu pobre amigo casual, que me fizeste o favor
De levar contigo a febre e a tristeza dos meus sonhos,
E restituir-me à vida para olhar para ti e te ver passar.
Boa viagem! Boa viagem! A vida é isto...
Que aprumo tão natural, tão inevitavelmente matutino
Na tua saída do porto de Lisboa, hoje!
Tenho-te uma afeição curiosa e grata por isso...
Por isso quê? Sei lá o que é!... Vai... Passa...
Com um ligeiro estremecimento,
(T-t--t---t----t-----t...)
O volante dentro de mim pára.

Passa, lento vapor, passa e não fiques...
Passa de mim, passa da minha vista,

Vai-te de dentro do meu coração,
Perde-te no Longe, no Longe, bruma de Deus,
Perde-te, segue o teu destino e deixa-me...
Eu quem sou para que chore e interrogue?
Eu quem sou para que te fale e te ame?
Eu quem sou para que me perturbe ver-te?
Larga do cais, cresce o sol, ergue-se ouro,
Luzem os telhados dos edifícios do cais,
Todo o lado de cá da cidade brilha...
Parte, deixa-me, torna-te
Primeiro o navio a meio do rio, destacado e nítido,
Depois o navio a caminho da barra, pequeno e preto,
Depois ponto vago no horizonte (ó minha angústia!),
Ponto cada vez mais vago no horizonte...,
Nada depois, e só eu e a minha tristeza,
E a grande cidade agora cheia de sol
E a hora real e nua como um cais já sem navios,
E o giro lento do guindaste que como um compasso que gira,
Traça um semicírculo de não sei que emoção
No silêncio comovido da minh'alma...

Álvaro de Campos,
Engenheiro.

19
A FERNANDO PESSOA

DEPOIS DE LER O SEU DRAMA ESTÁTICO
"O MARINHEIRO" EM "ORPHEU I"

Depois de doze minutos
Do seu drama *O Marinheiro*,
Em que os mais ágeis e astutos
Se sentem com sono e brutos,
E de sentido nem cheiro,
Diz uma das veladoras
Com langorosa magia:

De eterno e belo há apenas o sonho. Porque estamos nós falando ainda?

Ora isso mesmo é que eu ia
Perguntar a essas senhoras...

[*1915*]*

20
MANIFESTO DE ÁLVARO DE CAMPOS*

Ora porra!
Nem o rei chegou, nem o Afonso Costa morreu quando caiu do
[carro abaixo!
E ficou tudo na mesma, tendo a mais só os alemães a menos...
E para isto se fundou Portugal!

[*27/6/1916*]**

21

Arre, que tanto é muito pouco!
Arre, que tanta besta é muito pouca gente!
Arre, que o Portugal que se vê é só isto!
Deixem ver o Portugal que não deixam ver!
Deixem que se veja, que esse é que é Portugal!
Ponto.

Agora começa o Manifesto:
Arre!
Arre!
Oiçam bem:
ARRRRRE!

22

Ora porra!
Então a imprensa portuguesa é
que é a imprensa portuguesa?
Então é esta merda que temos
que beber com os olhos?
Filhos da puta! Não, que nem
há puta que os parisse.

23
ODE MARCIAL

[*A Raul Leal*]*

a

Clarins na noite,
Clarins na noite,
Clarins subitamente distintos na noite...

(É de cavalgada, de cavalgada, de cavalgada o ruído longínquo?)

O que é [que] estremece de diverso pela erva e nas almas?[1]
O que é que se vai alterar e já lá longe se altera —
Na distância, no futuro, na angústia — não se sabe onde — ?

Clarins na noite,
Clarins... na noite,
Clari-i-i-ins .....

É de cavalgada,
É de cavalgada, de cavalgada,
É de cavalgada, de cavalgada, de cavalgada
O ruído, ruído, ruído agora já nítido.

Vejo-as no coração e no horror que há em mim:
Valquírias, bruxas, amazonas do assombro...
São uma grande sombra — conjunto de sombras pegadas que
[mexe na noite.[2]
Vêm em cavalgada, e a terra estremece duas vezes,
E o coração como a terra estremece duas vezes também.

Vêm do fundo do mundo,
Vêm do abismo das coisas,
Vêm de onde partem as leis que governam tudo;
Vêm de onde a injustiça derrama-se sobre os seres,
Vêm de onde se vê que é inútil amar e querer,
E só a guerra e o mal são o dentro e fora do mundo.

Hela-hô-hôôô... helahô-hôôôôô......

2/8/1914

b
♂ □ ♄

Ruído longínquo e próximo não sei porquê
Da guerra europeia... Ruído de universo de catástrofe...
Que vai morrer para além de onde ouvimos e vemos?
Em que fronteiras deu a morte rendez-vous
Ao destino das nações?

Ó Águia Imperial, cairás?
Rojar-te-ás, negra amorfa coisa em sangue,
Pela terra, onde sob o teu cair
Ainda tens marcado o sinal das tuas garras para antes formar
[o voo
Que deste sobre a Europa confusa?

Cairás, ó matutino galo francês,
Sempre saudando a aurora? Que amos saúdas agora
Que sol de sangue no azul pálido do horizonte matutino?
Por que atalhos de sombra que caminho buscas,
Que caminho para onde?
Ó civilizações chegando à encruzilhada nocturna
Donde tiraram o ponto-de-apoio

E donde partem caminhos curvos não sei para onde,
E não há luar sobre as indecisões...

Deus seja connosco...
Chora na noite a Senhora de Misericórdia,
Torcendo as mãos, de modo a ouvir-se que elas se torcem
No silêncio profundo.

Deus seja connosco no céu e na terra,
Ó Deusa Tutelar do Futuro, ó Ponte
Sobre os abismos do que não sabemos que seja...
Deus seja connosco, e não esqueçamos nunca
Que o mar é eterno e afinal de tudo tranquilo
E a terra grande e mãe e tem a sua bondade
Porque sempre podemos nela recostar a cabeça cansada
E dormir encostados a qualquer coisa.

Clarins na noite, desmaiando... Ó Mistério
Que se está formando lá fora, na Europa, no Império...
Tropel vário de raças inimigas que se chocam
Mais profundamente do que seus exércitos e suas esquadras,
Mais realmente do que homem contra homem e nação contra
[nação...

Clarins de horror trémulo e frio na noite profunda...
E o quê?... Tambores para além do mistério do mundo?
Tambores de quê... dormis deitados, dobres minúsculos sobre
[quê?
Passa na noite um só passo soturno do uno exército enorme...
Clarins subitamente mais perto na Noite...
Ó Homem de mãos atadas e levado entre sentinelas
Para onde, por que caminho, para ao pé de quem?
Para ao pé [de] quem, clarins anunciadores de quê?[1]
(Títiro, a tocar flauta e os campos de Itália sob César Augusto[2]
Ah, porque se armam de lágrimas absurdas os olhos
E que dor é esta, do antigo e do actual e do futuro,

Que dói na alma como uma sensação de exílio?
Títiro a tocar flauta em Éclogas longínquas...
Virgílio a adular o César que venceu
Per populum dat juri... Um pobre em guerra,
Ó minha alma intranquila... Ó silêncios que as pontes
Sob as fortalezas antiquissimamente teriam,
Sabeis e vedes que a terra treme sob os passos dos exércitos,
Fluxo eterno e divino das ondas sob os cruzadores e os tor-
[pedeiros...

Oh o maior horror de terem cessado os clarins,
Que sons indecisos nos traz o que substitui o vento
Nesta profunda palidez [.] dos que mataram?
Quem é que vem? O que se vai dar?
Quem começa a soluçar na calma noite intranquila,
Meu irmão? A irmã de quem? Ó anos de infância
Em que eu olhava da janela os soldados e via os uniformes
E a sangrenta e carnal realidade das coisas não existia para mim!...

Choque de cavaleiros onde?
Artilharia, onde, onde, onde?
Ó dor da indecisão com agitações inexplicáveis à superfície de
[águas estagnadas...
Ó murmúrio incompreensível da morte como que vento nas
[folhagens...
Ó pavor certo de uma realidade desenhada pelos espelhos in-
[decisos...

(Lágrimas nas tuas mãos
E plácido o teu olhar...
E tu, amor, és uma realidade também...
Ah, não ser tudo senão um quadro, um quadro qualquer...
E quem sabe se tudo não será um quadro e a dor e a alegria
E a incerteza e o terror
Coisas, meras coisas, nada senão coisas sem aonde, mas que
[percebemos

Lágrimas nas tuas mãos, no terraço sobre o lago azul da montanha
E lento o crepúsculo sobre os cumes altos das nossas duas almas
E uma vontade de chorar a apertar-nos aos dois ao seu peito...)

A guerra, a guerra, a guerra realmente.
Excessivamente aqui, horror, a guerra real...
Com a sua realidade de gente que vive realmente,
Com a sua estratégia realmente aplicada a exércitos reais com-
[postos de gente real
E as suas consequências, não coisas contadas em livros,
Mas frias verdades, de estragos realmente humanos, mortes de
[quem morreu, na verdade,
E o sol também real sobre a terra também real
Reais em acto e a mesma merda no meio disto tudo!

Verdade do perigo, dos mortos, dos doentes e das violações,
E os sons florescem nos gritos misteriosamente...
A gaiola do canário à tua janela, Maria,
E o sussurro suave da água que gorgoleja no tanque...

O corpo... E os outros corpos não muito diferentes deste,
A morte... E o contrário disto tudo é a vida...
Dói-me a alma e não compreendo...
Custa-me a acreditar no que existe...
Pálido e perturbado, não me mexo e sofro.

2/8/1914

c

Hela hoho, helahoho!
Desfilam diante de mim as civilizações guerreiras...
Numa marcha triunfal,
Numa longa linha como que pintada em minha alma,
Sucessivamente, indeterminadamente,

Couraças, lanças, capacetes brilhando,
Escudos virados para mim,
Viseiras caídas, cotas de malha,
Os prélios, as justas, os combates, as emboscadas.
Archeiros de Crecy e de Azincourt!
Armas de Arras.

E tudo é uma poeira incerta, uma nuvem de gente anónima
Que o vento da estratégia levanta em formas diversas,
E em ondas sopra entre os meus olhos atentos
E o Sol da verdade eterna, e a encobre sinistramente.

Marcha triunfal, onde a um tempo e não a um tempo,
Onde numa simultaneidade por transparências uns de outros,
Surgem, aparecem, aglomeram-se em minha consciência,
Os guerreiros de todos os tempos, os soldados de todas as raças,
As couraças de todas as origens,
As armas brancas de todas as forjas,
As hostes compostas de usos marciais de todos os exércitos.

d

A Guerra!
Desfilam diante de mim as civilizações guerreiras...
As civilizações de todos os tempos e lugares...
Num panorama confuso e lúcido,
Em quadras misturadas e não misturadas, separadas e compactas,
[mas só quadras
Em desfile sucessivo e apesar disso ao mesmo tempo,
Passam...
Passam e eu, eu que estou estendido na erva
E só os carros passam, passam — cessam depois para nós mesmos
Vejo-os e o meu espanto nem se sente calmo nem interessado,
Nem os vê nem os deixa de ver,
E eles passam por mim como uma sombra pelas águas.

Ah a pompa antiga, e a pompa moderna, os uniformes dos
[engenhos de guerra,
A fúria eterna e irremediável dos combates
Os mortos sempre a mesma misteriosa morte — o corpo no
[chão (e o que é o mundo, afinal, e aonde?)
Os feridos gemendo do mesmo modo em corpos os mesmos
E o céu, o eterno céu insensível sobre isso tudo!

e

Barcos pesados vindo para as melancólicas sombras
Dos grandes olhos incompletos dos arcos das pontes
Enormes escaladas medievais dos altos muros do castelo
(Luzem como escamas os aços dos elmos e das couraças)
E os escudos deitados clamam como goelas fumegantes dos que
[assaltam
E o súbito desabrochar aéreo das grandes flores amarelas e
[violentas das granadas.[1]
(Onde o teu cavalo pôs a pata, Átila, torna a crescer erva[2]
E tudo renasce e a vida da natureza cobre
O que fica das conquistas)[3]
Antenas de ferro — capacetes em bico — de Bismarck[4]

f

As mortes, o ruído, as violações, o sangue, o brilho das baionetas...
Todas estas coisas são uma só coisa e essa coisa sou Eu...

g

Inúmero rio sem água — só gente e coisas,
Pavorosamente sem água!
Soam tambores longínquos no meu ouvido,

E eu não sei se vejo o rio se ouço os tambores,
Como se não pudesse ouvir e ver ao mesmo tempo!

Helahoho! helahoho!

A máquina de costura da pobre viúva morta à baioneta
Ela cosia à tarde indeterminadamente...
A mesa onde jogavam os velhos,
□
Tudo misturado, tudo misturado com corpos, com sangues,
Tudo um só rio, uma só onda, um só arrastado horror.

Helahoho! helahoho!

Desenterrei o comboio de lata da criança calcado no meio da
[estrada,
E chorei como todas as mães do mundo sobre o horror da vida.
Os meus pés panteístas tropeçaram na máquina de costura da
[viúva que mataram à baioneta
E esse pobre instrumento de paz meteu uma lança no meu
[coração.

Sim, fui eu o culpado de tudo, fui eu o soldado todos eles
Que matou, violou, queimou e quebrou,
Fui eu e a minha vergonha e o meu remorso como uma sombra
[disforme
Passeiam por todo o mundo como Ashavero,
Mas atrás dos meus passos soam passos do tamanho do infinito
E um pavor físico de encontrar Deus faz-me fechar os olhos de
[repente.[1]

Cristo absurdo da expiação de todos os crimes e de todas as
[violências,
A minha cruz está dentro de mim, hirta, a escaldar, a quebrar
E tudo dói na minha alma extensa como um Universo.

Arranquei o pobre brinquedo das mãos da criança e bati-lhe,
Os seus olhos assustados do meu filho que talvez terei e que
[matarão também
Pediram-me sem saber como toda a piedade por todos.
Do quarto da velha arranquei o retrato do filho e rasguei-o,
Ela, cheia de medo, chorou e não fez nada...
Senti de repente que ela era minha mãe e pela espinha abaixo
[passou-me o sopro de Deus.

Quebrei a máquina de costura da viúva pobre.
Ela chorava a um canto sem pensar na máquina de costura.
Haverá outro mundo onde eu tenha que ter uma filha que
[enviúve e a quem aconteça isto?

Mandei, capitão, fuzilar os camponeses trémulos,
Deixei violar as filhas de todos os pais atados a árvores,
Agora vi que foi dentro de meu coração que tudo isso se passou,
E tudo escalda e sufoca e eu não me posso mexer sem que tudo
[seja o mesmo.
Deus tenha piedade de mim que a não tive de ninguém!

h

Que imperador tem o direito
De partir a boneca à filha do operário?
Que César com suas legiões tem justiça
Para partir a máquina de costura da velha?
Se eu for pela rua
E arrancar a fita suja na mão da garota
E a fizer chorar, onde encontrar qualquer Cristo?

Se eu tirar com uma pancada
O bolo barato da boca da criança pobre
Onde encontrarei justiça no mundo,
Onde me esconderei dos olhos do Vulto

Invisível que espreita pelas estrelas
Quando o coração vê pelos olhos o mistério olhar o universo?
Minha emoção concreta, ó brinquedo de crianças,
Ó pequenas alegrias legítimas da gente obscura,
Ó pobre riqueza exígua dos que não são ninguém...

Os móveis comprados com tanto sacrifício,
As toalhas remendadas com tanto cuidado,
As pequenas coisas de casa tão ajustadas e postas no lugar
E a roda de um dos mil carros do rei vencedor
Parte tudo, e todos perderam tudo.

i

Por aqueles, minha mãe, que morreram, que caíram na batalha...
Dlôn — ôn — ôn — ôn...
Por aqueles, minha mãe, que ficaram mutilados no combate
Dlôn — ôn — ôn — ôn...
Por aqueles cuja noiva esperará sempre em vão...
Dlôn — ôn — ôn — ôn...
Sete vezes sete vezes murcharão as flores no jardim
Dlôn — ôn — ôn — ôn...
E os seus cadáveres serão do pó universal e anónimo
Dlôn — ôn — ôn — ôn...
E eles, quem sabe, minha mãe, sempre vivos [.], com esperança...
Loucos, minha mãe, loucos, porque os corpos morrem e a dor
[não morre...
Dlôn — dlôn — dlôn — dlôn — dlôn — dlôn...
Que é feito daquele que foi a criança que tiveste ao peito?
Dlôn...
Quem sabe qual dos desconhecidos mortos aí é o teu filho
Dlôn...
Ainda tens na gaveta da cómoda os seus bibes de criança...
Ainda há nos caixotes da dispensa os seus brinquedos velhos...
Ele hoje pertence a uma podridão órfã *somewhere in France.*

Ele que foi tanto para ti, tudo, tudo, tudo...
Olha, ele não é nada no geral holocausto da história
Dlôn — dlôn...
Dlôn — dlôn — dlôn — dlôn ...
Dlôn — dlôn — dlôn — dlôn ...
Dlôn — dlôn — dlôn — dlôn — dlôn — dlôn...*

j

Ai de ti, ai de ti, ai de nós!
Por detrás destas leis inflexíveis e ferozes da vida
Haverá alguma ternura divina que compense isto tudo?

Ainda tens o berço dele a um canto, em casa...
Ainda tens guardados os fatinhos dele, de pequeno...
Ainda tens numa gaveta alguns brinquedos partidos...
Agora, sim, agora, vai olhá-los e chorar sobre eles...
Não sabes onde é a sepultura do teu filho...
Foi o nº qualquer coisa do regimento um tal,
Morreu lá prà Marne em qualquer parte... Morreu...
O filho que tu tiveste ao peito, que amamentaste e que criaste...
Que remexera no teu ventre...
O rapazote feito que dizia graças e tu rias tanto...
Agora ele é podridão... Bastou em linha alemã
Um bocado de chumbo, do tamanho dum prego, e a tua vida é [triste...[1]
Receberás um prémio do [?Estado?]. Dirão que o teu filho foi [um herói...[2]
(Ninguém sabe, de resto, se ele foi herói ou não)
É um anónimo pra a história...
"Morreram 20 mil homens na batalha de tal..." Ele era um [deles...
E o teu coração de mãe sangrou tanto por esse herói de que a [história não dirá nada...
O acontecimento mais importante da guerra foi aquele para ti...

24

SAUDAÇÃO A WALT WHITMAN

a

Portugal-Infinito, onze de Junho de mil novecentos e quinze...
Hé-lá-á-á-á-á-á-á!

De aqui, de Portugal, todas as épocas no meu cérebro,
Saudo-te, Walt, saúdo-te, meu irmão em Universo,
Ó sempre moderno e eterno, cantor dos concretos absolutos,
Concubina fogosa do universo disperso,
Grande pederasta roçando-te contra a diversidade das coisas,
Sexualizado pelas pedras, pelas árvores, pelas pessoas, pelas
[profissões,[1]
Cio das passagens, dos encontros casuais, das meras observações,
Meu entusiasta pelo conteúdo de tudo,
Meu grande herói entrando pela Morte dentro aos pinotes,
E aos urros, e aos guinchos, e aos berros saudando-te em Deus!

Cantor da fraternidade feroz e terna com tudo,
Grande democrata epidérmico, contíguo a tudo em corpo e alma,
Carnaval de todas as acções, bacanal de todos os propósitos
Irmão gémeo de todos os arrancos,
Jean-Jacques Rousseau do mundo que havia de produzir máquinas,
Homero do insaisissable do flutuante carnal,
Shakespeare da sensação que começa a andar a vapor,
Milton-Shelley do horizonte da Electricidade futura!
Incubo de todos os gestos,
Espasmo pra dentro de todos os objectos de fora
Souteneur de todo o Universo,
Rameira de todos os sistemas solares, paneleiro de Deus!

◆

Eu, de monóculo e casaco exageradamente cintado,
Não sou indigno de ti, bem o sabes, Walt,
Não sou indigno de ti, basta saudar-te para o não ser...
Eu tão contíguo à inércia, tão facilmente cheio de tédio,
Sou dos teus, tu bem sabes, e compreendo-te e amo-te,
E embora te não conhecesse, nascido pelo ano em que morrias,
Sei que me amaste também, que me conheceste, e estou contente.
Sei que me conheceste, que me contemplaste e me explicaste,
Sei que é isso que eu sou, quer em Brooklyn Ferry dez anos antes
[de eu nascer,
Quer pela rua do Ouro acima pensando em tudo que não é a rua
[do Ouro,
E conforme tu sentiste tudo, sinto tudo, e cá estamos de mãos
[dadas,
De mãos dadas, Walt, de mãos dadas, dançando o universo na
[alma.

Quantas vezes eu beijo o teu retrato.
Lá onde estás agora (não sei onde é mas é Deus)
Sentes isto, sei que o sentes, e os meus beijos são mais quentes
[(em gente)
E tu assim é que os queres, meu velho, e agradeces de lá,[2]
Sei-o bem, qualquer coisa mo diz, um agrado no meu espírito,
Uma erecção abstracta e indirecta no fundo da minha alma.

Nada do engageant em ti, mas ciclópico e musculoso,
Mas perante o universo a tua atitude era de mulher,
E cada erva, cada pedra, cada homem era para ti o Universo.

Meu velho Walt, meu grande Camarada, evohé![3]
Pertenço à tua orgia báquica de sensações-em-liberdade,
Sou dos teus, desde a sensação dos meus pés até à náusea em
[meus sonhos,
Sou dos teus, olha pra mim, de aí desde Deus vês-me ao contrário:

De dentro para fora... Meu corpo é o que adivinhas, vês a minha
[alma —
Essa vês tu propriamente e através dos olhos dela o meu corpo —[4]
Olha pra mim: tu sabes que eu, Álvaro de Campos, engenheiro,
Poeta sensacionista,
Não sou teu discípulo, não sou teu amigo, não sou teu cantor,[5]
Tu sabes que eu sou Tu e estás contente com isso!

Nunca posso ler os teus versos a fio... Há ali sentir de mais...
Atravesso os teus versos como a uma multidão aos encontrões a
[mim,
E cheira-me a suor, a óleos, a actividade humana e mecânica
Nos teus versos, a certa altura não sei se leio ou se vivo,
Não sei se o meu lugar real é no mundo ou nos teus versos,
Não sei se estou aqui, de pé sobre a terra natural,
Ou de cabeça pra baixo, pendurado numa espécie de estabele-
[cimento,[6]
No tecto natural da tua inspiração de tropel,
No centro do tecto da tua intensidade inacessível.

Abram-me todas as portas!
Por força que hei-de passar!
Minha senha? Walt Whitman!
Mas não dou senha nenhuma...
Passo sem explicações...
Se for preciso meto dentro as portas...
Sim — eu franzino e civilizado, meto dentro as portas,
Porque neste momento não sou franzino nem civilizado,
Sou EU, um universo pensante de carne e osso, querendo passar,
E que há-de passar por força, porque quando quero passar sou
[Deus!

Tirem esse lixo da minha frente!
Metam-me em gavetas essas emoções!
Daqui pra fora, políticos, literatos,
Comerciantes pacatos, polícia, meretrizes, souteneurs,

Tudo isso é a letra que mata, não o espírito que dá a vida.
O espírito que dá a vida neste momento sou EU!

Que nenhum filho da puta se me atravesse no caminho!
O meu caminho é pelo infinito fora até chegar ao fim!
Se sou capaz de chegar ao fim ou não, não é contigo, deixa-me ir...
É comigo, com Deus, com o sentido-eu da palavra Infinito...[7]
Prà frente!
Meto esporas!
Sinto as esporas, sou o próprio cavalo em que monto,
Porque eu, por minha vontade de me consubstanciar com Deus,[8]
Posso ser tudo, ou posso ser nada, ou qualquer coisa,
Conforme me der na gana... Ninguém tem nada com isso...
Loucura furiosa! Vontade de ganir, de saltar,
De urrar, zurrar, dar pulos, pinotes, gritos com o corpo,
De me cramponner às rodas dos veículos e meter por baixo,[9]
De me meter adiante do giro do chicote que vai bater,
De me □
De ser a cadela de todos os cães e eles não bastam,
De ser o volante de todas as máquinas e a velocidade tem limite,
De ser o esmagado, o deixado, o deslocado, o acabado,
E tudo para te cantar, para te saudar e □
Dança comigo, Walt, lá do outro mundo esta fúria,
Salta comigo neste batuque que esbarra com os astros,
Cai comigo sem forças no chão,
Esbarra comigo tonto nas paredes,
Parte-te e esfrangalha-te comigo
E □
Em tudo, por tudo, à roda de tudo, sem tudo,
Raiva abstracta do corpo fazendo maelstroms na alma...

Arre! Vamos lá prà frente!
Se o próprio Deus impede, vamos lá prà frente... Não faz dife-
[rença...[10]
Vamos lá prà frente
Vamos lá prà frente sem ser para parte nenhuma...

Infinito! Universo! Meta sem meta! Que importa?
Pum! pum! pum! pum! pum!
Agora, sim, partamos, vá lá prà frente, pum!
Pum
Pum
Heia... heia... heia... heia... heia...

Desencadeio-me como uma trovoada[11]
Em pulos da alma a ti,
Com bandas militares à frente prolongo a saudar-te...
Com um grande cortejo e uma fúria de berros e saltos
Estardalhaço a gritar-te
E dou-te todos os vivas a mim e a ti e a Deus
E o universo anda à roda de nós como um carrocel com música
[dentro dos nossos crânios,
E tendo luzes essenciais na minha epiderme anterior
Eu, louco de musical sibilar ébrio das máquinas,
Tu célebre, tu temerário, tu o Walt — e o instinto,
Tu a sensualidade ponto
Eu a sensualidade curiosamente nascente até da inteligência
Tu a inteligência □

[*11/6/1915*]*

b

Porta pra tudo!
Ponte pra tudo!
Estrada pra tudo!
Tua alma omnívora e □
Tua alma ave, peixe, fera, homem, mulher,
Tua alma os dois onde estão dois,
Tua alma o um que são dois quando dois são um,
Tua alma seta, raio, espaço,
Amplexo, nexo, sexo, Texas, Carolina, New York,

Brooklyn Ferry à tarde,
Brooklyn Ferry das idas e dos regressos,
Libertad! Democracy! Século vinte ao longe!
Pum! pum! pum! pum! pum!
PUM!

Tu, o que eras, tu o que vias, tu o que ouvias,
O sujeito e o objecto, o activo e o passivo,
Aqui e ali, em toda a parte tu,
Círculo fechando todas as possibilidades de sentir,
Marco miliário de todas as coisas que podem ser,
Deus Termo de todos os objectos que se imaginem e és tu!
Tu Hora,
Tu Minuto,
Tu Segundo!
Tu intercalado, liberto, desfraldado, ido,
Intercalamento, libertação, ida, desfraldamento,
Intercalador, libertador, desfraldador, remetente,
Carimbo em todas as cartas,
Nome em todos os endereços,
Mercadoria entregue, devolvida, seguindo...
Comboio de sensações a alma-quilómetros à hora,
À hora, ao minuto, ao segundo. PUM!

E todos estes ruídos naturais, humanos, de máquinas[1]
Todos eles vão juntos, tumulto completo de tudo,
Cheios de mim até ti, saudar-te
Cheios de mim até ti,
Vão gritos humanos, vão choros de terra,
Vão os volumes dos montes,
Vão os rumores de águas,
Vão os barulhos da guerra,
Vão os estrondos da □, os □ da □
Vão os ruídos dos povos em lágrimas,
Vão os sons débeis dos ais no escuro
E vão mais cerca da vida, rodeando-me,

Prémio melhor do meu saudar-te
Os ruídos, cicios, assobios dos comboios
Os ruídos modernos e das fábricas,
Som regular,
Rodas,
Volantes,
Hélices
Pum...

c

Hé-lá que eu vou chamar
Ao privilégio ruidoso e ensurdecedor de saudar-te
Todo o formilhamento humano do Universo,
Todos os modos de todas as emoções,
Todos os feitios de todos pensamentos,
Todas as rodas, todos os volantes, todos os êmbolos da alma.
Heia que eu grito
E num cortejo de Mim até ti estardalhaçam
Com uma algaravia metafísica e real,
Com um chinfrim de coisas passado por dentro sem nexo,
□

Ave, salve, viva, ó grande bastardo de Apolo,
Amante impotente e fogoso das nove musas e das graças,
Funicular do Olimpo até nós e de nós ao Olimpo,
Fúria do moderno concretado em mim,
Espasmo translúcido de ser,
Flor de agirem os outros,
Festa porque há a Vida,
Loucura porque não há vida bastante em um p'ra ser todos
Porque ser é ser bastardo e só Deus nos servia.[1]
Ah, tu que cantaste tudo, deixaste tudo por cantar.
Quem pode vibrar mais que o seu corpo em seu corpo,
Quem tem mais sensações que as sensações por ter?

Quem é bastante quando nada basta?
Quem fica completo quando um só [?vinco?] de erva
Fica com a raiz fora, do seu coração?

d

Por isso é a ti que endereço
Meus versos saltos, meus versos pulos, meus versos espasmos,
Os meus versos-ataques-histéricos,
Os meus versos que arrastam o carro □ dos meus nervos.

Aos trambolhões me inspiro,
Mal podendo respirar, ter-me-de-pé me-exalto,
E os meus versos são eu não poder estoirar de viver.

Abram-me todas as janelas!
Arranquem-me todas as portas!
Puxem a casa toda para cima de mim!
Quero viver em liberdade no ar,
Quero ter gestos fora do meu corpo,
Quero correr como a chuva pelas paredes abaixo,
Quero ser pisado nas estradas largas como as pedras,
Quero ir, como as coisas pesadas, para o fundo dos mares,
Com uma voluptuosidade que já está longe de mim!

Não quero fechos nas portas!
Não quero fechaduras nos cofres!
Quero intercalar-me, imiscuir-me, ser levado,
Quero que me façam pertença doída de qualquer outro,
Que me despejem dos caixotes,
Que me atirem aos mares,
Que me vão buscar a casa com fins obscenos,
Só para não estar sempre aqui sentado e quieto,
Só para não estar simplesmente escrevendo estes versos!

Não quero intervalos no mundo!
Quero a contiguidade penetrada e material dos objectos!
Quero que os corpos físicos sejam uns dos outros como as almas,
Não só dinamicamente, mas estaticamente também!

Quero voar e cair de muito alto!
Ser arremessado como uma granada!
Ir parar a… Ser levado até…
Abstracto auge no fim de mim e de tudo!

Clímax a ferro e motores!
Escadaria pela velocidade acima, sem degraus!
Bomba hidráulica desancorando-me as entranhas sentidas!

Ponham-me grilhetas só para eu as partir!
Só para eu as partir com os dentes, e que os dentes sangrem
Gozo masoquista, espasmódico a sangue, da vida!

Os marinheiros levaram-me preso.
As mãos apertaram-me no escuro.
Morri temporariamente de senti-lo.
Seguiu-se a minh'alma a lamber o chão do cárcere-privado,
E a cega-rega das impossibilidades contornando o meu acinte.

Pula, salta, toma o freio nos dentes,
Pégaso-ferro-em-brasa das minhas ânsias inquietas,
Paradeiro indeciso do meu destino a motores!
Salta, pula, embandeira-te,
Deixa a sangue o rasto na imensidade nocturna,
A sangue quente, [?mesmo de longe?],
A sangue fresco [?mesmo de longe?],
A sangue vivo e frio no ar dinâmico a mim!
Salta, galga, pula,
Ergue-te, vai saltando, □

e

Numa grande marche aux flambeaux-todas-as-cidades-da-Europa,
Numa grande marcha guerreira a indústria e comércio e ócio,
Numa grande corrida, numa grande subida, numa grande descida
Estrondeando, pulando, e tudo pulando comigo,
Salto a saudar-te,
Berro a saudar-te,
Desencadeio-me a saudar-te, aos pinotes, aos pinos, aos guinos!
Hé-lá

Ave, salve, viva!...[1]

Arregimento!
Comigo, coisas!
Sigam-me, gentes!
Máquinas, artes, letras, números — comigo!
Vós, que ele tanto amou, coisas que são a terra:
Árvores sem sentido salvo verde,
Flores com a cor na alma,
□
Escura brancura das águas,
Rios fora dos rios,
Paz dos campos porque não são as cidades
Seiva lenta ao emergir da avareza das crostas[2]

f

Onde não sou o primeiro, prefiro não ser nada, não estar lá,
Onde não posso agir o primeiro, prefiro só ver agir os outros.
Onde não posso mandar, antes quero nem obedecer.
Excessivo na ânsia de tudo, tão excessivo que nem falho,
E não falho, porque não tento.
"Ou Tudo ou Nada" tem um sentido pessoal para mim.[1]
Mas ser universal — não o posso, porque sou particular.

Não posso ser todos, porque sou Um, um só, só eu.
Não posso ser o primeiro em qualquer coisa, porque não há o
[primeiro.
Prefiro por isso o nada de ser apenas esse ser nada.[2]

Quando é que parte o último comboio, Walt?
Quero deixar esta cidade, a Terra,
Quero emigrar de vez deste país, Eu,
Deixar o mundo com o que se comprova falido,
Como um caixeiro-viajante que vende navios a habitantes do
[interior.[3]

O fim a motores partidos!
Que foi todo o meu ser? Uma grande ânsia inútil —
Estéril realização com um destino impossível —
Máquina de louco para realizar o motu-contínuo,
Teorema de absurdo para a quadratura do círculo,[4]
Travessia a nado do Atlântico, falhando na margem de cá
Antes da entrada na água, só com olhos e o cálculo,
Atirar de pedras à lua
Ânsia absurda do encontro dos paralelos Deus-vida.[5]

Megalomania dos nervos,
Ânsia de elasticidade do corpo duro,
Raiva de meu concreto ser por não ser o auge-eixo
O carro da sensualidade de entusiasmo abstracto
O vácuo dinâmico do mundo!

Vamo-nos embora de Ser.[6]
Larguemos de vez, definitivamente, a aldeia-Vida
O arrabalde-Mundo de Deus
E entremos na cidade à aventura, ao rasgo
Ao auge, loucamente ao Ir…
Larguemos de vez.

Quando parte, Walt, o último comboio p'ra aí?

Que Deus fui para as minhas saudades serem estas ânsias?
Talvez partindo regresse. Talvez acabando, chegue,
Quem sabe? Qualquer hora é a hora. Partamos,
Vamos! A estrada tarda. Partir é ter ido.[7]

Partamos para onde se fique.
Ó estrada para não-haver-estradas!
Terminus no Não-Parar!

g

Um comboio de criança movido a corda, puxado a cordel
Tem mais movimento real do que os nossos versos...[1]
Os nossos versos que não têm rodas
Os nossos versos que não se deslocam
Os nossos versos que, nunca lidos, não saem para fora do papel.
(Estou farto — farto da vida, farto da arte —,
Farto de não ter coisas, a menos ou a medo —
Rabo-leva da minha respiração chagando a minha vida,
Fantoche absurdo de feira da minha ideia de mim.
Quando é que parte o último comboio?)[2]

Sei que cantar-te assim não é cantar-te — mas que importa?
Sei que é cantar tudo, mas cantar tudo é cantar-te,
Sei que é cantar-me a mim — mas cantar-me a mim é cantar-te
[a ti
Sei que dizer que não posso cantar é cantar-te, Walt, ainda...[3]

h

Heia? Heia o quê e porquê?
O que tiro eu de *heia* ou de qualquer coisa,
Que valha pensar em *heia*!?

Decadentes, meu velho, decadentes é que nós somos...
No fundo de cada um de nós há uma Bizâncio a arder,
E nem sinto as chamas e nem sinto Bizâncio
Mas o Império finda nas nossas veias aguadas
E a Poesia foi a da nossa incompetência para agir...
Tu, cantador de profissões enérgicas, Tu o Poeta do Extremo,
[do Forte,
Tu, músculo da inspiração, com musas masculinas por destaque,[1]
Tu, afinal, inocente em viva histeria,
Afinal apenas "acariciador da vida",
Mole ocioso, paneleiro pelo menos na intenção,
— Bem... isso era contigo — mas onde é que aí está a Vida?

Eu, engenheiro como profissão, farto de tudo e de todos,
Eu, exageradamente supérfluo, guerreando as coisas
Eu, inútil, gasto, improfícuo, pretensioso e amoral,
Bóia das minhas sensações desgarradas pelo temporal,
Âncora do meu navio já quebrada prò fundo
Eu feito cantor da Vida e da Força — acreditas?
Eu, como tu, enérgico, salutar, nos versos —
E afinal sincero como tu, ardendo com ter toda a Europa no
[cérebro,
No cérebro explosivo e sem diques,
Na inteligência mestra e dinâmica,
Na sensualidade carimbo, projector, marca, cheque
Pra que diabo vivemos, e fazemos versos?
Raios partam a mandriice que nos faz poetas,
A degenerescência que nos engana artistas,
O tédio fundamental que nos pretende enérgicos e modernos,
Quando o que queremos é distrair-nos, dar-nos ideia da vida
Porque nada fazemos e nada somos, a vida corre-nos lenta nas
[veias.
Vejamos ao menos, Walt, as coisas com plena verdade...
Bebamos isto como um remédio amargo
E concordemos em mandar à merda o mundo e a vida
Por quebranto no olhar, e não por desprezo ou aversão

◆

Isto, afinal é saudar-te?
Seja o que for, é saudar-te,
Seja o que valha, é amar-te,
Seja o que calhe, é concordar contigo...
Seja o que for é isto. E tu compreendes, tu gostas,
Tu, a chorar no meu ombro, concordas, meu velho, comigo —
(Quando parte o último comboio? —
Vilegiatura em Deus...)[2]
Vamos, confiadamente, vamos...
Isto tudo deve ter um outro sentido
Melhor que viver e ter tudo...
Deve haver um ponto da consciência
Em que a paisagem se transforme
E comece a interessar-nos, a acudir-nos, a sacudir-nos...
Em que comece a haver fresco na alma
E sol e campo nos sentidos despertos recentemente.
Seja onde for a Estação, lá nos encontraremos...
Espera-me à porta, Walt; lá estarei...
Lá estarei sem o universo, sem a vida, sem eu-próprio, sem nada...
E relembraremos, a sós, silenciosos, com a nossa dor
O grande absurdo do mundo, a dura inépcia das coisas
E sentirei, o mistério sentirei tão longe, tão longe, tão longe,
Tão absoluta e abstractamente longe,
Definitivamente longe.

i

Heia o quê? Heia porquê? Heia pra onde?
Heia até onde?
Heia pra onde, corcel suposto?
Heia pra onde, comboio imaginário?
Heia pra onde, seta, pressa, velocidade

Todas só eu a penar por elas,
Todas só eu a não tê-las por todos os meus nervos fora.

Heia pra onde, se não há onde nem como?
Heia pra onde, se estou sempre onde estou e nunca adiante
Nunca adiante, nem sequer atrás,
Mas sempre fatalissimamente no lugar do meu corpo,
Humanissimamente no ponto-pensar da minha alma,
Sempre o mesmo átomo indivisível da personalidade divina?

Heia pra onde ó tristeza de não realizar o que quero?
Heia pra onde, para quê, o quê, sem o quê?
Heia, heia, heia, mas ó minha incerteza, pra onde?[1]

Não escrever versos, versos, versos a respeito do ferro,
Mas ver, ter, ser o ferro e ser isso os meus versos,
Versos — ferro — versos, círculo material-psíquico-eu.

(quando parte o último comboio?)

j

A expressão, aborto abandonado
Em qualquer vão-de-escada da realidade.

O que é a necessidade de escrever versos senão a vergonha de
[chorar?...
O que é o desejo de fazer arte senão o adultismo pra brinquedos?[1]
(Quando é que parte o último comboio, Walt,
Quando é que parte o último comboio?)
Bonecos da minha infância com quem eu imaginava melhor que
[hoje[2]

□

A química por baixo do *Aqui jaz*...

A dor, febre que hoje é química só, lá longe na cavada encosta[3]
À hora em que era costume ele vir para casa

E o mesmo candeeiro hoje iluminado [.]
E apenas o silêncio já sem nos dizer que o fazem por se terem
[calado.[4]

l

Para saudar-te
Para saudar-te como se deve saudar-te
Preciso tornar os meus versos corcel,
Preciso tornar os meus versos comboio,
Preciso tornar os meus versos seta,
Preciso tornar os versos pressa,
Preciso tornar os versos nas coisas do mundo

Tudo cantavas, e em ti cantava tudo —
Tolerância magnífica e prostituída
A das tuas sensações de pernas abertas
Para os detalhes e os contornos do sistema do universo

m

Abram falência à nossa vitalidade!
Escrevemos versos, cantamos as coisas-falências; não as vivemos.
Como poder viver todas as vidas e todas as épocas
E todas as formas da forma
E todos os gestos do gesto?
O que é fazer versos senão confessar que a vida não basta
O que é arte senão um esquecer de que é só isto
Adeus, Walt, adeus!
Adeus até ao indefinido do para além do Fim.
Espera-me, se aí se pode esperar,

Quando parte o último comboio?[1]
Quando parte? (Quando partimos)

n

Choro como a criança a quem falta a lua perto,
Como o amante abandonado pela que não tem ainda,
Com o livro inexplícito do seu Reino por vir,
O que se julga em vão Motor,
Eixo do movimento dos espíritos,
Fulcro das ambições sombrias,
Auge dinâmico das tropas da ascensão,
Ou, mais claro e mais rápido,
Protoplasma do mundo matemático do futuro!

Quem sou eu, afinal, por que te saúdo?
Quem com nome e língua e sem voz?

A labuta prostituta do caldeamento de □
Nos altos fornos de mim!

o

Minha oração-cavalgada!

Minha saudação-arranco!

Quem como tu sentiu a vida individual de tudo?
Quem como tu esgotou sentir-se — a vida — sentir-nos?
Quem como tu tem sempre o sobresselente por próprio
E transborda por norma da norma — forma da Vida?*
□

a minha alegria é uma raiva,

o meu arranco um choque
(Pá!)
em mim...

Saúdo-te em ti ó Mestre da minha doença de saúde,[1]
o primeiro doente perfeito da universalite que tenho
o caso-nome do "mal de Whitman" que há dentro de mim!
St. Walt dos Delírios Ruidosos e a Raiva![2]

p

Abram todas as portas!
Partam os vidros das janelas!
Omitam fechos na vida de fechar!
Omitam a vida de fechar da vida de fechar!
Que fechar seja estar aberto sem fechos que lembrem,
Que parar seja o nome alvar de prosseguir,
Que o fim seja sempre uma coisa abstracta e ligada
Fluida a todas as horas de passar por ele!
Eu quero respirar!
Dispam-me o peso do meu corpo!
Troquem a alma por asas abstractas, ligadas a nada!
Nem asas, mas a Asa enorme de Voar!
Nem Voar mas o que fica de veloz quando cessar é voar
E não há corpo que pese na alma de ir!

Seja eu o calor das coisas vivas, a febre
Das seivas, o ritmo das ondas e o □
Intervalo em Ser para deixar Ser ser...!

Fronteiras em nada!
Divisões em nada!
Só Eu.

q

Para cantar-te,
Para saudar-te
Era preciso escrever aquele poema supremo,
Onde, mais que em todos os outros poemas supremos,
Vivesse, numa síntese completa feita de uma análise sem esque-
[cimentos,
Todo o Universo de coisas, de vidas e de almas,
Todo o Universo de homens, mulheres, crianças,
Todo o Universo de gestos, de actos, de emoções, de pensamentos,
Todo o Universo das coisas que a humanidade faz,
Das coisas que acontecem à humanidade —
Profissões, leis, regimentos, medicinas, o Destino,
Escrito a entrecruzamentos, a intersecções constantes
No papel dinâmico dos Acontecimentos,
No papirus rápido das combinações sociais,
No palimpsesto das emoções renovadas constantemente.

r

O verdadeiro poema moderno é a vida sem poemas,
É o comboio real e não os versos que o cantam
É o ferro dos rails, dos rails quentes, é o ferro das rodas, é o giro
[real delas.
E não os meus poemas falando de rails e de rodas sem eles.

s

No meu verso canto comboios, canto automóveis, canto vapores,
Mas no meu verso, por mais que o ice, há só ritmos e ideias,
Não há ferro, aço, rodas, não há madeiras, nem cordas,
Não há a realidade da pedra mais nula da rua,
Da pedra que por acaso ninguém olha ao pisar

Mas que pode ser olhada, pegada na mão, pisada,
E os meus versos são como ideias que podem não ser compreen-
[didas.[1]

O que eu quero não é cantar o ferro: é o ferro.[2]
O que eu penso é dar só a ideia do aço — e não o aço —
O que me enfurece em todas as emoções da inteligência
É não trocar o meu ritmo que imita a água cantante
Pelo frescor real da água tocando-me nas mãos,
Pelo som visível do rio onde posso entrar e molhar-me,
Que pode deixar o meu fato a escorrer,
Onde me posso afogar, se quiser,
Que tem a divindade natural de estar ali sem literatura.
Merda! Mil vezes merda para tudo o que eu não posso fazer.
Que tudo, Walt — ouves? — que é tudo, tudo, tudo?

Todos os raios partam a falta que nos faz não ser Deus
Para ter poemas escritos a Universo e a Realidades por nossa
[carne
E ter ideias-coisas e o pensamento Infinito!
Para ter estrelas reais dentro do meu pensamento-ser
Nomes-números nos confins da rainha emoção-a-Terra.

t

Futilidade, irrealidade, □ estática de toda a arte,
Condenação do artista a não viver!

Ó quem nos dera, Walt,
A terceira coisa, a média entre a arte e vida
A coisa que sentiste, e não seja estática nem dinâmica,
Nem real nem irreal
Nem nós nem os outros —
Mas como até imaginá-la?

Ou mesmo apreendê-la
Mesmo sem a esperança de não a ter nunca?

A dinâmica pura, a velocidade em si,
Aquilo que dê absolutamente as coisas,
Aquilo que chegue tactilmente aos sentidos,
Construamos comboios, Walt, e não os cantemos,
Cavemos e não cantemos, meu velho, o cavador e o campo,

Provemos e não escrevamos,
Amemos e não cantemos,
Metamos dois tiros de revólver na primeira cabeça com chapéu
E não façamos onomatopeias inúteis e vãs no nosso verso
No nosso verso escrito a frio, e depois à máquina e depois
[impresso.

Poema que esculpisse em Móvel e Eterno a escultura,
Poema que esculpisse palavras [......]
Que □ ritmo o canto, a dança e □
Poema que fosse todos os poemas,
Que dispensasse bem outros poemas,
Poema que dispensasse a Vida.
Irra, faço o que quero, estorça o que estorça no meu ser central,[1]
Force o que force em meus nervos industriados a tudo,
Maquine o que maquine no meu cérebro furor e lucidez,
Sempre me escapa a coisa em que eu penso,
Sempre me falta a coisa que □ e eu vou ver se me falta,
Sempre me falta, em cada cubo, seis faces,
Quatro lados em cada quadrado do que quis exprimir,
Três dimensões na solidez que procurei perpetuar...
Sempre um comboio de criança movido a corda, a cordel,
Terá mais movimento que os meus versos estáticos e lidos,
Sempre o mais verme dos vermes, a mais química célula viva
Terá mais vida, mais Deus, que toda a vida dos meus versos,
Nunca como os duma pedra todos os vermelhos que eu descreva,
Nunca como numa música todos os ritmos que eu sugira!

Nunca como □
Eu nunca farei senão copiar um eco das coisas,
O reflexo das coisas reais no espelho baço de mim.

A morte de tudo na minha sensibilidade (que vibra tanto!)[2]
A secura real eterna do rio lúcido da minha imaginação![3]
Quero cantar-te e não posso cantar-te, Walt!
Quero dar-te o canto que te convenha,
Mas nem a ti, nem a nada, — nem a mim, ai de mim! — dou um
[canto...
Sou um surdo-mudo berrando em voz alta os seus gestos,[4]
Um cego fitando à roda do olhar um invisível-tudo[5]

Assim te canto, Walt, dizendo que não posso cantar-te!
Meu velho comentador da multiplicidade das coisas,
Meu camarada em sentir nos nervos a dinâmica marcha
Da perfeita físico-química da □
Da energia fundamental da aparência das coisas para Deus,
Da abstracta forma de sujeito e objecto para além da vida
Andamos a jogar às escondidas com a nossa intenção...
Fazemos arte e o que queremos fazer afinal é a vida.
O que queremos fazer já está feito e não está em nós fazê-lo,
Ou fá-lo o [..] melhor do que nós, mais de perto,
Mais instintivamente [.]
Sim, se o que nos poemas é o que vibra e fala,
O mais casto gesto da vida é mais sensual que o mais sensual dos
[poemas,
Porque é feito por alguém que vive, porque é □ porque é Vida.

u

Paro, escuto, reconheço-me!
O som da minha voz caiu no ar sem vida.
Fiquei o mesmo, tu estás morto, tudo é insensível...

Saudar-te foi um modo de eu querer animar-me,
Para que te saudei sem que me julgue capaz
Da energia viva de saudar alguém!

Ó coração por sarar! quem me salva de ti?

25

Dá-nos a Tua paz,
Deus Cristão falso, mas consolador, porque todos
Nascem para a emoção rezada a ti;
Deus anti-científico mas que a nossa mãe ensina;
Deus absurdo da verdade absurda, mas que tem a verdade das
[lágrimas
Nas horas de fraqueza em que sentimos que passamos
Como o fumo e a nuvem, mas a emoção não o quer,
Como o rasto na terra, mas a alma é sensível...

Dá-nos a Tua paz, ainda que não existisses nunca,
A Tua paz no mundo que julgas Teu,
A Tua paz impossível tão possível à Terra,
À grande mãe pagã, cristã em nós a esta hora
E que deve ser humana em tudo quanto é humano em nós.

Dá-nos a paz como uma brisa saindo
Ou a chuva para a qual há preces nas províncias,
E chove por leis naturais tranquilizadoramente.

Dá-nos a paz, porque por ela siga, e regresse
O nosso espírito cansado ao quarto de arrumações e coser
Onde ao canto está o berço inútil, mas não a mãe que embala,
Onde na cómoda velha está a roupa da infância, despida
Com o poder iludir a vida com o sonho...

Dá-nos a tua paz.
O mundo é incerto e confuso,
O pensamento não chega a parte nenhuma da Terra,

O braço não alcança mais do que a mão pode conter,
O olhar não atravessa os muros da sombra,
O coração não sabe desejar o que deseja
A vida erra constantemente o caminho para a Vida.[1]

Dá-nos, Senhor, a paz, Cristo ou Buda que sejas,
Dá-nos a paz e admite
Nos vales esquecidos dos pastores ignotos
Nos píncaros de gelo dos eremitas perdidos,
Nas ruas transversais dos bairros afastados das cidades,
A paz que é dos que não conhecem e esquecem sem querer.

Materna paz que adormeça a terra,
Dormente à lareira sem filosofias,
Memória dos contos de fadas sem a vida lá fora,
A canção do berço volvida através da memória sem futuro,
O calor, a ama, o menino,
O menino que se vai deitar
E o sentido inútil da vida,
O coevo antigo das coisas,
A dor sem fundo da terra, dos homens, dos destinos[2]
Do mundo...

26

A PASSAGEM DAS HORAS

*[a José de Almada-Negreiros]**

a

Sentir tudo de todas as maneiras,
Ter todas as opiniões,
Ser sincero contradizendo-se a cada minuto,
Desagradar a si-próprio pela plena liberalidade de espírito,
E amar as coisas como Deus.

Eu, que sou mais irmão de uma árvore que de um operário,
Eu, que sinto mais a dor suposta do mar ao bater na praia
Que a dor real das crianças em quem batem
(Ah, como isto deve ser falso, pobres crianças em quem batem —
E porque é que as minhas sensações se revezam tão depressa?)
Eu, enfim, que sou um diálogo contínuo,
Um falar-alto incompreensível, alta-noite na torre,
Quando os sinos oscilam vagamente sem que mão lhes toque
E faz pena saber que há vida que viver amanhã.
Eu, enfim, literalmente eu,
E eu metaforicamente também,
Eu, o poeta sensacionista, enviado do Acaso
Às leis irrepreensíveis da Vida,
Eu, o fumador de cigarros por profissão adequada,
O indivíduo que fuma ópio, que toma absinto, mas que, enfim,
Prefere pensar em fumar ópio a fumá-lo
E acha mais seu olhar para o absinto a beber que bebê-lo...
Eu, este degenerado superior sem arquivos na alma,
Sem personalidade com valor declarado,
Eu, o investigador solene das coisas fúteis,
Que era capaz de ir viver na Sibéria só por embirrar com isso,
E que acho que não faz mal não ligar importância à pátria

Porque não tenho raiz, como uma árvore, e portanto não tenho
[raiz...
Eu, que tantas vezes me sinto tão real como uma metáfora,
Como uma frase escrita por um doente no livro da rapariga que
[encontrou no terraço,
Ou uma partida de xadrez no convés dum transatlântico,
Eu, a ama que empurra os perambulators em todos os jardins
[públicos,
Eu, o polícia que a olha, parado para trás na álea,
Eu, a criança no carro, que acena à sua inconsciência lúcida com
[um colar com guizos,[1]
Eu, a paisagem por detrás disto tudo, a paz citadina
Coada através das árvores do jardim público,
Eu, o que os espera a todos em casa,
Eu, o que eles encontram na rua,
Eu, o que eles não sabem de si-próprios,
Eu, aquela coisa em que estás pensando e te marca esse sorriso,
Eu, o contraditório, o fictício, o aranzel, a espuma,
O cartaz posto agora, as ancas da francesa, o olhar do padre,
O lugar onde se encontram as duas ruas e os chauffeurs dormem
[contra os carros,[2]
A cicatriz do sargento mal-encarado,
O sebo na gola do explicador doente que volta para casa,
A chávena que era por onde o pequenito que morreu bebia
[sempre,
E tem uma falha na asa (e tudo isto cabe num coração de mãe e
[enche-o)...
Eu, o ditado de francês da pequenita que mexe nas ligas,
Eu, os pés que se tocam por baixo do bridge sob o lustre,
Eu, a carta escondida, o calor do lenço, a sacada com a janela
[entreaberta,
O portão de serviço onde a criada fala com os desejos do primo,
O sacana do José que prometeu vir e não veio
E a gente tinha uma partida para lhe fazer...
Eu, tudo isto, e além disto o resto do mundo...

Tanta coisa, as portas que se abrem, e a razão por que elas se
[abrem,
E as coisas que já fizeram as mãos que abrem as portas...
Eu, a infelicidade-nata de todas as expressões,
A impossibilidade de exprimir todos os sentimentos,
Sem que haja uma lápide no cemitério para o irmão de tudo isto,
E o que parece não querer dizer nada sempre quer dizer qualquer
[coisa...
Sim, eu, o engenheiro naval que sou supersticioso como uma
[camponesa madrinha,
E uso o monóculo para não parecer igual à ideia real que faço
[de mim,
Que levo às vezes três horas a vestir-me e nem por isso acho isso
[natural,
Mas acho-o metafísico e se me batem à porta zango-me,
Não tanto por me interromperem a gravata como por ficar
[sabendo que há a vida...
Sim, enfim, eu o destinatário das cartas lacradas,
O baú das iniciais gastas,
A intonação das vozes que nunca ouviremos mais —
Deus guarda isso tudo no Mistério, e às vezes sentimo-lo
E a vida pesa de repente e faz muito frio mais perto que o corpo.
A Brígida prima da minha tia,
O general em que elas falavam — general quando elas eram
[pequenas,
E a vida era guerra civil a todas as esquinas...
Vive le mélodrame où Margot a pleuré!
Caem folhas secas no chão irregularmente,
Mas o facto é que sempre é outono no outono,
E o inverno vem depois fatalmente,
E há só um caminho para a vida, que é a vida...

Esse velho insignificante, mas que ainda conheceu os românticos,
Esse opúsculo político do tempo das revoluções constitucionais,
E a dor que tudo isso deixa, sem que se saiba a razão
Nem haja para chorar tudo mais razão que senti-lo.

◆

Todos os amantes beijaram-se na minh'alma,
Todos os vadios dormiram um momento em cima de mim,
Todos os desprezados encostaram-se um momento ao meu ombro,
Atravessaram a rua, ao meu braço todos os velhos e os doentes,
E houve um segredo que me disseram todos os assassinos.

(Aquela cujo sorriso sugere a paz que eu não tenho,
Em cujo baixar-de-olhos há uma paisagem da Holanda,
Com as cabeças femininas coiffées de lin
E todo o esforço quotidiano de um povo pacífico e limpo...
Aquela que é o anel deixado em cima da cómoda,
E a fita entalada com o fechar da gaveta,
Fita cor-de-rosa, não gosto da cor mas da fita entalada,
Assim como não gosto da vida, mas gosto de senti-la...
Dormir como um cão corrido no caminho, ao sol,
Definitivamente para todo o resto do Universo,
E que os carros me passem por cima)

Fui para a cama com todos os sentimentos,
Fui souteneur de todas as emoções,
Pagaram-me bebidas todos os acasos das sensações,
Troquei olhares com todos os motivos de agir,
Estive mão em mão com todos os impulsos para partir,
Febre imensa das horas!
Angústia da forja das emoções!
Raiva, espuma, a imensidão que não cabe no meu lenço,
A cadela a uivar de noite,
O tanque da quinta a passear à roda da minha insónia,
O bosque como foi à tarde, quando lá passeámos, a rosa,
A madeixa indiferente, o musgo, os pinheiros,
Toda a raiva de não conter isto tudo, de não deter isto tudo,
Ó fome abstracta das coisas, cio impotente dos momentos,
Orgia intelectual de sentir a vida!

Obter tudo por suficiência divina —
As vésperas, os consentimentos, os avisos,
As coisas belas da vida —
O talento, a virtude, a impunidade,
A tendência para acompanhar os outros a casa,
A situação de passageiro,
A conveniência em embarcar já para ter lugar,
E falta sempre uma coisa, um copo, uma brisa, uma frase,
E a vida dói quanto mais se goza e quanto mais se inventa.

Poder rir, rir, rir despejadamente,
Rir como um copo entornado,
Absolutamente doido só por sentir,
Absolutamente roto por me roçar contra as coisas,
Ferido na boca por morder coisas,
Com as unhas em sangue por me agarrar a coisas,
E depois dêem-me a cela que quiserem que eu me lembrarei da
[vida.

[*1916*]**

b

Sentir tudo de todas as maneiras,
Viver tudo de todos os lados,
Ser a mesma coisa de todos os modos possíveis ao mesmo tempo,
Realizar em si toda a humanidade de todos os momentos
Num só momento difuso, profuso, completo e longínquo.

Eu quero ser sempre aquilo com quem simpatizo,
Eu torno-me sempre, mais tarde ou mais cedo,
Aquilo com quem simpatizo, seja uma pedra ou uma ânsia,
Seja uma flor ou uma ideia abstracta,
Seja uma multidão ou um modo de compreender Deus.
E eu simpatizo com tudo, vivo de tudo em tudo.

São-me simpáticos os homens superiores porque são superiores,
E são-me simpáticos os homens inferiores porque são superiores
[também,
Porque ser inferior é diferente de ser superior,
E por isso é uma superioridade a certos momentos de visão.
Simpatizo com alguns homens pelas suas qualidades de carácter,
E simpatizo com outros pela sua falta dessas qualidades,
E com outros ainda simpatizo por simpatizar com eles,
E há momentos absolutamente orgânicos em que esses são todos
[os homens.
Sim, como sou rei absoluto na minha simpatia,
Basta que ela exista para que tenha razão de ser.
Estreito ao meu peito arfante num abraço comovido
(No mesmo abraço comovido)
O homem que dá a camisa ao pobre que desconhece,
O soldado que morre pela pátria sem saber o que é pátria,
E...
E o matricida, o fratricida, o incestuoso, o violador de crianças,
O ladrão de estradas, o salteador dos mares,
O gatuno de carteiras, o sombra que espera nas vielas —
Todos são a minha amante predilecta pelo menos um momento
[na vida.
Beijo na boca todas as prostitutas,
Beijo sobre os olhos todos os souteneurs,
A minha passividade jaz aos pés de todos os assassinos,
E a minha capa à espanhola esconde a retirada a todos os ladrões.
Tudo é razão de ser da minha vida.

Cometi todos os crimes,
Vivi dentro de todos os crimes
(Eu próprio fui, não um nem o outro no vício,
Mas o próprio vício-pessoa praticado entre eles,
E dessas são as horas mais arco-de-triunfo da minha vida).

Multipliquei-me para me sentir,
Para me sentir, precisei sentir tudo,

Transbordei, não fiz senão extravasar-me,
Despi-me entreguei-me,
E há em cada canto da minha alma um altar a um deus diferente.

Os braços de todos os atletas apertaram-me subitamente fe-
[minino,
E eu só de pensar nisso desmaiei entre músculos supostos.

Foram dados na minha boca os beijos de todos os encontros,
Acenaram no meu coração os lenços de todas as despedidas,
Todos os chamamentos obscenos de gestos e olhares
Batem-me em cheio em todo o corpo com sede nos centros
[sexuais.
Fui todos os ascetas, todos os postos-de-parte, todos os como
[que esquecidos,
E todos os pederastas — absolutamente todos (não faltou ne-
[nhum).
Rendez-vous a vermelho e negro no fundo-inferno da minha alma!

(Freddie, eu chamava-te Baby, porque tu eras louro, branco e eu
[amava-te,
Quantas imperatrizes por reinar e princesas destronadas tu foste
[para mim!
Mary, com quem eu lia Burns em dias tristes como sentir-se viver,
Mary, mal tu sabes quantos casais honestos, quantas famílias
[felizes,
Viveram em ti os meus olhos e o meu braço cingindo e a minha
[inconsciência incerta,
A sua vida pacata, as suas casas suburbanas com jardim, os seus
[half-holidays inesperados...
Mary, eu sou infeliz...
Freddie, eu sou infeliz...
Oh, vós todos, todos vós, casuais, demorados,
Quantas vezes tereis pensado em pensar em mim, sem que o
[fizésseis,
Ah, quão pouco eu fui no que sois, quão pouco, quão pouco —

Sim, e o que tenho eu sido, ó meu subjectivo universo,
Ó meu sol, meu luar, minhas estrelas, meu momento,
Ó parte externa de mim perdida em labirintos de Deus!)[1]

Passa tudo, todas as coisas num desfile por mim dentro,
E todas as cidades do mundo rumorejam-se dentro de mim...

Meu coração tribunal, meu coração mercado, meu coração sala
[da Bolsa, meu coração balcão de Banco,
Meu coração rendez-vous de toda a humanidade,
Meu coração banco de jardim público, hospedaria, estalagem,
[calabouço número qualquer coisa,
("Aqui estuvo el Manolo en visperas de ir al patibulo")
Meu coração club, sala, plateia, capacho, guichet, portaló,
Ponte, cancela, excursão, marcha, viagem, leilão, feira, arraial,
Meu coração postigo,
Meu coração encomenda,
Meu coração carta, bagagem, satisfação, entrega,
Meu coração a margem, o limite, a súmula, o índice,
Eh-lá, eh-lá, eh-lá, bazar o meu coração.

Todas as madrugadas são a madrugada e a vida.
Todas as auroras raiam no mesmo lugar:
Infinito...
Todas as alegrias de ave vêm da mesma garganta,
Todos os estremecimentos de folhas são da mesma árvore,
E todos os que se levantam cedo para ir trabalhar
Vão da mesma casa para a mesma fábrica por o mesmo ca-
[minho...

Rola, bola grande, formigueiro de consciências, terra,
Rola, auroreada, entardecida, a prumo sob sóis, nocturna,
Rola no espaço abstracto, na noite mal iluminada realmente
Rola e □

Sinto na minha cabeça a velocidade do giro da terra,

E todos os países e todas as pessoas giram dentro de mim,
Centrífuga ânsia, raiva de ir por os ares até aos astros
Bate pancadas de encontro ao interior do meu crânio,
Põe-me alfinetes vendados por toda a consciência do meu corpo,
Faz-me levantar-me mil vezes e dirigir-me para Abstracto,
Para inencontrável, Ali sem restrições nenhumas,
A Meta invisível todos os pontos onde eu não estou, e ao mesmo
[tempo
□
Ah, não estar parado nem a andar,
Não estar deitado nem de pé,
Nem acordado nem a dormir,
Nem aqui nem noutro ponto qualquer,
Resolver a equação desta inquietação prolixa,
Saber onde estar para poder estar em toda a parte,
Saber onde deitar-me para estar passeando por todas as ruas,
Saber onde □

Ho-ho-ho-ho-ho-ho-ho[2]
HO-HO-HO-HO-HO-HO-HO
HO-HO-HO-HO-HO-HO-HO
HO-HO-HO-HO-HO-HO-HO

Cavalgada alada de mim por cima de todas as coisas,
Cavalgada estalada de mim por baixo de todas as coisas,
Cavalgada alada e estalada de mim por causa de todas as coisas...
Hup-la por cima das árvores, hup-la por baixo dos tanques,
Hup-la contra as paredes, hup-la raspando nos troncos,
Hup-la no ar, hup-la no vento, hup-la, hup-la nas praias,
Numa velocidade crescente, insistente, violenta,
Hup-la hup-la hup-la hup-la...........

Cavalgada panteísta de mim por dentro de todas as coisas,
Cavalgada energética por dentro de todas as energias,
Cavalgada de mim por dentro do carvão que se queima, da lâm-
[pada que arde

De todos os consumos de energia
Cavalgada de mil amperes, [.]
Cavalgada explosiva, explodida como uma bomba que rebenta,
Cavalgada rebentando para todos os lados ao mesmo tempo,
Cavalgada por cima do espaço, salto por cima do tempo,
Galga, cavalo electron — ion —, sistema solar resumido
Por dentro da acção dos êmbolos, por fora do giro dos volantes.
Dentro dos êmbolos, tornado velocidade abstracta e louca,
Ajo a ferro e velocidade, vai-vem, loucura, raiva contida,
Atado ao rasto de todos os volantes giro assombrosas horas,
E todo o universo range, estraleja e estropia-se em mim.

Ho-ho-ho-ho-ho .....
Cada vez mais depressa, cada vez mais com o espírito adiante do
[corpo
Adiante da própria ideia veloz do corpo projectado,
Com espírito atrás adiante do corpo, sombra, chispa,
He-la-ho-ho... Helahoho....

Toda a energia é a mesma e toda a natureza é o mesmo...
A seiva da seiva das árvores é a mesma energia que mexe
As rodas da locomotiva, as rodas do eléctrico, os volantes dos
[Diesel,
E um carro puxado a mulas ou a gasolina é puxado pela mesma
[coisa.

Raiva panteísta de sentir em mim formidandamente,
Com todos os meus sentidos em ebulição, com todos os meus
[poros em fumo,
Que tudo é uma só velocidade, uma só energia, uma só divina
[linha
De si para si, parada a ciciar violências de velocidade louca...
Ho-ho-ho-ho-ho-ho-ho[3]
HO-HO-HO-HO-HO-HO-HO
HO-HO-HO-HO-HO-HO-HO
HO-HO-HO-HO-HO-HO-HO

◆

Ave, salve, viva a unidade veloz de tudo!
Ave, salve, viva a igualdade de tudo em seta!
Ave, salve, viva a grande máquina universo!
Ave, que sois o mesmo, árvores, máquinas, leis,
Ave, que sois o mesmo, vermes, êmbolos, ideias abstractas,
A mesma seiva vos enche, a mesma seiva vos torna,
A mesma coisa sois, e o resto é por fora e falso,
O resto, o estático resto que fica nos olhos que param,
Mas não nos meus nervos motor de explosão a óleos pesados ou [leves,
Não nos meus nervos todas as máquinas, todos os sistemas de [engrenagem,
Nos meus nervos locomotiva, carro-eléctrico, automóvel, de-[bulhadora a vapor,
Nos meus nervos máquina marítima, Diesel, semi-Diesel, [Campbell,
Nos meus nervos instalação absoluta a vapor, a gás, a óleo e a [electricidade,
Máquina universal movida por correias de todos os momentos!
Comboio parte-te de encontro ao resguardo da linha de desvio!
Vapor navega direito ao cais e racha-te contra ele!
Automóvel guiado pela loucura de todo o universo precipita-te
Por todos os precipícios abaixo
E choca-te, trz!, esfrangalha-te no fundo do meu coração!

À moi, todos os objectos projécteis!
À moi, todos os objectos direcções!
À moi, todos os objectos invisíveis de velozes!
Batam-me, trespassem-me, ultrapassem-me!
Sou eu que me bato, que me trespasso, que me ultrapasso!
A raiva de todos os ímpetos fecha em círculo-mim!

Hela-hoho comboio, automóvel, aeroplano minhas ânsias,
Velocidade entra por todas as ideias dentro,

Choca de encontro a todos os sonhos e parte-os,
Chamusca todos os ideais humanitários e úteis,
Atropela todos os sentimentos normais, decentes, concordantes,
Colhe no giro do teu volante vertiginoso e pesado
Os corpos de todas as filosofias, os trapos de todos os poemas,
Esfrangalha-os e fica só tu, volante abstracto nos ares,
Senhor supremo da hora europeia metálico e cio.[4]

Vamos, que a cavalgada não tenha fim nem em Deus!
Vamos que mesmo eu fique atrás da cavalgada, que eu fique
Arrastado à cauda do cavalo, torcido, rasgado, perdido
Em queda, meu corpo e minha alma atrás da minha ânsia abs-
[tracta
Da minha ânsia vertiginosa de ultrapassar o universo,
De deixar Deus atrás como um marco miliário nulo,
De deixar o m □

Dói-me a imaginação não sei como, mas é ela que dói.
Declina dentro de mim o sol no alto do céu.
Começa a tender a entardecer no azul e nos meus nervos.
Vamos ó cavalgada, quem mais me consegues tornar?
Eu que, veloz, voraz, comilão da energia abstracta,
Queria comer, beber, esfolar e arranhar o mundo,[5]
Eu, que só me contentaria com calcar o universo aos pés,
Calcar, calcar, calcar até não sentir...
Eu, sinto que ficou fora do que imaginei tudo o que quis,
Que embora eu quisesse tudo, tudo me faltou,
□

Cavalgada desmantelada por cima de todos os cimos,
Cavalgada desarticulada por baixo de todos os poços,
Cavalgada voo, cavalgada seta, cavalgada pensamento-relâm-
[pago,
Cavalgada eu, cavalgada eu, cavalgada o universo-eu.
Helahoho-o-o-o-o-o-o-o...

◆

Meu ser elástico, mola, agulha, trepidação...

22/5/1916

c

Trago dentro do meu coração,
Como num cofre que se não pode fechar de cheio,
Todos os lugares onde estive,
Todos os portos a que cheguei,
Todas as paisagens que vi através de janelas ou vigias,
Ou de tombadilhos, sonhando,
E tudo isso, que é tanto, é pouco para o que eu quero.

A entrada de Singapura, manhã subindo, cor verde,
O coral das Maldivas em passagem cálida,
Macau à uma hora da noite... Acordo de repente...
Yat-lô-ô-ô-ô-ô-ô-ô-ô-ô... Ghi — ...
E aquilo soa-me do fundo de uma outra realidade...
A estatura norte-africana quase de Zanzibar ao sol...
Dar-es-Salaam (a saída é difícil)...
Majunga, Nossi-Bé, verduras de Madagascar...
Tempestades em torno ao Guardafui...
E o Cabo da Boa Esperança nítido ao sol da madrugada...
E a Cidade do Cabo com a Montanha da Mesa ao fundo...

Viajei por mais terras do que aquelas em que toquei...
Vi mais paisagens do que aquelas em que pus os olhos...
Experimentei mais sensações do que todas as sensações que senti,
Porque, por mais que sentisse, sempre me faltou que sentir
E a vida sempre me doeu, sempre foi pouco, e eu infeliz.

A certos momentos do dia recordo tudo isto e apavoro-me,
Penso em que é que me ficará desta vida aos bocados, deste
[auge,[1]
Desta estrada às curvas, deste automóvel à beira da estrada, deste
[aviso,
Desta turbulência tranquila de sensações desencontradas,
Desta transfusão, desta insubsistência, desta convergência iriada,
Deste desassossego no fundo de todos os cálices,
Desta angústia no fundo de todos os prazeres,
Desta saciedade antecipada na asa de todas as chávenas,
Deste jogo de cartas fastiento entre o Cabo da Boa Esperança e
[as Canárias.

Não sei se a vida é pouco ou de mais para mim.
Não sei se sinto de mais ou de menos, não sei[2]
Se me falta escrúpulo espiritual, ponto-de-apoio na inteligência,
Consanguinidade com o mistério das coisas, choque
Aos contactos, sangue sob golpes, estremeção aos ruídos,
Ou se há outra significação para isto mais cómoda e feliz.

Seja o que for, era melhor não ter nascido,
Porque, de tão interessante que é a todos os momentos,
A vida chega a doer, a enjoar, a cortar, a roçar, a ranger,
A dar vontade de dar gritos, de dar pulos, de ficar no chão, de sair
Para fora de todas as casas, de todas as lógicas e de todas as
[sacadas,
E ir ser selvagem para a morte entre árvores e esquecimentos,
Entre tombos, e perigos e ausência de amanhãs,
E tudo isto devia ser qualquer outra coisa mais parecida com o
[que eu penso,
Com o que eu penso ou sinto, que eu nem sei qual é, ó vida.

Cruzo os braços sobre a mesa, ponho a cabeça sobre os braços,
E preciso querer chorar, mas não sei ir buscar as lágrimas...
Por mais que me esforce por ter uma grande pena de mim, não
[choro,

Tenho a alma rachada sob o indicador curvo que lhe toca…
Que há-de ser de mim? Que há-de ser de mim?

Correram o bobo a chicote do palácio, sem razão,
Fizeram o mendigo levantar-se do degrau onde caíra.
Bateram na criança abandonada e tiraram-lhe o pão das mãos.
Oh mágoa imensa do mundo, o que falta é agir…
Tão decadente, tão decadente, tão decadente…
Só estou bem quando ouço música, e nem então.
Jardins do século dezoito antes de 89,
Onde estais vós, que eu quero chorar de qualquer maneira?

Como um bálsamo que não consola senão pela ideia de que é
[um bálsamo,
A tarde de hoje e de todos os dias pouco a pouco, monótona, cai.

Acenderam as luzes, cai a noite, a vida substitui-se.
Seja de que maneira for, é preciso continuar a viver.
Arde-me a alma como se fosse uma mão, fisicamente.
Estou no caminho de todos e esbarram comigo.
Minha quinta na província,
Haver menos que um comboio, uma diligência e a decisão de
[partir entre mim e ti.
Assim fico, fico… Eu sou o que sempre quer partir,
E fica sempre, fica sempre, fica sempre,
Até à morte fica, mesmo que parta, fica, fica, fica…

Torna-me humano, ó noite, torna-me fraterno e solícito.
Só humanitariamente é que se pode viver.
Só amando os homens, as acções, a banalidade dos trabalhos,
Só assim — ai de mim! —, só assim se pode viver.
Só assim, ó noite, e eu nunca poderei ser assim!

Vi todas as coisas, e maravilhei-me de tudo,
Mas tudo ou sobrou ou foi pouco — não sei qual — e eu sofri.
Vivi todas as emoções, todos os pensamentos, todos os gestos,

E fiquei tão triste como se tivesse querido vivê-los e não con-
[seguisse.
Amei e odiei como toda a gente,
Mas para toda a gente isso foi normal e instintivo,
E para mim foi sempre a excepção, o choque, a válvula, o es-
[pasmo.

Vem, ó noite, e apaga-me, vem e afoga-me em ti.
Ó carinhosa do Além, senhora do luto infinito,
Mágoa externa da Terra, choro silencioso do Mundo.
Mãe suave e antiga das emoções sem gesto,
Irmã mais velha, virgem e triste, das ideias sem nexo,
Noiva esperando sempre os nossos propósitos incompletos,
A direcção constantemente abandonada do nosso destino,
A nossa incerteza pagã sem alegria,
A nossa fraqueza cristã sem fé,
O nosso budismo inerte, sem amor pelas coisas nem êxtases,
A nossa febre, a nossa palidez, a nossa impaciência de fracos,
A nossa vida, ó mãe, a nossa perdida vida...

Não sei sentir, não sei ser humano, conviver
De dentro da alma triste com os homens meus irmãos na terra.
Não sei ser útil mesmo sentindo, ser prático, ser quotidiano,
[nítido,
Ter um lugar na vida, ter um destino entre os homens,
Ter uma obra, uma força, uma vontade, uma horta,
Uma razão para descansar, uma necessidade de me distrair,
Uma coisa vinda directamente da natureza para mim.

Por isso sê para mim materna, ó noite tranquila...
Tu, que tiras o mundo ao mundo, tu que és a paz,
Tu que não existes, que és só a ausência da luz,
Tu que não és uma coisa, um lugar, uma essência, uma vida,
Penélope da teia, amanhã desfeita, da tua escuridão,
Circe irreal dos febris, dos angustiados sem causa,

Vem para mim, ó noite, estende para mim as mãos,
E sê frescor e alívio, ó noite, sobre a minha fronte...

Tu, cuja vinda é tão suave que parece um afastamento,
Cujo fluxo e refluxo de treva, quando a lua bafeja,
Tem ondas de carinho morto, frio de mares de sonho,
Brisas de paisagens supostas para a nossa angústia excessiva...
Tu, palidamente, tu, flébil, tu, liquidamente,
Aroma de morte entre flores, hálito de febre sobre margens,
Tu, rainha, tu castelã, tu, dona pálida, vem...

22/5/1916

d

Viro todos os dias todas as esquinas de todas as ruas,
E sempre que estou pensando numa coisa, estou pensando
[noutra.
Não me subordino senão por atavismo,
E há sempre razões para emigrar para quem não está de cama.

Das terrasses de todos os cafés de todas as cidades
Acessíveis à imaginação
Reparo para a vida que passa, sigo-a sem me mexer,
Pertenço-lhe sem tirar um gesto da algibeira,
Nem tomar nota do que vi para depois fingir que o vi.

No automóvel amarelo a mulher definitiva de alguém passa,
Vou ao lado dela sem ela saber.
No trottoir imediato eles encontram-se por um acaso com-
[binado,
Mas antes do encontro deles lá estar já eu estava com eles lá.
Não há maneira de se esquivarem a encontrar-me, não há modo
[de eu não estar em toda a parte.

O meu privilégio é tudo
(Brevetée, Sans Garantie de Dieu, a minh'Alma).

Assisto a tudo e definitivamente.
Não há jóia para mulher que não seja comprada por mim e para
[mim,
Não há intenção de estar esperando que não seja minha de
[qualquer maneira,
Não há resultado de conversa que não seja meu por acaso,
Não há toque de sino em Lisboa há trinta anos, noite de
[S. Carlos há cinquenta
Que não seja para mim por uma galanteria deposta.

Fui educado pela Imaginação,
Viajei pela mão dela sempre,
Amei, odiei, falei, pensei sempre por isso,
E todos os dias têm essa janela por diante,
E todas as horas parecem minhas dessa maneira.

e

Clarim claro da manhã ao fundo
Do semicírculo frio do horizonte,
Ténue clarim longínquo como bandeiras incertas
Desfraldadas para além de onde as cores são visíveis...

Clarim trémulo, poeira parada, onde a noite cessa,
Poeira de ouro parada no fundo da visibilidade...

Carro que chia limpidamente, vapor que apita,
Guindaste que começa a girar no meu ouvido,
Tosse seca, nova do que sai de casa,
Leve arrepio matutino na alegria de viver,
Gargalhada subida velada pela bruma exterior não sei como,
Costureira fadada para pior que a manhã que sente,

Operário tísico desfeito para feliz nesta hora
Inevitavelmente vital,
Em que o relevo das coisas é suave, certo e simpático,
Em que os muros são frescos ao contacto da mão, e as casas
Abrem, aqui e ali os olhos cortinados a branco...

Toda a madrugada é uma cortina que oscila,
E refresca ilusões e recordações na minha alma de transeunte,
No meu coração banido de epidérmico espírito,
No meu cansado e velado □
□
□ e caminha tudo
Para a hora cheia de luz em que as lojas baixam as pálpebras
E rumor tráfego carroça comboio eu-sinto sol estruge

Vertigem do meio-dia emoldurada a vertigens —
Sol nos vértices e nos □ da minha visão estriada,
Do rodopio parado da minha retentiva seca,
Do abrumado clarão fixo da minha consciência de viver.

Rumor tráfego carroça comboio carros eu-sinto sol rua,
Aros caixotes trolley loja rua vitrines saia olhos
Rapidamente calhas carroças caixotes rua atravessar rua
Passeio lojistas "perdão" rua
Rua a passear por mim a passear pela rua por mim
Tudo espelhos as lojas de cá dentro das lojas de lá

A velocidade dos carros ao contrário nos espelhos oblíquos das
[montras,
O chão no ar o sol por baixo dos pés rua regas flores no cesto rua
O meu passado rua estremece camion rua não me recordo rua
Eu de cabeça pra baixo no centro da minha consciência de mim
Rua sem poder encontrar uma sensação só de cada vez rua
Rua pra trás e pra diante debaixo dos meus pés
Rua em X em Y em Z por dentro dos meus braços
Rua pelo meu monóculo em círculos de cinematógrafo pequeno,

Caleidoscópio em curvas iriadas nítidas rua.
Bebedeira da rua e de sentir ver ouvir tudo ao mesmo tempo.
Bater das fontes de estar vindo para cá ao mesmo tempo que vou
[para lá,
□

f

Estatelo-me ao comprido em toda a vida
E urro em mim a minha ferocidade de viver...
Não há gestos de prazer pelo mundo que valham
A alegria estupenda de quem não tem outro modo de a exprimir
Que rolar-se pelo chão entre ervas e malmequeres
E misturar-se com terra até sujar o fato e o cabelo...[1]
Não há versos que possam dar isto...
Arranquem um □ de erva, trinquem-na e perceber-me-ão,
Perceberão completamente o que eu incompletamente exprimo.
Tenho a fúria de ser raiz
A perseguir-me as sensações por dentro como uma seiva
Queria ter todos os sentidos, incluindo a inteligência,
A imaginação e a inibição[2]
À flor da pele para me poder rolar pela terra rugosa
Mais de dentro, sentindo mais rugosidade e irregularidades.
Eu só estaria contente se o meu corpo fosse a minha alma...
Assim todos os ventos, todos os sóis, e todas as chuvas
Seriam sentidos por mim do único modo que eu quereria...
Não podendo acontecer-me isto, desespero, raivo,
Tenho vontade de poder arrancar à dentada o meu fato
E depois ter pesadas garras de leão para me despedaçar
Até o sangue correr, correr, correr, correr...
Sofro porque tudo isto é absurdo
Como se me tivesse medo alguém,
Com o meu sentimento agressivo para o destino, para Deus,
Que nasce de encararmos com o Inefável
E medirmos bem, de repente, a nossa fraqueza e pequenez.*

g

Passo adiante, nada me toca; sou estrangeiro.[1]
As mulheres que chegam às portas depressa
Viram apenas que eu passei.
Estou sempre do lado de lá da esquina dos que me querem ver,
Inatingível a metais e encrustamentos.

Ó tarde, que reminiscências!
Ontem ainda, criança que se debruçava no poço,
Eu via com alegria meu rosto na água longínqua.[2]
Hoje, homem, vejo meu rosto na água funda do mundo.
Mas se rio é só porque fui outrora
A criança que viu com alegria seu rosto no fundo do poço.

Sinto-os a todos substância da minha pele.
Toco no meu braço e eles estão ali.
Os mortos — eles nunca me deixam!
Nem as pessoas mortas, nem os lugares passados, nem os dias.
E às vezes entre o ruído das máquinas da fábrica
Toca-me levemente uma saudade no braço
E eu viro-me… e eis no quintal da minha casa antiga
A criança que fui ignorando ao sol quem eu haveria de ser.

Ah, sê materna!
Ah, sê melíflua e taciturna
Ó noite aonde me esqueço de mim
Lembrando…

[*posterior a 1917*]*

27
A PARTIDA

a

Agora que os dedos da Morte à roda da minha garganta
Sensivelmente começam a pressão definitiva...
E que tomo consciência exorbitando os meus olhos,
Olho pra trás de mim, reparo plo passado fora
Vejo quem fui, e sobretudo quem não fui,
Considero lucidamente o meu passado misto
E acho que houve um erro
Ou em eu viver ou em eu viver assim.

Será sempre que quando a Morte nos entra no quarto
E fecha a porta à chave por dentro,
E a coisa é definitiva, inabalável,[1]
Sem *Cour de Cassation* para o nosso destino findo,
Será sempre que, quando a meia-noite soa na vida,
Uma exasperação de calma, uma lucidez indesejada
Acorda como uma coisa anterior à infância no nosso partir?
Último arranco, extenuante clarão, de chama que a seguir se
[apaga,
Frio esplendor do fogo-de-artifício antes da cinza completa,
Trovão máximo sobre as nossas cabeças, por onde
Se sabe que a trovoada, por estar no auge, decresceu.

Viro-me para o passado.
Sinto-me ferir na carne.
Olho com essa espécie de alegria da lucidez completa
Para a falência instintiva que houve na minha vida.[2]
Vão apagar o último candeeiro

Na rua amanhecente de minha Alma!
Sinal de [..]
O último candeeiro que apagam!
Mas antes que eu veja a verdade, pressinto-a[3]
Antes que a conheça, amo-a.[4]
Viro-me para trás, para o passado, não vivido;
Olho e o passado é uma espécie de futuro para mim.

Mestre, Alberto Caeiro, que eu conheci no princípio
E a quem depois abandonei como um apontamento reles,
Hoje reconheço o erro, e choro dentro de mim,
Choro com a alegria de ver a lucidez com que choro
E embandeiro em arco à minha morte e à minha falência sem
[fim,
Embandeiro em arco a descobri-la, só a saber quem ela é.
Ergo-me enfim das almofadas quase cómodas
E volto ao meu remorso sadio.[5]

b

Ave atque vale, ó assombroso universo!
Ave atque vale, de que diversa maneira
É que eu te verei, e será definitivamente,
Se haverá ainda mais vida, mais modos de te conhecer,
Mais lados de onde te olhar, — e talvez nunca te verei do
[Único —
Seja como for, ave atque vale, ó Mundo!

Partirei para aquele teu aspecto que a Morte deve revelar-me
Com o coração confrangido, a alma ansiosa, o olhar vago,
E toda a consciência da aventura pondo-me ondas no sangue...
Eu partirei para a Morte nada esperando encontrar[1]
Mas disposto a ver coisas prodigiosas do outro lado do Mundo.[2]

Ave atque vale, ó Universo espontâneo!

Verde esmiuçado a ervas nos prados contentes,
Verde escurecido das copas das árvores ao vento,
Escura brancura da água,
Penugem invisível dos brejos
Garras de sombra imaterial dos vendavais,
Grandes extensões □ dos mares
Curso evidente dos rios

Ave atque vale! Até Deus! Até Mim! Até Vós!

Quando eu abandonar o meu ser como uma cadeira donde me
[levanto[3]
Deixar atrás o mundo como a um quarto donde saio,[4]
Abandonar toda esta forma, de sentidos e pensamento, de sentir
[as coisas,[5]
Como uma capa que me prenda,
Quando de vez minha alma chegar à superfície da minha pele
E dispersar o meu ser pelo universo exterior,
Seja com alegria que eu reconheça que a Morte
Vem como um sol distante na antemanhã do meu novo ser.

Numa viagem oblíqua do meu leito de moribundo
Viagem em diagonal às dimensões dos objectos
Para o canto do tecto mais longe, a cama erguer-se-á do chão,
Erguer-se-á como um balão ridículo e seguirá
Como um comboio sobre os rails directamente...
□
Não tenho medo, ó Morte, ao que não deixa entrever
O teu postigo proibido na tua porta sobre o mundo.

Estendo os braços para ti como uma criança
Do colo da ama para o aparecimento da mãe...
Por ti deixo contente os meus brinquedos de adulto,
Por ti não tenho parentes, não tenho nada que me prenda
A este prodigioso, constante e doentio universo...
Todo o Definitivo deve estar em Ti ou em parte nenhuma.

c

E eu o complexo, eu o numeroso,
Eu a saturnália de todas as possibilidades,[1]
Eu o quebrar do dique de todas as personalizações,
Eu o excessivo, eu o sucessivo, eu o □
Eu o prolixo até de continências e paragens,
Eu que tenho vivido através do meu sangue e dos meus nervos
Todas as sensibilidades correspondentes a todas as metafísicas
Que tenho desembarcado em todos os portos da alma,
Passado em aeroplano sobre todas as terras do espírito,
Eu o explorador de todos os sertões do raciocínio,
O □
O criador de Weltanschauungen,
Pródigo semeador pela minha própria indiferença
De correntes de moderno todas diferentes
Todas no momento em que são concebidas verdades
Todas pessoas diferentes, todas eu-próprio apenas —
Eu morrerei assim? Não: o universo é grande
E tem possibilidade de coisas infinitas acontecerem.
Não: tudo é melhor e maior que nós o pensamos
E a morte revelará coisas absolutamente inéditas...
Deus será mais contente.
Salve, ó novas coisas, a acontecer-me quando eu morrer,
Nova mobilidade do universo a despontar no meu horizonte
Quando definitivamente
Como um vapor largando do cais para longa viagem,
Com a banda de bordo a tocar o hino nacional da Alma
Eu largado para X, perturbado pela partida
Mas cheio da vaga esperança ignorante dos emigrantes,
Cheio de fé no Novo, de Crença limpa no Ultramar,
Eia — por aí fora, por esses mares internado,
À busca do meu futuro — nas terras, lagos e rios
Que ligam a redondeza da terra — todo o Universo —
Que oscila à vista. Eia por aí fora...
Ave atque vale, ó prodigioso Universo...[2]

◆

Haverá primeiro
Uma grande aceleração das sensações, um □
Com grandes dérapages nas estradas da minha consciência,
□
(E até à aterissage final do meu aero □)
Uma grande conglobação das sensações incontíguas,
Veloz silvo voraz do espaço entre a alma e Deus
Do meu □
Os meus estados de alma, de sucessivos, tornar-se-ão simultâneos,
Toda a minha individualidade se amarrotará num só ponto,
E quando, prestes a partir,
Tudo quanto vivo, e o que viverei para além do mundo,
Será fundido num só conjunto homogéneo e incandescente
E com um tal aumentar do ruído dos motores
Que se torna um ruído já não férreo, mas apenas abstracto,
Irei num silvo de sonho de velocidade pelo Incógnito fora
Deixando prados, paisagens, vilas dos dois lados
E cada vez mais no confim, nos longes do cognoscível,
Sulco de movimento no estaleiro das coisas,
Nova espécie de eternidade dinâmica ondeando através da eter-
[nidade estática —
s-s-s-ss-sss
z-z-z-z-z-z automóvel divino

d

E quando o leito estiver quase ao pé do tecto
E eu olhando para trás, por esta vigia — o quarto todo com os
[seus armários,
E sentindo na alma o movimento da hélice do navio,
Verei já tudo ao longe e diferente e frio...
As minhas sensações numa cidade amontoada distante
E ao fundo, por detrás delas, o universo inteiro, ponte que finda...

e

A morte — esse pior que tem por força que acontecer;
Esse cair para o fundo do poço sem fundo;[1]
Esse escurecer universal para dentro;
Esse apocalipse da consciência, com a queda de todas as es-
[trelas —[2]
Isso que será meu um dia,
Um dia pertíssimo, pertíssimo,
Pinta de negro todas as minhas sensações,
E é areia sem corpo escorrendo-me por entre os dedos
O pensamento e a vida.

A gare no deserto, deserta;
O intérprete mudo;
O boneco humano sem olhos nem boca;
Embandeirado a fogo-fátuo
Num mar que é só puro espaço
Sob um céu sacudido por relâmpagos pretos...
Sinistra singre, roída de vermes audíveis a quilha sentiente
E sejam os mastros dedos de âmbar, longuíssimos,
Apontando o vácuo das coisas (que é o abismo em tudo)...
As velas de um reposteiro vermelho lindo e baço
Se abram ao vento soprando de um buraco enorme sem fim,
E comecem, fora do tempo, uma viagem ao fim de tudo.
Estica um horror consciente no gemer dos cabos...
O ruído do ranger da madeira é dentro da alma...[3]
O avanço velocíssimo é uma coisa que falta...
E se a vida é horizontal, isto dá-se verticalmente...

f

Entremos na morte com alegria! Caramba
O ter que vestir fato, o ter que lavar o corpo,
O ter que ter razão, semelhanças, maneiras e modos;

O ter rins, fígado, pulmões, brônquios, dentes.
Coisas onde há dor e sangue e moléstias
(Merda para isso tudo!)

Estou morto, de tédio também
Eu bato, a rir, com a cabeça nos astros
Como se desse com ela num arco de brincadeira
Estendido, no carnaval, de um lado ao outro do corredor,
Irei vestido de astros; com o sol por chapéu de coco[1]
No grande Carnaval do espaço entre Deus e a vida.

Meu corpo é a minha roupa de baixo; que me importa
Que o seu carácter de lixo seja terra no jazigo
Que aqui ou ali a coma a traça orgânica toda?
Eu sou Eu.
Viva eu porque estou morto! Viva!
Eu sou eu.
Que tenho eu com a roupa-cadáver que deixo?
Que tem o cu com as calças?
Então não teremos nós cuecas por esse infinito fora?
O quê, o para além dos astros nem me dará outra camisa?
Bolas, deve haver lojas nas grandes ruas de Deus.

Eu, assombroso e desumano,
Indistinto a esfinges claras,

Vou embrulhar-me em estrelas
E vou usar o Sol como chapéu de coco
Neste grande carnaval do depois de morrer.
Vou trepar, como uma mosca ou um macaco pelo sólido
Do vasto céu arqueado do mundo,
Animando a monotonia dos espaços abstractos
Com a minha presença subtilíssima.

g

Todos julgamos que seremos vivos depois de mortos.
Nosso medo da morte é o de sermos enterrados vivos.
Queremos ao pé de nós os cadáveres dos que amámos
Como se aquilo ainda fosse eles
E não o grande maillot interior que a nascença nos deu.

*[posterior a 192...]**

h

Quando for a Grande Partida,
Quando embarcarmos de vez para fora dos seres e dos senti-
[mentos
E no paquete A Morte (que rótulo levarão as nossas malas...
Que nome comprazentemente estrangeiro, de lugar, é o do
[porto de destino?)
Quando, emigrantes para sempre, fizermos a viagem irrepa-
[rável,
E abandonarmos este oco e pavoroso mundo tão □ para os
[nervos,
Estas sensações das coisas tão ligadas e misteriosas,
Estes sentimentos humanos tão naturais e inexplicáveis,
Estas torturas, estes desejos para fora daqui (e de agora), estas
[saudades súbitas e sem objecto,
Este subir do nosso feminino ao olhar que se vela e é materno
[para as coisas pequeninas,
Para os soldados de chumbo, e os comboios de corda e as fivelas
[dos sapatos da nossa infância,
Quando, de vez, para sempre, irremediavelmente,
□

i

Da casa do monte, símbolo eterno e perfeito,
Vejo os campos, os campos todos,
E eu os saúdo por fim com a voz verdadeira,
Eu lhes dou vivas, chorando, com as lágrimas certas e os vivas [exactos —
Eu os aperto a meu peito, como filho que encontrasse o pai [perdido.

Vivam, vivam, vivam
Os montes, e a planície, e as ervas!
Vivam os rios, vivam as fontes!
Vivam as flores, e as árvores, e as pedras!
Vivam os entes vivos — os bichos pequenos,
Os bichos que correm, insectos e aves,
Os animais todos, tão reais sem mim,
Os homens, as mulheres, as crianças,
As famílias, e as não-famílias, igualmente!
Tudo quanto sente sem saber porquê!
Tudo quanto vive sem pensar que vive!
Tudo que acaba e cessa sem angústia nem nada,
Sabendo, melhor que eu, que nada há que temer,
Que nada é fim, que nada é abismo, que nada é mistério,
E que tudo é Deus, e que tudo é Ser, e que tudo é Vida.

Ah, estou liberto!
Ah, quebrei todas
As algemas do pensamento.
Eu, o claustro e a cave voluntários de mim mesmo,
Eu o próprio abismo que sonhei,
Eu, que via em tudo caminhos e atalhos de sombra
E a sombra e os caminhos e os atalhos eram eu![1]
Ah, estou liberto...
Mestre Caeiro, voltei à tua casa do monte[2]
E vi o mesmo que vias, mas com meus olhos,

Verdadeiramente com meus olhos,
Verdadeiramente verdadeiros...
Ah vi que não há morte alguma!
Vi que □

j

Não há abismos!
Nada é sinistro!
Não há mistério verdadeiro!
Não há mistério ou verdade!
Não há Deus, nem vida, nem alma distante da vida!
Tu, tu mestre Caeiro, tu é que tinhas razão!
Mas ainda não viste tudo; tudo é mais ainda!
Alegre cantaste a alegria de tudo,
Mas sem pensá-lo tu sentias
Que é porque a alegria de tudo é essencialmente imortal.
Como cantaras alegre a morte futura
Se a puderas pensar como morte,
Se deveras sentiras a noite e o acabamento?
Não, não: tu sabias
Não com teu pensamento, mas com teu corpo inteiro,
Com todos os teus sentidos tão acordados ao mundo
Que não há nada que morra, que não há coisa que cesse,
Que cada momento não passa nunca,
Que a flor colhida fica sempre na haste,
Que o beijo dado é eterno,
Que na essência e universo das coisas
Tudo é alegria e sol
E só no erro e no olhar há dor e dúvida e sombra.
Embandeira em canto e rosas!

E da estação de província, do apeadeiro campestre,
— Lá vem o comboio!
Com lenços agitados, com olhos que brilham eternos

Saudemos em ouro e flores a morte que chega!

Não, não enganas!
Avó carinhosa de terra já grávida!
Madrinha disfarçada dos sentimentos expressos!

E o comboio entra na curva, mais lento, e vai parar…
E com grande explosão de todas as minhas esperanças
Meu coração universo
Inclui a ouro todos os sóis,
Borda-se a prata todas as estrelas,
Entumesce-se em flores e verduras,
E a morte que chega conclui que a já conhecem
E no seu rosto grave desabrocha
O sorriso humano de Deus!

1

I

Eu cantarei,
Quando a manhã abrir as portas do meu esforço,
Eu cantarei,
Quando o alto-dia me fizer fechar os olhos,[1]
Eu cantarei,
Quando o crepúsculo limar as arestas,
Eu cantarei,
Quando a noite entrar como a Imperatriz venerada
Eu cantarei a Tua Glória e o meu desígnio.
Eu cantarei
E nas estradas ladeadas por abetos,[2]
Nas áleas dos jardins emaranhados,
Nas esquinas das ruas, nos pátios
Das casas-de-guarda,

A Tua Vitória entrará como um som de clarim
E o meu desígnio esperá-la-á sem segundo pensamento.

II

Perto da minha porta
Onde brincam as crianças dos outros,
Rompe um canto infantil, disciplinado e cómodo,
E eu sou a quinta criança ali, se houver só quatro,
E ninguém me abandonar embora eu não esteja lá.
Canto talvez, dormindo transparente e calado.[3]

m

E se todos ligam pouca importância à morte, nem conseguem
Sofrendo, ter verdadeiramente a concentração de sofrer,
É que a vida não crê na morte, é que a morte é nada.

Embandeira em arco, a todas as cores, ao vento
Sob o grande céu luminoso e azul da terra…
Danças e cantos,
Músicas álacres,
Ruídos de risos e falas, e conversas banais,
Acolham a morte que vem, porque a morte não vem,
E a vida sente em todas as suas veias,
O corpo acha em tudo o que nele é alma,
Que a vida é tudo, e a morte é nada, e que o abismo
É só a cegueira de ver,
Que tudo isto não pode existir e deixar de existir,
Porque existir é ser, e ser não se reduz ao nada.[1]
Ah, se todo este mundo claro, e estas flores e luz,
Se todo este mundo com terra e mar e casas e gente,
Se todo este mundo natural, social, intelectual,

Estes corpos nus por baixo das vestes naturais,
Se isto é ilusão, porque é que isto está aqui?
Ó mestre Caeiro, só tu é que tinhas razão!
Se isto não é, por que é que é?
Se isto não pode ser, então porque pôde ser?

Acolhei-a, ao chegar,
A ela, à Morte, a esse erro da vista,
Com os cheiros dos campos, e as flores cortadas trazidas ao
[colo,
Com as romarias e as tardes pelas estradas,
Com os ranchos festivos, e os lares contentes,
Com a alegria e a dor, com o prazer e a mágoa,
Com todo o vasto mar movimentado da vida.

Acolhei-a sem medo,
Como quem na estação de província, no apeadeiro campestre,
Acolhe o viajante que há-de chegar no comboio de Além.
Acolhei-a contentes,
Crianças cantando de riso, corpos de jovens em fogo,
Alegria rude e natural das tabernas,
E os braços e os beijos e os sorrisos das raparigas.

Embandeira em arco a cores de sangue e verde,[2]
Embandeira em arco a cores de luz e de fogo,
Que a morte é a vida que veio mascarada,
E o além será isto, isto mesmo, noutro presente
Não sei de que novo modo diversamente.
Gritai às alturas,
Gritos pelos vales,
Que a morte não tem importância nenhuma,
Que a morte é um disparate,
Que a morte é um □
E que se tudo isto é um sonho, é a morte um sonho também.

n

Meu amor perdido, não te choro mais, que eu não te perdi!
Porque posso perder-te na rua, mas não posso perder-te no ser,
Que o ser é o mesmo em ti e em mim.

Muito é ausência, nada é perda!
Todos os mortos — gente, dias, desejos,
Amores, ódios, dores, alegrias —
Todos estão apenas em outro continente...
Chegará a vez de eu partir e ir vê-los.
De se reunir a família e os amantes e os amigos
Em abstracto, em real, em perfeito
Em definitivo e divino.
Reunir-me-ei em vida e morte
Aos sonhos que não realizei
Darei os beijos nunca dados,
Receberei os sorrisos, que me negaram,
Terei em forma de alegria as dores que tive...

Ah, comandante, quanto tarda ainda
A partida do transatlântico?
Faz tocar a banda de bordo —
Músicas alegres, banais, humanas, como a vida —
Faz partir, que eu quero partir...

Som do erguer do ferro, meu estertor
Quando é que por fim eu te ouvirei?
Fremir do costado pela pulsação das máquinas —
Meu coração no bater final convulso —,
Toque das vigias, suspiros do porto
□
Lenços a acenarem-me do cais em que ficam...
Até mais tarde, até quando vierdes, até sempre!
Até o eterno em alegre Agora,
Até o □

o

Grande libertador,
Que quebraste as algemas de todas as mortes — as do corpo e
[as da alma,
A morte, a doença, a tristeza
A arte, a ciência, a filosofia,[1]
Grande libertador
Que arrasaste os muros da cadeia velha
E fizeste ruir os andaimes da cadeia nova,
Que abriste de par em par as janelas todas
Das salas todas de todas as casas
E o vento real limpou do fumo e do sono
As salas dadas aos prazeres das salas,

p

Agora que estou quase na morte e vejo tudo já claro,
Grande Libertador, volto submisso a ti.

Sem dúvida teve um fim a minha personalidade.
Sem dúvida porque se exprimiu, quis dizer qualquer coisa
Mas hoje, olhando pra trás, só uma ânsia me fica —
Não ter tido a tua calma superior a ti-próprio,
A tua libertação constelada de Noite Infinita.

Não tive talvez missão alguma na terra,

q

Desfraldando ao conjunto fictício dos céus estrelados
O esplendor do sentido nenhum da vida...

◆

Toquem num arraial a marcha fúnebre minha!
Quero cessar sem consequências...
Quero ir para a morte como para uma festa ao crepúsculo,

28

Minha imaginação é um Arco de Triunfo.
Por baixo passa toda a Vida.
Passa a vida comercial de hoje, automóveis, camions,
Passa a vida tradicional nos trajes de alguns regimentos,
Passam todas as classes sociais, passam todas as formas de vida,
E no momento em que passam na sombra do Arco de Triunfo
Qualquer coisa de triunfal cai sobre eles,
E eles são, um momento, pequenos e grandes.
São momentaneamente um triunfo que eu os faço ser.

O Arco de Triunfo da minha Imaginação
Assenta de um lado sobre Deus e do outro
Sobre o quotidiano, sobre o mesquinho (segundo se julga),
Sobre a faina de todas as horas, as sensações de todos os mo-
[mentos,
E as rápidas intenções que morrem antes do gesto.

Eu-próprio, à parte e fora da minha imaginação,
E contudo parte dela,
Sou a figura triunfal que olha do alto do arco,
Que sai do arco e lhe pertence,
E fita quem passa por baixo elevada e suspensa,
Monstruosa e bela.

Mas às grandes horas da minha sensação,
Quando em vez de rectilínea, ela é circular
E gira vertiginosamente sobre si-própria,
O Arco desaparece, funde-se com a gente que passa,
E eu sinto que sou o Arco, e o espaço que ele abrange,

E toda a gente que passa,
E todo o passado da gente que passa,
E todo o futuro da gente que passa,
E toda a gente que passará
E toda a gente que já passou.
Sinto isto, e ao senti-lo sou cada vez mais
A figura esculpida a sair do alto do arco
Que fita para baixo
O universo que passa.
Mas eu próprio sou o Universo,
Eu próprio sou sujeito e objecto,
Eu próprio sou Arco e Rua,
Eu próprio cinjo e deixo passar, abranjo e liberto,[1]
Fito de alto, e de baixo fito-me fitando,[2]
Passo por baixo, fico em cima, quedo-me dos lados,[3]
Totalizo e transcendo,
Realizo Deus numa arquitectura triunfal
De arco de Triunfo posto sobre o universo,
De arco de triunfo construído
Sobre todas as sensações de todos que sentem
E sobre todas as sensações de todas as sensações...

Poesia do ímpeto e do giro,
Da vertigem e da explosão,
Poesia dinâmica, sensacionista, silvando
Pela minha imaginação fora em torrentes de fogo,
Em grandes rios de chama, em grandes vulcões de lume.

29

I

Com as malas feitas e tudo a bordo
E nada mais a esperar da terra que deixamos,
Já com os trajes moles característicos dos viajantes, debruçados
[da amurada
Digamos adeus com um levantar da alegria ao que fica,
Adeus às afeições, e aos pensamentos domésticos, e às lareiras, e
[aos irmãos,
E enquanto se abre o espaço entre o navio lento e o cais
Gozemos uma grande esperança indefinida e arrepiada,
Uma trémula sensação de futuro.

Eis-nos a caminho, e quase a meio do rio
Aumenta a nitidez deixada na terra
Dos alpendres e dos guindastes ou das mercadorias descarregadas
E não é a nós, felizmente, que diz adeus aquela família
Aglomerada no extremo do cais, com um cuidado subjectivo e
[visível
De não cair dentro d'água no meio da emoção.

Olhemos para os companheiros de bordo. Como são diversos!
Uns vão em trânsito. Não é com eles nenhuma destas despe-
[didas...
Outros, com um ar palidamente sorridente de não querer chorar,
Acenam com um gesto deselegante e pouco afoito com os lenços
Para lenços que se acenam de outra gente que ficou no cais
No cais — ah reparem — subitamente tão mais longe do que
[notámos.

A amargura alegre da ida,
O sabor especial a começo de viagem marítima, a mistura com
[nossos sentidos
De cheiro das malas, de cheiro a navio, de cheiro a comida de
[bordo,
E a nossa alma é um composto confuso de cheiros e sabores
E tudo é a viagem indefinida que faremos vista através do paladar
[e do olfacto,
Tudo é a incerteza sensual da vida sentida pela espinha abaixo...

E nós não deixamos ninguém...
Se deixássemos, ah os lenços que lindos!, o navio que se afasta
Afastar-se-ia de mais do que da terra;
Afastava-se do nosso passado todo, de nós-mesmos, ficados no
[cais e aqui a caminho,
Do sentimento doméstico com que beijamos a nossa mãe,
Da alegria com que às vezes, brincando, arreliamos as nossas
[irmãs...
Partir! Partir é viver excessivamente. O que é tudo senão partir...
Todos os dias do cais da nossa vida nos separamos, navios □,
E vamos para o futuro como se fôssemos para o Mistério,
Mas que sabemos nós para onde vamos, ó dor, e o que somos,
E que proteico e fluido Deus é tutelar das partidas?

Olha, de longe, já, os guindastes ainda mexendo,
Olha as figuras no cais, negras figuras, manchadas de lenços que
[se acenam,[1]
Olha os casarões de zinco ondulado dos cais e docas, às portas
[deles,
O sossego destacado e acostumado a isto dos empregados e dos
[carregadores...
Vai tal angústia, tão inexplicável angústia na minha alma,
Que não sei como têm coragem, vendo que eu grito assim, para
[estarem parados
No cais, tranquilamente, os descarregadores e os guardas-fiscais!

Bebedeira da vida... ligeiro nervoso nas nossas sensações...
Perturbação alcoólica dos nossos sentidos íntimos...
A nossa alma sai um pouco para fora do seu lugar
E as rodas da nossa vida quotidiana começam a cambalear como
[se fossem sair do eixo...

Pelo convés fora a gente que já está acostumada a estar aqui a
[bordo
Está alheia a isto e interessada contudo
(Ah eu quando me interesso nunca estou alheio, nunca olho
[tranquilo,
Fremem em mim os nervos vibrados de todos que vejo que
[sentem,
Correm-me dos olhos as lágrimas de todos que choram porque
[se separam,
Tenho nas mãos os gestos circulares de mãos saudosas já que
[acenam com lenços,
Sou todas as penas que toda esta gente tem de se ir embora...
Sou as esperanças que levam consigo e agora lhes fazem mais
[trémula a dor da partida,
Estou pensando com um orgulho estúpido, por dentro deles
[todos, na roupa que compraram para a viagem,
Nos pequenos objectos que, na véspera ("Lá me ia esquecendo"
[dizem, e era uma coisa inútil)
Compraram de noite numa loja feérica cheia de malas de couro
[e que ia fechar...
Ah, com todos os nervos de toda a gente, os meus nervos
[vibram...
E com os estremeções das máquinas do navio, e com o estra-
[lejar da bandeira ao vento
E com o túmido tremor das enxárcias e com o ondular dos
[toldos
E toda a minha alma é uma dolorosa vibração física em ritmos
[de mim).

Vida cosmopolita atirada aos quatro ventos...
Vida de tanta gente real a bordo de tantos navios...
Embriaguez de lidar com outra gente e saber que eles existem e
[têm vidas passadas, preparadas, gozadas,
Sofridas, e tão curioso o traje, interessante a moral, de cada
[pessoa,
E tão cheio de enigmas e de metafísicas o modo como falam, como
[riem, como arranjam o cabelo, como se entendem uns com os
[outros...
Sensação metafísica das outras pessoas e das suas realidades, e
[do seu décor...
Ó doença humanitária dos meus nervos vibrando cheios de
[outras pessoas,
Volúpia de gozar e sofrer através de hipóteses dos outros...
E eu ser só eu, só eu eternamente, e não ter outras vidas senão
[a minha!
Como se tocassem o fado de repente à meia-noite numa aldeia
[na América do Norte,
Um fatalismo metafísico com os nervos de toda a gente vibra
[em mim a cada momento
Quando reparo cosmopoliticamente nos outros, e ouço várias
[línguas
E vejo nos gestos e nos trajes — que parecem idênticos mas são
[tão diferentes — várias pátrias, vários costumes,
E entrevejo lares diversos, vidas comerciais complexas, amores
[desconhecidos, ruas de cidades que desconheço,
Tudo como num animatógrafo num teatro do tamanho do
[Universo,
Onde se soubesse que acabada a sessão e saindo para fora,
Não há casa para onde se regresse, nem autómovel que nos leve
[para um lugar qualquer,
Mas a Noite Absoluta, e Deus talvez como uma Lua Enorme
[significando

IV*

Profunda e religiosa solidão do indefinido Universo,
Vastidão enorme, nem larga nem alta nem comprida, mas só
[espaço, o constelado espaço
Deste mistério azul-negro e estrelado onde a terra é uma coisa[2]
E as vidas aparecem como lanchas à superfície da água...[3]
Raios de sol entrando pela janela entreaberta no quarto da casa
[de campo,
Meios-dias nas eiras abandonadas,
Tardes noites para encontros em outras margens de rios,
Fazei do nosso conseguimento natural um sossego, uma capa
E descei sobre a minha alma...
Vós ó campos repousados e incivilizados,
Vós ó rios tranquilamente passando por uma inquietação,
Vós ó jardins públicos às tardes visitados
Vós ó tanques de quintas, vós ó lareiras em solares,[4]
E disperso arfar de sedas pretas o silêncio da noite.

30

Meu cérebro fotográfico...
Vaga náusea física... o cais no longe cheira-me a aqui perto...[1]
Que tristeza a de partir! What time did the captain say an order
[to leave? de partir e deixar atrás de nós
Não só as pedras da cidade, e as casas e a cidade vista de longe
Mas oh, [.] just ever and ever on that village on the other side
[up at river, it's just perfect in this [.]
Também as memórias antigas, as carícias maternas hoje na
[sepultura,
Tudo isso parece que ficou aqui, deixado aqui, e nós indo sem
[levar isso tudo...
Non, Monsieur, c'est de l'autre bord...

Ó Chico, não te chegues para fora
([.] oh!) podes cair!

Que lume na lenha da velha lareira provinciana — o senhor dá-me
[licença?... passa uma farda de guarda-fiscal pelo meu ombro —
[e dos contos que me contavam nas noites de inverno u-uf-u-
[-u-u-u... o apito do vapor...

Et vous aussi, Mark — Sim senhor, para o Rio de Janeiro
Tenho lá... yes, all the time... Ó pobre pequenino rio da minha
[terra!
O ruído da água — shl, shl, shlbrtsher, shlbrtsher, e o meu velho
[primo, perdido para sempre
Quase que me esqueço de me poder lembrar dele came into the
[smoking room...[2]

God [.....] Lisboa? Oh, yes, but not (entram para dentro al-
[guns dias [.] através da minha sensação deles no meu cérebro
[que não tem olhos para os ver)

u-u-u-u-u-u-u
u-u-u
u-u-u-u-u-u
u-u-u-u-u-u-u-u-u
u-u-u-u-u-u-u
u-u-u-u-u-u-u
u-u-u
u-u-u
u-u
u-fff-(uu uff)
f.f.
(fff)

*[1916]**

31

Foi numa das minhas viagens...
Era mar-alto e luar...
Cessara o ruído da noite a bordo.
Um a um grupo a grupo, recolheram-se os passageiros,
A banda era só uma estante que ficara a um canto não sei porquê...
Só na sala de fumo em silêncio jogava xadrez...
A vida soava pela porta aberta para a casa das máquinas...
Só... E um era uma alma nua diante do Universo...
(Ó minha vila natal em Portugal tão longe!
Porque não morri eu criança quando só te conhecia a ti?)

Ah, quando nos fazemos ao mar
Quando largamos da terra, quando a vamos perdendo de vista,
Quando tudo se vai enchendo de vento puramente marítimo,
Quando a costa se torna uma linha sombria,
Nessa linha cada vez mais vaga no anoitecer (pairam luzes) —
Ah então que alegria de liberdade para quem se sente.
Cessa de haver razão para existir socialmente.
Não há já razões para amar, odiar, dever,
Não há já leis, não há mágoas que tenham sabor humano...
Há só a Partida Abstracta, o movimento das águas
O movimento do afastamento, o som
Das ondas arrulhando à proa,
E uma grande paz intranquila entrando suave, no espírito.

Ah ter toda a minha vida
Fixa instavelmente num momento destes,
Ter todo o sentido da minha duração sobre a terra
Tornado um afastamento dessa costa onde deixei tudo —

Amores, irritações, tristezas, cumplicidades, deveres,
A angústia irrequieta dos remorsos,
A fadiga da inutilidade de tudo,
A saciedade até das coisas imaginadas,
A náusea, as luzes,
As pálpebras pesadas sobre a minha vida perdida...

Irei pra longe, pra longe! Pra longe, ó barco sem causa,
Para a irresponsabilidade pré-histórica das águas eternas,
Para longe, pra sempre para longe, ó morte.
Quando [?souber?]onde para longe e porque para longe, ó vida...

32

Ah, estranha vida a de bordo! Cada novo dia
Raia mais novo e mais outro que cada dia na terra.[1]
Ruído dos guindastes! Carga em transbordo! Energia[2]
Das coisas □
□ melodia
Para a minha alma que ante o Real o perde e o erra...
No mar, no navegar, — ruído de hélice eterno! —
O tempo é outro tempo, o espaço é de outra largura
E cada costa que surge é um dia que raia e é terno
De oco o olhar que abrange a imensidão e nada possui,
E o respirar do ar

33
EPISÓDIOS

...O tédio dos radidiotas e dos aerochatos,
De todo o conseguimento quantitativo desta vida sem qualidade,
A náusea de ser contemporâneo de mim mesmo —
E a ânsia de novo novo, de certo verdadeiro,
De fonte, de começo, de origem.

A pedra no anel errado no teu dedo
Como fulgura na minha memória,
Ó pobre esfinge da aristocracia burguesa conversada em viagem!
Que vagos amores escondias na tua elegância verdadeira
Tão falsos, pobre iludida lúcida,
Encontrada a bordo desse navio, como de todos os navios![1]

Tomavas cocaína por superioridade ensinada,
Rias dos velhos maçadores menos maçadores que tu,
Pobre criança órfã de mais que pai e mãe,
Pobre-diabo meio-*flapper*, tão [?transtransviada?]!
E eu, o moderno que o não sou, eu que consinto
Nos arredores da minha sensibilidade as tendas dos ciganos,
De toda a modernidade papel-moeda;
Eu, incongruente e sem esperanças,
Passageiro como tu no navio, mas mais passageiro que tu,
Porque onde tu és certa eu sou incerto,
Onde tu sabes o que és eu não sei o que sou e sei que não sabes
[o que és,
E entre as danças tocadas *ad nauseam* pela banda de bordo
Debruço-me sobre o mar nocturno e tenho saudades de mim.
Que fiz eu da vida?
Que fiz eu do que queria fazer da vida?

Que fiz do que podia ter feito da vida?
Serei eu como tu, ó viajante do Anel Anafrodisíaco?
Olho-te sem te distinguir da matéria amorfa das coisas
E rio no fundo do meu pensamento oceânico e vazio.

No quintal da minha casa provinciana e pequena —
Casa como a que têm milhões não como eu no mundo —
Deve haver paz a esta hora, sem mim.
Mas em mim é que nunca haverá paz,
Nem com que se faça a paz,
Nem com que se imagine a paz...
Porque então sorrio eu de ti, viajante superfina?

Ó pobre água-de-colónia da melhor qualidade,
Ó perfume moderno do melhor gosto, em frasco de feitio,
Meu pobre amor que não amo caricatural e bonita!
Que texto para um sermão o que não és!
Que poemas não faria um poeta verdadeiro sem pensar em ti!

Mas a banda de bordo estruge e acaba...
E o ritmo do mar homérico trepa por cima do meu cérebro —
Do velho mar homérico, ó selvagem deste cérebro grego,[2]
Com penas na cabeça da alma,
Com argolas no nariz da sensualidade,
E com consciência de meio-manequim de ter aspecto no mundo.

Mas o facto é que a banda de bordo cessa,
E eu verifico
Que pensei em ti enquanto durou a banda de bordo.
No fundo somos todos
Românticos,
Vergonhosamente românticos
E o mar continua, agitado e calmo,
Servo sempre da atenção severa da lua,
Como, aliás, o sorriso com que me interrogo
E olho para o céu sem metafísica e sem ti... Dor de corno...

34

Afinal, a melhor maneira de viajar é sentir.
Sentir tudo de todas as maneiras.
Sentir tudo excessivamente,
Porque todas as coisas são, em verdade, excessivas
E toda a realidade é um excesso, uma violência,
Uma alucinação extraordinariamente nítida
Que vivemos todos em comum com a fúria das almas,
O centro para onde tendem as estranhas forças centrífugas
Que são as psiques humanas no seu acordo de sentidos.

Quanto mais eu sinta, quanto mais eu sinta como várias pessoas,
Quanto mais personalidades eu tiver,
Quanto mais intensamente, estridentemente as tiver,
Quanto mais simultaneamente sentir com todas elas,
Quanto mais unificadamente diverso, dispersadamente atento,
Estiver, sentir, viver, for,
Mais possuirei a existência total do universo,
Mais completo serei pelo espaço inteiro fora,
Mais análogo serei a Deus, seja ele quem for,
Porque, seja ele quem for, com certeza que é Tudo,
E fora d'Ele há só Ele, e Tudo para Ele é pouco.

Cada alma é uma escada para Deus,
Cada alma é um corredor-Universo para Deus,
Cada alma é um rio correndo por margens de Externo
Para Deus e em Deus com um sussurro soturno.

Sursum corda! Erguei as almas! Toda a Matéria é Espírito,
Porque Matéria e Espírito são apenas nomes confusos

Dados à grande sombra que ensopa o Exterior em sonho
E funde em Noite e Mistério o Universo Excessivo!
Sursum corda! Na noite acordo, o silêncio é grande,
As coisas, de braços cruzados sobre o peito, reparam
Com uma tristeza nobre para os meus olhos abertos
Que as vê como vagos vultos nocturnos na noite negra.
Sursum corda! Acordo na noite e sinto-me diverso.
Todo o Mundo com a sua forma visível do costume,
Jaz no fundo dum poço e faz um ruído confuso,
Escuto-o, e no meu coração um grande pasmo soluça.

Sursum corda! ó Terra, jardim suspenso, berço
Que embala a Alma dispersa da humanidade sucessiva!
Mãe verde e florida todos os anos recente,
Todos os anos vernal, estival, outonal, hiemal,
Todos os anos celebrando às mancheias as festas de Adónis
Num rito anterior a todas as significações,
Num grande culto em tumulto pelas montanhas e os vales!
Grande coração pulsando no peito nu dos vulcões,
Grande voz acordando em cataratas e mares,
Grande bacante ébria do Movimento e da Mudança,
Em cio de vegetação e florescência rompendo
Teu próprio corpo de terra e rochas, teu corpo submisso
À tua própria vontade transtornadora e eterna!
Mãe carinhosa e unânime dos ventos, dos mares, dos prados,
Vertiginosa mãe dos vendavais e ciclones,
Mãe caprichosa que faz vegetar e secar,
Que perturba as próprias estações e confunde
Num beijo imaterial os sóis e as chuvas e os ventos!

Sursum corda! Reparo para ti e todo eu sou um hino!
Tudo em mim como um satélite da tua dinâmica íntima
Volteia serpenteando ficando como um anel
Nevoento, de sensações reminiscidas e vagas,
Em torno ao teu vulto interno túrgido e fervoroso.

Ocupa de toda a tua força e de todo o teu poder quente
Meu coração a ti aberto!
Como uma espada trespassando meu ser erguido e extático,
Intersecciona com o meu sangue, com a minha pele e os meus
[nervos,
Teu movimento contínuo, contíguo a ti-própria sempre.

Sou um monte confuso de forças cheias de infinito
Tendendo em todas as direcções para todos os lados do espaço,
A Vida, essa coisa enorme, é que prende tudo e tudo une
E faz com que todas as forças que raivam dentro de mim
Não passem de mim, não quebrem meu ser, não partam meu
[corpo,
Não me arremessem, como uma bomba de Espírito que estoira
Em sangue e carne e alma espiritualizados para entre as estrelas,
Para além dos sóis de outros sistemas e dos astros remotos.

Tudo o que há dentro de mim tende a voltar a ser tudo.
Tudo o que há dentro de mim tende a despejar-me no chão,
No vasto chão supremo que não está em cima nem em baixo
Mas sob as estrelas e os sóis, sob as almas e os corpos
Por uma oblíqua posse dos nossos sentidos intelectuais.

Sou uma chama ascendendo, mas ascendo para baixo e para cima,
Ascendo para todos os lados ao mesmo tempo, sou um globo
De chamas explosivas buscando Deus e queimando
A crosta dos meus sentidos, o muro da minha lógica,
A minha inteligência limitadora e gelada.

Sou uma grande máquina movida por grandes correias
De que só vejo a parte que pega nos meus tambores,
O resto vai para além dos astros, passa para além dos sóis,
E nunca parece chegar ao tambor donde parte...

Meu corpo é um centro dum volante estupendo e infinito
Em marcha sempre vertiginosamente em torno de si,

Cruzando-se em todas as direcções com outros volantes,
Que se entrepenetram e misturam, porque isto não é no espaço
Mas não sei onde espacial de uma outra maneira-Deus.

Dentro de mim estão presos e atados ao chão
Todos os movimentos que compõem o universo,
A fúria minuciosa e □ dos átomos
A fúria de todas as chamas, a raiva de todos os ventos,
A espuma furiosa de todos os rios, que se precipitam,
E a chuva como pedras atiradas de catapultas
De enormes exércitos de anões escondidos no céu.

Sou um formidável dinamismo obrigado ao equilíbrio
De estar dentro do meu corpo, de não transbordar da minh'alma.
Ruge, estoira, vence, quebra, estrondeia, sacode,
Freme, treme, espuma, venta, viola, explode,
Perde-te, transcende-te, circunda-te, vive-te, rompe e foge,
Sê com todo o meu corpo todo o universo e a vida,
Arde com todo o meu ser todos os lumes e luzes,
Risca com toda a minha alma todos os relâmpagos e fogos
Sobrevive-me em minha vida em todas as direcções!

35
OS EMIGRADOS

Sós nas grandes cidades desamigas,
Sem falar a língua que se fala nem a que se pensa,
Mutilados da relação com os outros,
Que depois contarão na pátria os triunfos da sua estada.
Coitados dos que conquistam Londres e Paris!
Voltam ao lar sem melhores maneiras nem melhores caras
Apenas sonharam de perto o que viram —
Permanentemente estrangeiros.
Mas não rio deles. Tenho eu feito outra coisa com o ideal?

E o propósito que uma vez formei num hotel, planeando a [legenda?[1]
É um dos pontos negros da biografia que não tive.[2]

36

Uma vontade física de comer o universo
Toma às vezes o lugar do meu pensamento...
Uma fúria desmedida
A conquistar a posse como que absorvedora
Dos céus e das estrelas
Persegue-me como um remorso de não ter cometido um crime.

Como quem olha um mar
Olho os que partem em viagem...
Olho os comboios como quem os estranha
Grandes coisas férreas e absurdas que levam almas,
Que levam consciências da vida e de si-próprias
Para lugares verdadeiramente reais,
Para os lugares que — custa a crer — realmente existem
Não sei como, mas é no espaço e no tempo[1]
E têm gente que tem vidas reais
Seguidas hora a hora como as nossas vidas...

Ah, por uma nova sensação física
Pela qual eu possuísse o universo inteiro
Um uno tacto que fizesse pertencer-me,
A meu ser possuidor fisicamente,
O universo com todos os seus sóis e as suas estrelas
E as vidas múltiplas das suas almas...

37

E eu era parte de toda a gente que partia,
A minha alma era parte do lenço com que aquela rapariga
[acenava[1]
Da janela afastando-se de comboio...
O adeus do rapaz de bonnet claro
É dirigido a alguém dentro de mim
Sem que ele o queira ou o saiba...
E *Paris-Fuentes d'Oñoro*
Em letras encarnadas em fundo branco
Ao centro da carruagem, e no alto
Em letras que parecem mais vivas e salientes
Cª Internacional dos Wagons [...]

E o comboio avança — eu fico...*

38

Toda a gente é interessante se a gente souber ver toda a gente.
Que obra-prima para um pintor possível em cada cara que existe![1]
Que expressões em todas, em tudo!
Que maravilhosos perfis todos os perfis![2]
Vista de frente, que cara qualquer cara!
Os gestos humanos de cada qual, que humanos os gestos!

39

Ah, as horas indecisas em que a minha vida parece de um
[outro...[1]
As horas do crepúsculo no terraço dos cafés cosmopolitas!
Na hora de olhos húmidos em que se acendem as luzes
E o cansaço sabe vagamente a uma febre passada.

40

O ter deveres, que prolixa coisa!
Agora tenho eu que estar à uma menos cinco
Na Estação do Rossio, tabuleiro superior — despedida
Do amigo que vai no "Sud Express" de toda a gente
Para onde toda a gente vai, o Paris...

Tenho que lá estar
E acreditem, o cansaço antecipado é tão grande
Que, se o "Sud Express" soubesse, descarrilava...

Brincadeira de crianças?
Não, descarrilava a valer...
Que leve a minha vida dentro, arre, quando descarrile!...

Tenho desejo forte,
E o meu desejo, porque é forte, entra na substância do mundo.

41

POEMA EM LINHA RECTA

Nunca conheci quem tivesse levado porrada.
Todos os meus conhecidos têm sido campeões em tudo.

E eu, tantas vezes reles, tantas vezes porco, tantas vezes vil,
Eu tantas vezes irrespondivelmente parasita,
Indesculpavelmente sujo,
Eu, que tantas vezes não tenho tido paciência para tomar banho,
Eu, que tantas vezes tenho sido ridículo, absurdo,
Que tenho enrolado os pés publicamente nos tapetes das eti-
[quetas,
Que tenho sido grotesco, mesquinho, submisso e arrogante,
Que tenho sofrido enxovalhos e calado,
Que quando não tenho calado, tenho sido mais ridículo ainda;
Eu, que tenho sido cómico às criadas de hotel,
Eu, que tenho sentido o piscar de olhos dos moços de fretes,
Eu, que tenho feito vergonhas financeiras, pedido emprestado
[sem pagar,
Eu, que, quando a hora do soco surgiu, me tenho agachado
Para fora da possibilidade do soco;
Eu, que tenho sofrido a angústia das pequenas coisas ridículas,
Eu verifico que não tenho par nisto tudo neste mundo.

Toda a gente que eu conheço e que fala comigo
Nunca teve um acto ridículo, nunca sofreu enxovalho,
Nunca foi senão príncipe — todos eles príncipes — na vida...

Quem me dera ouvir de alguém a voz humana
Que confessasse não um pecado, mas uma infâmia;
Que contasse, não uma violência, mas uma cobardia!

Não, são todos o Ideal, se os oiço e me falam.
Quem há neste largo mundo que me confesse que uma vez foi vil?
Ó príncipes, meus irmãos,

Arre, estou farto de semi-deuses!
Onde é que há gente no mundo?

Então sou só eu que é vil e erróneo nesta terra?

Poderão as mulheres não os terem amado,
Podem ter sido traídos — mas ridículos nunca!
E eu, que tenho sido ridículo sem ter sido traído,
Como posso eu falar com os meus superiores sem titubear?
Eu, que tenho sido vil, literalmente vil,
Vil no sentido mesquinho e infame da vileza.

42

Vou atirar uma bomba ao destino.

43

Duas horas e meia da madrugada. Acordo e adormeço.
Houve em mim um momento de vida diferente entre sono e
[sono.

Se ninguém condecora o sol por dar luz,
Para que condecoram quem é herói?

Durmo com a mesma razão com que acordo[1]
E é no intervalo que existo.[2]

Nesse momento em que acordei, dei por todo o mundo —
Uma grande noite incluindo tudo
Só para fora

44

O conto antigo da Gata Borralheira,
O João Ratão e o Barba Azul e os 40 Ladrões,
E depois o Catecismo e a história de Cristo
E depois todos os poetas e todos os filósofos;
E a lenha ardia na lareira quando se contavam contos,
O sol havia lá fora em dias de destino,
E por cima da leitura dos poetas as árvores e as terras…[1]
Só hoje vejo o que é que aconteceu na verdade.
Que a lenha ardida, cantante porque ardia,[2]
Que o sol dos dias de destino, porque já não há,
Que as árvores e as terras (para além das páginas dos poetas) □ —
Que disto tudo só fica o que nunca foi:
Porque a recompensa de não existir é estar sempre presente.

45

Ah, sempre me contentou que a plebe se divertisse.
Sou-lhe alheio à alegria, mas não alheio a que a tenha
Quero que sejam alegres à maneira deles.
Se o fossem à minha seriam tristes.
Não pretendo ser como eles, nem que eles sejam como eu.
Cada um no seu lugar e com a alegria dele
Cada um no seu ponto de espírito e falando a língua dele.
Ouço a sua alegria, amo-a, não participo não a posso ter.

[*posterior a 1921*]*

46

Ah quem tivesse a força para desertar deveras!

O ENGENHEIRO METAFÍSICO (1923-1930)

47
LISBON REVISITED
(1923)

Não: não quero nada.
Já disse que não quero nada.

Não me venham com conclusões!
A única conclusão é morrer.

Não me tragam estéticas!
Não me falem em moral!
Tirem-me daqui a metafísica!
Não me apregoem sistemas completos, não me enfileirem con-
[quistas
Das ciências (das ciências, Deus meu, das ciências!) —
Das ciências, das artes, da civilização moderna!

Que mal fiz eu aos deuses todos?

Se têm a verdade, guardem-na!

Sou um técnico, mas tenho técnica só dentro da técnica.
Fora disso sou doido, com todo o direito a sê-lo.
Com todo o direito a sê-lo, ouviram?

Não me macem, por amor de Deus!

Queriam-me casado, fútil, quotidiano e tributável?
Queriam-me o contrário disto, o contrário de qualquer coisa?
Se eu fosse outra pessoa, fazia-lhes, a todos, a vontade.
Assim, como sou, tenham paciência!
Vão para o diabo sem mim,

Ou deixem-me ir sozinho para o diabo!
Para que havemos de ir juntos?

Não me peguem no braço!
Não gosto que me peguem no braço. Quero ser sozinho,
Já disse que sou só sozinho!
Ah, que maçada quererem que eu seja de companhia!

Ó céu azul — o mesmo da minha infância —,
Eterna verdade vazia e perfeita!
Ó macio Tejo ancestral e mudo,
Pequena verdade onde o céu se reflecte!
Ó mágoa revisitada, Lisboa de outrora de hoje!
Nada me dais, nada me tirais, nada sois que eu me sinta.

Deixem-me em paz! Não tardo, que eu nunca tardo...
E enquanto tarda o Abismo e o Silêncio quero estar sozinho!

48
PASSAGEM DAS HORAS

Nada me prende, a nada me ligo, a nada pertenço.
Todas as sensações me tomam e nenhuma fica.
Sou mais variado que uma multidão de acaso,
Sou mais diverso que o universo espontâneo,
Todas as épocas me pertencem um momento,
Todas as almas um momento tiveram seu lugar em mim.
Fluido de intuições, rio de supor — mas,
Sempre ondas sucessivas,
Sempre o mar — agora desconhecendo-se
Sempre separando-se de mim, indefinidamente.

Ó cais onde eu embarque definitivamente para a Verdade,
Ó barco, com capitão e marinheiros, visível no símbolo,
Ó águas plácidas, como as de um rio que há, no crepúsculo
Em que me sonho possível —
Onde estais que seja um lugar, quando sois que seja uma hora?
Quero partir e encontrar-me,
Quero voltar a saber de onde,
Como quem volta ao lar, como quem torna a ser social,
Como quem ainda é amado na aldeia antiga,
Como quem roça pela infância morta em cada pedra de muro,
E vê abertos em frente os eternos campos de outrora
E a saudade como uma canção de mãe a embalar flutua
Na tragédia de já ter passado,[1]
Ó terras ao sul, conterrâneas, locais e vizinhas!
Ó linha dos horizontes, parada nos meus olhos,[2]
Que tumulto de vento próximo me é ainda distante,
E como oscilas no que eu vejo, de aqui!

Merda p'rá vida!
Ter profissão pesa aos ombros como um fardo pago,
Ter deveres estagna,
Ter moral apaga,
Ter a revolta contra deveres e a revolta contra a moral,
Vive na rua sem siso.

10/4/1923

49

Encostei-me para trás na cadeira de convés e fechei os olhos,
E o meu destino apareceu-me na alma como um precipício.
A minha vida passada misturou-se-me com a futura,
E houve no meio um ruído do salão de fumo,
Onde, aos meus ouvidos, acabara a partida de xadrez.

Ah, balouçado
Na sensação das ondas,
Ah, embalado
Na ideia tão confortável de hoje ainda não ser amanhã,
De pelo menos neste momento não ter responsabilidades ne-
[nhumas,
De não ter personalidade propriamente, mas sentir-me ali,
Em cima da cadeira como um livro que a sueca ali deixasse.[1]

Ah, afundado
Num torpor da imaginação, sem dúvida um pouco sono,
Irrequieto tão sossegadamente,
Tão análogo de repente à criança que fui outrora
Quando brincava na quinta e não sabia álgebra,
Nem as outras álgebras com x e y's de sentimento.

Ah, todo eu anseio
Por esse momento sem importância nenhuma
Na minha vida,
Ah, todo eu anseio por esse momento, como por outros aná-
[logos —
Aqueles momentos em que não tive importância nenhuma,

Aqueles em que compreendi todo o vácuo da existência sem
[inteligência para o compreender
E havia luar e mar e a solidão, ó Álvaro.

50

Vai pelo cais fora um bulício de chegada próxima,
Começam chegando os primitivos da espera,
Já ao longe o paquete de África se avoluma e esclarece.
Vim aqui para não esperar ninguém,
Para ver os outros esperar,
Para ser os outros todos a esperar,
Para ser a esperança de todos os outros.

Trago um grande cansaço de ser tanta coisa.
Chegam os retardatários do princípio,
E de repente impaciento-me de esperar, de existir, de ser,
Vou-me embora brusco e notável ao porteiro que me fita muito
[mas rapidamente.
Regresso à cidade como à liberdade.

Vale a pena sentir para ao menos deixar de sentir.

51

Mas eu, em cuja alma se reflectem
As forças todas do universo,
Em cuja reflexão emotiva e sacudida
Minuto a minuto, emoção a emoção,
Coisas antagónicas e absurdas se sucedem —
Eu o foco inútil de todas as realidades,
Eu o fantasma nascido de todas as sensações,
Eu o abstracto, eu o projectado no *écran*,
Eu a mulher legítima e triste do Conjunto,
Eu sofro ser eu através disto tudo como ter sede sem ser de água.

52

Ah, onde estou ou onde passo, ou onde não estou nem passo,
A banalidade devorante das caras de toda a gente!
Ah, a angústia insuportável de [haver] gente![1]
O cansaço inconvertível de ver e ouvir!

(Murmúrio outrora de regatos próprios, de arvoredo meu).

Queria vomitar o que vi, só da náusea de o ter visto,
Estômago da alma alvorotado de eu ser…

53

O tumulto concentrado da minha imaginação intelectual...

Fazer filhos à razão prática, como os crentes enérgicos...

Minha juventude perpétua
De viver as coisas pelo lado das sensações e não das responsa-
[bilidades,
De □

(Álvaro de Campos, nascido no Algarve, educado por um tio-avô, padre, que lhe instilou um certo amor às coisas clássicas...)
(Veio para Lisboa muito novo...)

A capacidade de pensar o que sinto, que me distingue do homem
[vulgar
Mais do que ele se distingue do macaco.
(Sim, amanhã o homem vulgar talvez me leia e compreenda a
[substância do meu ser,
Sim, admito-o,
Mas o macaco já hoje sabe ler o homem vulgar e lhe compreende
[a substância do ser.)

Se alguma coisa foi porque é que não é?
Ser não é ser?
As flores do campo da minha infância, não as terei eternamente,
Em outra maneira de ser?
Perderei para sempre os afectos que tive, e até os afectos que
[pensei ter?
Há alguém que tenha a chave da porta do ser, que não tem porta,[1]
E me possa abrir com razões a inteligência do mundo?

54

O que é haver ser, o que é haver seres, o que é haver coisas,
O que é haver vida em plantas e nas gentes,
E coisas que a gente constrói —
Maravilhosa alegria de coisas e de seres —
Perante a ignorância em que estamos de como isto tudo pode ser.

55

O horror e o mistério de haver ser,
Ser vida, ladearem-me outras vidas,
Haver casas e coisas em meu torno —
A mesa a que me encosto, a luz do sol
No livro em que não leio por alheio —
São fantasmas de haver... são ser absurdo
São o mistério inteiro cada coisa.
Haver passado, com gente nele, e outros
Presentes, e o futuro imaginado —
Tudo me pesa com o mistério dele,
E me apavora.

O que em mim vê tudo isto é o próprio isto!

56

Ah, perante esta única realidade, que é o mistério,
Perante esta única realidade terrível — a de haver uma rea-
[lidade,
Perante este horrível ser que é haver ser,
Perante este abismo de existir um abismo,
Este abismo de a existência de tudo ser um abismo,
Ser um abismo por simplesmente ser,
Por poder ser,
Por haver ser!
Perante isto tudo como tudo o que os homens fazem,
Tudo o que os homens dizem,
Tudo quanto constroem, desfazem ou se constrói ou desfaz
[através deles,
Se empequena!
Não, não se empequena... se transforma em outra coisa —
Numa só coisa tremenda e negra e impossível,
Uma coisa que está para além dos deuses, de Deus, do Destino —
Aquilo que faz que haja deuses e Deus e Destino,
Aquilo que faz que haja ser para que possa haver seres,
Aquilo que subsiste através de todas as formas
De todas as vidas, abstractas ou concretas,
Eternas ou contingentes,
Verdadeiras ou falsas!
Aquilo que quando se abrangeu tudo, ainda ficou fora,
Porque quando se abrangeu tudo não se abrangeu explicar
[porque é um tudo,
Porque há qualquer coisa, porque há qualquer coisa, porque há
[qualquer coisa!

Minha inteligência tornou-se um coração cheio de pavor,
E é com minhas ideias que tremo, com a minha consciência de
[mim,
Com a substância essencial do meu ser abstracto
Que sufoco de incompreensível,
Que me esmago de ultra-transcendente,
E deste medo, desta angústia, deste perigo do ultra-ser,
Não se pode fugir, não se pode fugir, não se pode fugir!

Cárcere do Ser, não há libertação de ti?
Cárcere de pensar, não há libertação de ti?
Ah, não, nenhuma — nem morte, nem vida, nem Deus!
Nós, irmãos gémeos do Destino em ambos existirmos,
Nós, irmãos gémeos dos Deuses todos, de toda a espécie,
Em sermos o mesmo abismo, em sermos a mesma sombra,
Sombra sejamos, ou sejamos luz, sempre a mesma noite.

Ah, se afronto confiado a vida, a incerteza da sorte,
Sorridente, impensando, a possibilidade quotidiana de todos os
[males,
Inconsciente o mistério de todas as coisas e de todos os gestos,
Porque não afrontarei sorridente, inconsciente, a Morte?
Ignoro-a? Mas que é que eu não ignoro?
A pena em que pego, a letra que escrevo, o papel em que escrevo,
São mistérios menores que a Morte? Como se tudo é o mesmo
[mistério?
E eu escrevo, estou escrevendo, por uma necessidade sem nada

Ah, afronte eu como um bicho a morte que ele não sabe que
[existe!
Tenha eu a inconsciência profunda de todas as coisas naturais,[1]
Pois, por mais consciência que tenha, tudo é inconsciência
Salvo o ter criado tudo, e o ter criado tudo ainda é inconsciência,
Porque é preciso existir para se criar tudo,
E existir é ser inconsciente, porque existir é ser possível haver ser,
E ser possível haver ser é maior que todos os Deuses.

57

Cristãos, pagãos, maometanos, □
A qual de vós fará o Mistério a vontade?
A incerteza do que é a morte é o que nos vale na vida.
O desconhecimento do que é a morte é o sentido da vida.
O desconhecermos a morte é que faz a beleza da vida.

Quem sabe o valor exacto de uma vida?
Sei que há uma vida, e que apagam essa vida — não sei é quem
[apaga
Mas sei que de cada vida que passa há um universo em mim.

58

O descalabro a ócio e estrelas...
Nada mais...
Farto ...
Arre ...
Todo o mistério do mundo entrou para a minha vida económica.
Basta!...
O que eu queria ser, e nunca serei, estraga-me as ruas.
Mas então isto não acaba?
É destino?
Sim, é o meu destino
Distribuído pelos meus conseguimentos no lixo
E os meus propósitos à beira da estrada —
Os meus conseguimentos rasgados por crianças,
Os meus propósitos mijados por mendigos,
E toda a minha alma uma toalha suja que escorregou para o [chão.
....
O horror do som do relógio à noite na sala de jantar de uma casa [de província —
Toda a monotonia e a fatalidade do tempo...
O horror súbito do enterro que passa
E tira a máscara a todas as esperanças.
Ali...
Ali vai a conclusão.
Ali, fechado e selado,
Ali, debaixo do chumbo lacrado e com cal na cara
Vai o que pena como nós,[1]
Vai o que sentiu como nós,

Vai o nós!
Ali, sob um pano cru acro e horroroso como uma abóbada de
[cárcere[2]
Ali, ali, ali… E eu?

59

Mas não é só o cadáver
Essa pessoa horrível que não é ninguém,
Essa novidade abísmica do corpo usual,
Esse desconhecido que aparece por ausência na pessoa que
[conhecemos,
Esse abismo cavado entre vermos e entendermos —
Não é só o cadáver que dói na alma com medo,
Que põe um silêncio no fundo do coração,
As coisas usuais externas de quem morreu
Também perturbam a alma, mas com mais ternura no medo.
Sejam de um inimigo,
Quem pode ver sem saudade a mesa a que ele sentava,
A caneta com que escrevia?
Quem pode ver sem uma angústia própria
A espingarda do caçador desaparecido sem ela para alívio de
[todos os montes?
O casaco do mendigo morto, onde ele metia as mãos (já ausentes
[para sempre) na algibeira,
Os brinquedos, horrivelmente arrumados já, da criança morta,
Tudo isso me pesa de repente no entendimento estrangeiro
E uma saudade do tamanho do espaço apavora-me a alma...[1]

60

O dia está a intentar raiar. As estrelas cosmopolitas
Fecham-se para nada no céu [?solene?]

Numa grande premeditação de raiar o dia
O céu empalidece no oriente...
É quase azul negro o escuro claro onde estão semeadas as [estrelas.[1]
Ergo a cabeça da orgia dos astros.

Raça contraditória do abismo,[2]
Começamos a esfinges.

61

Quando nos iremos, ah quando iremos de aqui?
Quando, do meio destes amigos que não conheço,
Do meio destas maneiras de compreender que não compreendo,
Do meio destas vontades involuntariamente
Tão contrárias à minha, tão contrárias a mim?!

Ah, navio que partes, que tens por fim partir,
Navio com velas, navio com máquina, navio com remos,
Navio com qualquer coisa com que nos afastemos,
Navio de qualquer modo deixando atrás esta costa,
Esta, a sempre esta costa, esta sempre esta gente,
Só válida à emoção através da saudade futura,
Da saudade, esquecimento que se lembra,
Da saudade, engano que se deslembra da realidade,
Da saudade, remota sensação do incerto
Vago misterioso antepassado que fomos,
Renovação da vida antenatal, [..][1]
Absurdamente surgindo, estática e constelada
Do vácuo dinâmico do mundo.

Que eu sou daqueles que sofrem sem sofrimento,
Que têm realidade na alma,
Que não são mitos, são a realidade
Que não têm alegria do corpo ou da alma, daqueles
Que vivem pedindo esmola com a vontade de perdê-la...

Eu quero partir, como quem exemplarmente parte.
Para que hei-de estar onde estou se é só onde estou?
Para que hei-de ser eu sempre eu se eu não posso ser quem sou.

Mas isto tudo é como uma realidade longínqua
Daqueles que não partiram ou daqueles
Cujo lar é nenhum e de memória
Quando, navio naufragado, deixaremos o lar que não temos?

Navio, navio, vem!
Ó lugre, corveta, barca, vapor de carga, paquete,
Navio carvoeiro, veleiro de mastro, carregado de madeira,
Navio de passageiros de todas as nações diversas,
Navio todos os navios,
Navio possibilidade de ir em todos navios
Indefinidamente, incoerentemente,
À busca de nada, à busca de não buscar,
À busca só de partir,
À busca só de não ser
A primeira morte possível ainda em vida —
O afastamento, a distância, a separar-nos de nós.

Porque é sempre de nós que nos separamos quando deixamos
[alguém,
É sempre de nós que partimos quando deixamos a costa,
A casa, o campo, a margem, a gare, ou o cais.
Tudo que vimos é nós, vivemos só nós o mundo.
Não temos senão nós dentro e fora de nós,
Não temos nada, não temos nada, não temos nada...
Só a sombra fugaz no chão da caverna no depósito de almas,
Só a brisa breve feita pela passagem da consciência,
Só a gota de água na folha seca, inútil orvalho,
Só a roda multicolor girando branca aos olhos
Do fantasma inteiro que somos,
Lágrima das pálpebras descidas
Do olhar velado divino.

Navio, quem quer que seja, não quero ser eu! Afasta-me
A remo ou vela ou máquina, afasta-me de mim!

Vá. Veja eu o abismo abrir-se entre mim e a costa,[2]
O rio entre mim e a margem,
O mar entre mim e o cais,
A morte, a morte, a morte, entre mim e a vida!

28/10/1924

62

Ver as coisas até ao fundo...
E se as coisas não tiverem fundo?

Ah, que bela a superfície!
Talvez a superfície seja a essência
E o mais que a superfície seja o mais que tudo
E o mais que tudo não é nada.

Ó face do mundo, só tu, de todas as faces,[1]
És a própria alma que reflectes

[*posterior a 1923*]*

63

Que lindos olhos de azul inocente os do pequenito do agiota!

Santo Deus, que entroncamento esta vida!

Tive sempre, feliz ou infelizmente, a sensibilidade humanizada,
E toda a morte me doeu sempre pessoalmente,
Sim, não só pelo mistério de ficar inexpressivo o orgânico,
Mas de maneira directa, cá do coração.

Como o sol doura as casas dos réprobos!
Poderei odiá-los sem desfazer no sol?

Afinal que coisa a pensar com o sentimento distraído
Por causa dos olhos de criança de uma criança...

64

Cruzou por mim, veio ter comigo, numa rua da Baixa
Aquele homem mal vestido, pedinte por profissão que se lhe vê
[na cara,
Que simpatiza comigo e eu simpatizo com ele;
E reciprocamente, num gesto largo, transbordante, dei-lhe tudo
[quanto tinha
(Excepto, naturalmente, o que estava na algibeira onde trago mais
[dinheiro:
Não sou parvo nem romancista russo, aplicado,
E romantismo, sim, mas devagar...).

Sinto uma simpatia por essa gente toda,
Sobretudo quando não merece simpatia.
Sim, eu sou também vadio e pedinte,
E sou-o também por minha culpa.
Ser vadio e pedinte não é ser vadio e pedinte:
É estar ao lado da escala social,
É não ser adaptável às normas da vida,
Às normas reais ou sentimentais da vida —
Não ser Juiz do Supremo, empregado certo, prostituta,
Não ser pobre a valer, operário explorado,
Não ser doente de uma doença incurável,
Não ser sedento de justiça, ou capitão de cavalaria,
Não ser, enfim, aquelas pessoas sociais dos novelistas
Que se fartam de letras porque têm razão para chorar lágrimas,
E se revoltam contra a vida social porque têm razão para isso
[supor.

Não: tudo menos ter razão!
Tudo menos importar-me com a humanidade!
Tudo menos ceder ao humanitarismo!
De que serve uma sensação se há uma razão exterior para ela?

Sim, ser vadio e pedinte, como eu sou,
Não é ser vadio e pedinte, o que é corrente:
É ser isolado na alma, e isso é que é ser vadio,
É ter [que] pedir aos dias que passem, e nos deixem, e isso é que
[é ser pedinte.[1]

Tudo mais é estúpido como um Dostoievski ou um Gorki.
Tudo mais é ter fome ou não ter que vestir.
E, mesmo que isso aconteça, isso acontece a tanta gente
Que nem vale a pena ter pena da gente a quem isso acontece.
Sou vadio e pedinte a valer, isto é, no sentido translato,
E estou-me rebolando numa grande caridade por mim.

Coitado do Álvaro de Campos!
Tão isolado na vida! Tão deprimido nas sensações!
Coitado dele, enfiado na poltrona da sua melancolia!
Coitado dele, que com lágrimas (autênticas) nos olhos,
Deu hoje, num gesto largo, liberal e moscovita,
Tudo quanto tinha, na algibeira em que tinha pouco, àquele
Pobre que não era pobre, que tinha olhos tristes por profissão.

Coitado do Álvaro de Campos, com quem ninguém se importa!
Coitado dele que tem tanta pena de si mesmo!

E, sim, coitado dele!
Mais coitado dele que de muitos que são vadios e vadiam,
Que são pedintes e pedem,
Porque a alma humana é um abismo.

Eu é que sei. Coitado dele!

Que bom poder-me revoltar num comício dentro da minha
[alma!
Mas até nem parvo sou!
Nem tenho a defesa de poder ter opiniões sociais.
Não tenho, mesmo, defesa nenhuma: sou lúcido.

Não me queiram converter a convicção: sou lúcido.
Já disse: sou lúcido.
Nada de estéticas com coração: sou lúcido.
Merda! Sou lúcido.

65

LISBON REVISITED
(1926)

Nada me prende a nada.
Quero cinquenta coisas ao mesmo tempo.
Anseio com uma angústia de fome de carne
O que não sei que seja —
Definidamente pelo indefinido...
Durmo irrequieto, e vivo num sonhar irrequieto
De quem dorme irrequieto, metade a sonhar.

Fecharam-me todas as portas abstractas e necessárias.
Correram cortinas por dentro de todas as hipóteses que eu
[poderia ver da rua.
Não há na travessa achada o número de porta que me deram.

Acordei para a mesma vida para que tinha adormecido.
Até os meus exércitos sonhados sofreram derrota.
Até os meus sonhos se sentiram falsos ao serem sonhados.
Até a vida só desejada me farta — até essa vida...

Compreendo a intervalos desconexos;
Escrevo por lapsos de cansaço;
E um tédio que é até do tédio arroja-me à praia.

Não sei que destino ou futuro compete à minha angústia sem
[leme;
Não sei que ilhas do Sul impossível aguardam-me náufrago;
Ou que palmares de literatura me darão ao menos um verso.
Não, não sei isto, nem outra coisa, nem coisa nenhuma...
E, no fundo do meu espírito, onde sonho o que sonhei,
Nos campos últimos da alma, onde memoro sem causa

(E o passado é uma névoa natural de lágrimas falsas),
Nas estradas e atalhos das florestas longínquas
Onde supus o meu ser,
Fogem desmantelados, últimos restos
Da ilusão final,
Os meus exércitos sonhados, derrotados sem ter sido,
As minhas coortes por existir, esfaceladas em Deus.

Outra vez te revejo,
Cidade da minha infância pavorosamente perdida...
Cidade triste e alegre, outra vez sonho aqui...
Eu? Mas sou eu o mesmo que aqui vivi, e aqui voltei,
E aqui tornei a voltar, e a voltar,
E aqui de novo tornei a voltar?
Ou somos, todos os Eu que estive aqui ou estiveram,
Uma série de contas-entes ligadas por um fio-memória,
Uma série de sonhos de mim de alguém de fora de mim?

Outra vez te revejo,
Com o coração mais longínquo, a alma menos minha.

Outra vez te revejo — Lisboa e Tejo e tudo —,
Transeunte inútil de ti e de mim,
Estrangeiro aqui como em toda a parte,
Casual na vida como na alma,
Fantasma a errar em salas de recordações,
Ao ruído dos ratos e das tábuas que rangem
No castelo maldito de ter que viver...

Outra vez te revejo,
Sombra que passa através de sombras, e brilha
Um momento a uma luz fúnebre desconhecida,
E entra na noite como um rastro de barco se perde
Na água que deixa de se ouvir...

Outra vez te revejo,
Mas, ai, a mim não me revejo!
Partiu-se o espelho mágico em que me revia idêntico,
E em cada fragmento fatídico vejo só um bocado de mim —
Um bocado de ti e de mim!...

26/4/1926

66

A coisa estranha e muda em todo o corpo,
Que está ali, ebúrnea, no caixão,[1]
O corpo humano que não é corpo humano
Que ali se cala em todo o ambiente;
O cais deserto que ali aguarda o incógnito[2]
O assombro álgido ali entreabrindo
A porta suprema e invisível;
O nexo incompreensível
Entre a energia e a vida,
Ali janela para a noite infinita...[3]
Ele — o cadáver do outro,
Evoca-me do futuro
Eu próprio assim, eu mesmo assim...

E embandeiro em arco a negro as minhas esperanças
Minha fé cambaleia como uma paisagem de bêbedo,[4]
Meus projectos tocam um muro infinito até infinito.

[*1926*]*

67

Se te queres matar, porque não te queres matar?
Ah, aproveita! que eu, que tanto amo a morte e a vida,
Se ousasse matar-me, também me mataria...
Ah, se ousares, ousa!
De que te serve o quadro sucessivo das imagens externas
A que chamamos o mundo?
A cinematografia das horas representadas
Por actores de convenções e poses determinadas,
O circo policromo do nosso dinamismo sem fim?
De que te serve o teu mundo interior que desconheces?
Talvez, matando-te, o conheças finalmente...
Talvez, acabando, comeces...
E, de qualquer forma, se te cansa seres,
Ah, cansa-te nobremente,
E não cantes, como eu, a vida por bebedeira,[1]
Não saúdes como eu a morte em literatura!

Fazes falta? Ó sombra fútil chamada gente!
Ninguém faz falta; não fazes falta a ninguém...
Sem ti correrá tudo sem ti.
Talvez seja pior para outros existires que matares-te...
Talvez peses mais durando, que deixando de durar...

A mágoa dos outros?... Tens remorso adiantado
De que te chorem?
Descansa: pouco te chorarão...
O impulso vital apaga as lágrimas pouco a pouco,
Quando não são de coisas nossas,

...ndo são do que acontece aos outros, sobretudo a morte,
...orque é a coisa depois da qual nada acontece aos outros...

Primeiro é a angústia, a surpresa da vinda
Do mistério e da falta da tua vida falada...
Depois o horror do caixão visível e material,
E os homens de preto que exercem a profissão de estar ali.
Depois a família a velar, inconsolável e contando anedotas,
Lamentado entre as últimas notícias dos jornais da noite,
Interseccionando a pena de teres morrido com o último crime...
E tu mera causa ocasional daquela carpidação,
Tu verdadeiramente morto, muito mais morto que calculas...
Muito mais morto aqui que calculas,
Mesmo que estejas muito mais vivo além...

Depois a retirada preta para o jazigo ou a cova,
E depois o princípio da morte da tua memória.
Há primeiro em todos um alívio
Da tragédia um pouco maçadora de teres morrido...
Depois a conversa aligeira-se quotidianamente,
E a vida de todos os dias retoma o seu dia...

Depois, lentamente esqueceste.
Só és lembrado em duas datas, aniversariamente:
Quando faz anos que nasceste, quando faz anos que morreste.
Mais nada, mais nada, absolutamente mais nada.
Duas vezes no ano pensam em ti.
Duas vezes no ano suspiram por ti os que te amaram,
E uma ou outra vez suspiram se por acaso se fala em ti.

Encara-te a frio, e encara a frio o que somos...
Se queres matar-te, mata-te...
Não tenhas escrúpulos morais, receios de inteligência!...
Que escrúpulos ou receios tem a mecânica da vida?
Que escrúpulos químicos tem o impulso que gera

As seivas, e a circulação do sangue, e o amor?
Que memória dos outros tem o ritmo alegre da vida?

Ah, pobre vaidade de carne e osso chamada homem,
Não vês que não tens importância absolutamente nenhuma?

És importante para ti, porque é a ti que te sentes.
És tudo para ti, porque para ti és o universo,
E o próprio universo e os outros
Satélites da tua subjectividade objectiva.
És importante para ti porque só tu és importante para ti.
E se és assim, ó mito, não serão os outros assim?

Tens, como Hamlet, o pavor do desconhecido?
Mas o que é conhecido? o que é que tu conheces,
Para que chames desconhecido a qualquer coisa em especial?

Tens, como Falstaff, o amor gorduroso da vida?
Se assim a amas materialmente, ama-a ainda mais materialmente;
Torna-te parte carnal da terra e das coisas!
Dispersa-te, sistema físico-químico
De células nocturnamente conscientes
Pela nocturna consciência da inconsciência dos corpos,
Pelo grande cobertor não-cobrindo-nada das aparências,
Pela relva e a erva da proliferação dos seres,
Pela névoa atómica das coisas,
Pelas paredes turbilhonantes
Do vácuo dinâmico do mundo...

26/4/1926

68

Faróis distantes,
De luz subitamente tão acesa,
De noite e ausência tão rapidamente volvida,
Na noite, no convés, que consequências aflitas!
Mágoa última dos despedidos,
Ficção de pensar...

Faróis distantes...
Incerteza da vida...
Voltou crescendo a luz acesa avançadamente,
No acaso do olhar perdido...

Faróis distantes...
A vida de nada serve...
Pensar na vida de nada serve...
Pensar de pensar na vida de nada serve...

Vamos para longe e a luz que vem grande vem menos grande,
Faróis distantes...

30/4/1926

69

O florir do encontro casual
Dos que hão sempre de ficar estranhos...

O único olhar sem interesse recebido no acaso
Da estrangeira rápida...

O olhar de interesse da criança trazida pela mão
Da mãe distraída...

As palavras de episódio trocadas
Com o viajante episódico
Na episódica viagem...

Grandes mágoas de todas as coisas serem bocados...
Caminho sem fim...

30/4/1926

70

ODE MORTAL

Tu, Caeiro meu mestre, qualquer que seja o corpo[1]
Com que vestes agora, distante ou próximo, a essência
Da tua alma universal localizada,
Do teu corpo divino intelectual...

Viste com a tua cegueira perfeita, sabes o não ver...
Porque o que viste com os teus dedos materiais e admiráveis
Foi a face sensível e não a face fisiognómica das coisas
Foi a realidade, e não o real.
É à luz que ela é visível,[2]
E ela só é visível porque há luz,
Porque a verdade que é tudo é só a verdade que há em tudo
E a verdade que há em tudo é a verdade que o excede![3]

Ah, sem receio![4]
Ah, sem angústia!
Ah, sem cansaço antecipado da marcha
Nem cadáver velado pelo próprio cadáver na alma[5]
Nas noites em que o vento assobia no mundo deserto
E a casa onde durmo é um túmulo de tudo,
Nem o sentir-se muito importante sentindo-se cadáver,
Nem a consciência de não ter consciência dentro de tábuas e
[chumbo,
Nem nada...
Olho o céu do dia, espelha o céu da noite
E este universo esférico e côncavo
Vejo-o como um espelho dentro do qual vivemos,
Limitado porque é a parte de dentro
Mas com estrelas e o sol rasgando o visível

Por fora, para o convexo que é infinito…
E aí, no Verdadeiro,
Tirarei os astros e a vida da algibeira como um presente ao [Certo,
Lerei a Vida de novo, como numa carta guardada
E então, com luz melhor, perceberei a letra e saberei.[6]

O cais está cheio de gente a ver-me partir.
Mas o cais é à minha volta e eu encho o navio —
E o navio é cama, caixão, sepultura —
E eu não sei o que sou pois já não estou ali…

E eu, que cantei
A civilização moderna, aliás igual à antiga,
As coisas do meu tempo só porque esse tempo foi meu,
As máquinas, os motores,
□
Vou em diagonal a tudo para cima.
Passo pelos interstícios de tudo,
E como um pó sem ser rompo o envólucro
E partirei, globe-trotter do Divino,
Quantas vezes, quem sabe?, regressando ao mesmo ponto
(Quem anda de noite que sabe do andar e da noite?),
Levarei na sacola o conjunto do visto —
O céu e de estrelas, e o sol em todos os modos,
E todas as estações e as suas maneiras de cores,
E os campos, e as serras, e as terras que cessam em praias
E o mar para além, e o para além do mar que há além.

E de repente se abrirá a Última Porta das coisas,
E Deus, como um Homem, me aparecerá por fim.
E será o Inesperado que eu esperava —
O Desconhecido que eu conheci sempre —
O único que eu sempre conheci,
E □

Gritai de alegria, gritai comigo, gritai,
Coisas cheias, sobre-cheias,
Que sois minha vida turbilhonante...
Eu vou sair da esfera oca
Não por uma estrela, mas pela luz de uma estrela —
Vou para o espaço real...
Que o espaço cá dentro é espaço por estar fechado
E só parece infinito por estar fechado muito longe —
Muito longe em pensá-lo.

A minha mão está já no puxador-luz.
Vou abrir com um gesto largo,
Com um gesto autêntico e mágico
A porta para o Convexo,[7]
A janela para o Informe,[8]
A razão para o maravilhoso definitivo.[9]
Vou poder circum-navegar por fora este dentro
Que tem as estrelas no fim, vou ter o céu
Por baixo do sobrado curvo —
Tecto da cave das coisas reais,
Da abóbada nocturna da morte e da vida...

Vou partir para FORA,
Para o Arredor Infinito,
Para a circunferência exterior, metafísica,
Para a luz por fora da noite,
Para a Vida-morte por fora da morte-Vida.

12/1/1927

Nas praças vindouras — talvez as mesmas que as nossas —
Que elixires serão apregoados?
Com rótulos diferentes, os mesmos do Egipto dos Faraós;
Com outros processos de os fazer comprar, os que já são nossos.

E as metafísicas perdidas nos cantos dos cafés de toda a parte,
As filosofias solitárias de tanta trapeira de falhado,
As ideias casuais de tanto casual, as intuições de tanto ninguém —
Um dia talvez, em fluido abstracto, e substância implausível,
Formem um Deus, e ocupem o mundo.
Mas a mim, hoje, a mim
Não há sossego de pensar nas propriedades das coisas,
Nos destinos que não desvendo,
Na minha própria metafísica, que tenho porque penso e sinto.
Não há sossego,
E os grandes montes ao sol têm-no tão nitidamente!

Têm-no? Os montes ao sol não têm coisa nenhuma do espírito.
Não seriam montes, não estariam ao sol, se o tivessem.

O cansaço de pensar, indo, até ao fundo de existir,
Faz-me velho desde antes de ontem com um frio até no corpo.

O que é feito dos propósitos perdidos, e dos sonhos impossí-
[veis?
E porque é que há propósitos mortos e sonhos sem razão?
Nos dias de chuva lenta, contínua, monótona, uma,
Custa-me levantar-me da cadeira onde não dei por me ter sen-
[tado,

E o universo é absolutamente oco em torno de mim.
O tédio que chega a constituir nossos ossos encharcou-me o ser,
E a memória de qualquer coisa de que me não lembro esfria-me
[a alma.

Sem dúvida que as ilhas dos mares do sul têm possibilidades
[para o sonho,
E que os areais dos desertos todos compensam um pouco a ima-
[ginação;
Mas no meu coração sem mares nem desertos nem ilhas sinto eu,
Na minha alma vazia estou,
E narro-me prolixamente sem sentido, como se um parvo es-
[tivesse com febre.

Fúria fria do destino,
Intersecção de tudo,
Confusão das coisas com as suas causas e os seus efeitos,
Consequência de ter corpo e alma,
E o som da chuva chega até eu ser, e é escuro.

3/2/1927

72

Ai, Margarida,
Se eu te desse a minha vida,
Que farias tu com ela?
— Tirava os brincos do prego,
Casava c'um homem cego
E ia morar para a Estrela.

Mas, Margarida,
Se eu te desse a minha vida,
Que diria tua mãe?
— (Ela conhece-me a fundo.)
Que há muito parvo no mundo,
E que eras parvo também.

E, Margarida,
Se eu te desse a minha vida
No sentido de morrer?
— Eu iria ao teu enterro,
Mas achava que era um erro
Querer amar sem viver.

Mas, Margarida,
Se este dar-te a minha vida
Não fosse senão poesia?
— Então, filho, nada feito.
Fica tudo sem efeito.
Nesta casa não se fia.

Comunicado pelo Engenheiro Naval
Sr. Álvaro de Campos em estado
de inconsciência
alcoólica.

[*1/10/1927*]*

73

O frio especial das manhãs de viagem,
A angústia da partida, carnal no arrepanhar
Que vai do coração à pele,
Que chora virtualmente embora alegre.

[*9/10/1927*]*

74

Perdi a esperança como uma carteira vazia...
Troçou de mim o Destino; fiz figas para o outro lado,
E a revolta bem podia ser bordada a missanga por minha avó
E ser relíquia da sala da casa velha que não tenho.

(Jantávamos cedo, num outrora que já me parece de outra in-
[carnação,
E depois tomava-se chá nas noites sossegadas que não voltam.
Minha infância, meu passado sem adolescência, passaram,
Fiquei triste, como se a verdade me tivesse sido dita,
Mas nunca mais pude sentir verdade nenhuma excepto sentir o
[passado)

17/12/1927

75

TABACARIA*

Não sou nada.
Nunca serei nada.
Não posso querer ser nada.
À parte isso, tenho em mim todos os sonhos do mundo.

Janelas do meu quarto,
Do meu quarto de um dos milhões do mundo que ninguém sabe
[quem é
(E se soubessem quem é, o que saberiam?),
Dais para o mistério de uma rua cruzada constantemente por
[gente,
Para uma rua inacessível a todos os pensamentos,
Real, impossivelmente real, certa, desconhecidamente certa,
Com o mistério das coisas por baixo das pedras e dos seres,
Com a morte a pôr humidade nas paredes e cabelos brancos nos
[homens,
Com o Destino a conduzir a carroça de tudo pela estrada de nada.

Estou hoje vencido, como se soubesse a verdade.
Estou hoje lúcido, como se estivesse para morrer,
E não tivesse mais irmandade com as coisas
Senão uma despedida, tornando-se esta casa e este lado da rua
A fileira de carruagens de um comboio, e uma partida apitada
De dentro da minha cabeça,
E uma sacudidela dos meus nervos e um ranger de ossos na ida.

Estou hoje perplexo, como quem pensou e achou e esqueceu.
Estou hoje dividido entre a lealdade que devo
À Tabacaria do outro lado da rua, como coisa real por fora,
E à sensação de que tudo é sonho, como coisa real por dentro.

◆

Falhei em tudo.
Como não fiz propósito nenhum, talvez tudo fosse nada.
A aprendizagem que me deram,
Desci dela pela janela das traseiras da casa.
Fui até ao campo com grandes propósitos,
Mas lá encontrei só ervas e árvores,
E quando havia gente era igual à outra.
Saio da janela, sento-me numa cadeira. Em que hei-de pensar?

Que sei eu do que serei, eu que não sei o que sou?
Ser o que penso? Mas penso ser tanta coisa!
E há tantos que pensam ser a mesma coisa que não pode haver
[tantos!
Génio? Neste momento
Cem mil cérebros se concebem em sonho génios como eu,
E a história não marcará, quem sabe?, nem um,
Nem haverá senão estrume de tantas conquistas futuras.
Não, não creio em mim.
Em todos os manicómios há doidos malucos com tantas certezas!
Eu, que não tenho nenhuma certeza, sou mais certo ou menos
[certo?
Não, nem em mim...
Em quantas mansardas e não-mansardas do mundo
Não estão nesta hora génios-para-si-mesmos sonhando?
Quantas aspirações altas e nobres e lúcidas —
Sim, verdadeiramente altas e nobres e lúcidas —,
E quem sabe se realizáveis,
Nunca verão a luz do sol real nem acharão ouvidos de gente?
O mundo é para quem nasce para o conquistar
E não para quem sonha que pode conquistá-lo, ainda que tenha
[razão.
Tenho sonhado mais que o que Napoleão fez.
Tenho apertado ao peito hipotético mais humanidades do que
[Cristo.

Tenho feito filosofias em segredo que nenhum Kant escreveu.
Mas sou, e talvez serei sempre, o da mansarda,
Ainda que não more nela;
Serei sempre *o que não nasceu para isso*;
Serei sempre *só o que tinha qualidades*;
Serei sempre o que esperou que lhe abrissem a porta ao pé de [uma parede sem porta,
E cantou a cantiga do Infinito numa capoeira,
E ouviu a voz de Deus num poço tapado.
Crer em mim? Não, nem em nada.
Derrame-me a Natureza sobre a cabeça ardente
O seu sol, a sua chuva, o vento que me acha o cabelo,
E o resto que venha se vier, ou tiver que vir, ou não venha.
Escravos cardíacos das estrelas,
Conquistámos todo o mundo antes de nos levantar da cama;
Mas acordámos e ele é opaco,
Levantámo-nos e ele é alheio,
Saímos de casa e ele é a terra inteira,
Mais o sistema solar e a Via Láctea e o Indefinido.

(Come chocolates, pequena;
Come chocolates!
Olha que não há mais metafísica no mundo senão chocolates.
Olha que as religiões todas não ensinam mais que a confeitaria.
Come, pequena suja, come!
Pudesse eu comer chocolates com a mesma verdade com que [comes!
Mas eu penso e, ao tirar o papel de prata, que é de folha de [estanho,
Deito tudo para o chão, como tenho deitado a vida.)

Mas ao menos fica da amargura do que nunca serei
A caligrafia rápida destes versos,
Pórtico partido para o Impossível.
Mas ao menos consagro a mim mesmo um desprezo sem lágrimas,
Nobre ao menos no gesto largo com que atiro

A roupa suja que sou, sem rol, pra o decurso das coisas,
E fico em casa sem camisa.

(Tu, que consolas, que não existes e por isso consolas,
Ou deusa grega, concebida como estátua que fosse viva,
Ou patrícia romana, impossivelmente nobre e nefasta,
Ou princesa de trovadores, gentilíssima e colorida,
Ou marquesa do século dezoito, decotada e longínqua,
Ou cocotte célebre do tempo dos nossos pais,
Ou não sei quê moderno — não concebo bem o quê —,
Tudo isso, seja o que for, que sejas, se pode inspirar que inspire!
Meu coração é um balde despejado.
Como os que invocam espíritos invocam espíritos invoco
A mim mesmo e não encontro nada.
Chego à janela e vejo a rua com uma nitidez absoluta.
Vejo as lojas, vejo os passeios, vejo os carros que passam,
Vejo os entes vivos vestidos que se cruzam,
Vejo os cães que também existem,
E tudo isto me pesa como uma condenação ao degredo,
E tudo isto é estrangeiro, como tudo.)

Vivi, estudei, amei, e até cri,
E hoje não há mendigo que eu não inveje só por não ser eu.
Olho a cada um os andrajos e as chagas e a mentira,
E penso: talvez nunca vivesses nem estudasses nem amasses nem
[cresses
(Porque é possível fazer a realidade de tudo isso sem fazer nada
[disso);
Talvez tenhas existido apenas, como um lagarto a quem cortam
[o rabo
E que é rabo para aquém do lagarto remexidamente.

Fiz de mim o que não soube,
E o que podia fazer de mim não o fiz.
O dominó que vesti era errado.

Conheceram-me logo por quem não era e não desmenti, e
[perdi-me.
Quando quis tirar a máscara,
Estava pegada à cara.
Quando a tirei e me vi ao espelho,
Já tinha envelhecido.
Estava bêbado, já não sabia vestir o dominó que não tinha tirado.
Deitei fora a máscara e dormi no vestiário
Como um cão tolerado pela gerência
Por ser inofensivo
E vou escrever esta história para provar que sou sublime.

Essência musical dos meus versos inúteis,
Quem me dera encontrar-te como coisa que eu fizesse,
E não ficasse sempre defronte da Tabacaria de defronte,
Calcando aos pés a consciência de estar existindo,
Como um tapete em que um bêbado tropeça
Ou um capacho que os ciganos roubaram e não valia nada.

Mas o Dono da Tabacaria chegou à porta e ficou à porta.
Olho-o com desconforto da cabeça mal voltada
E com o desconforto da alma mal-entendendo.
Ele morrerá e eu morrerei.
Ele deixará a tabuleta, eu deixarei versos.
A certa altura morrerá a tabuleta também, e os versos também.
Depois de certa altura morrerá a rua onde esteve a tabuleta,
E a língua em que foram escritos os versos.
Morrerá depois o planeta girante em que tudo isto se deu.
Em outros satélites de outros sistemas qualquer coisa como
[gente
Continuará fazendo coisas como versos e vivendo por baixo de
[coisas como tabuletas,
Sempre uma coisa defronte da outra,
Sempre uma coisa tão inútil como a outra,
Sempre o impossível tão estúpido como o real,

Sempre o mistério do fundo tão certo como o sono de mistério
[da superfície,
Sempre isto ou sempre outra coisa ou nem uma coisa nem outra.

Mas um homem entrou na Tabacaria (para comprar tabaco?),
E a realidade plausível cai de repente em cima de mim.
Semiergo-me enérgico, convencido, humano,
E vou tencionar escrever estes versos em que digo o contrário.

Acendo um cigarro ao pensar em escrevê-los
E saboreio no cigarro a libertação de todos os pensamentos.
Sigo o fumo como a uma rota própria,
E gozo, num momento sensitivo e competente,
A libertação de todas as especulações
E a consciência de que a metafísica é uma consequência de estar
[mal disposto.

Depois deito-me para trás na cadeira
E continuo fumando.
Enquanto o Destino mo conceder, continuarei fumando.

(Se eu casasse com a filha da minha lavadeira
Talvez fosse feliz.)
Visto isto, levanto-me da cadeira. Vou à janela.

O homem saiu da Tabacaria (metendo troco na algibeira das
[calças?).
Ah, conheço-o: é o Esteves sem metafísica.
(O Dono da Tabacaria chegou à porta.)
Como por um instinto divino o Esteves voltou-se e viu-me.
Acenou-me adeus, gritei-lhe *Adeus ó Esteves!*, e o universo
Reconstruiu-se-me sem ideal nem esperança, e o Dono da Ta-
[bacaria sorriu.

*Lisboa, 15 de Janeiro de 1928***

76

Quase sem querer (se o soubéssemos!) os grandes homens saindo
[dos homens vulgares
O sargento acaba imperador por transições imperceptíveis
Em que se vai misturando
O conseguimento com o sonho do que se consegue a seguir
E o caminho vai por degraus visíveis, depressa.
Ai dos que desde o princípio vêem o fim!
Ai dos que aspiram a saltar a escada!
O conquistador de todos os impérios foi sempre ajudante de
[guarda-livros[1]
A amante de todos os reis — mesmo dos já mortos — é mãe
[séria e carinhosa,
Se assim como vejo os corpos por fora, visse as almas por dentro.

Ah, que penitenciária os desejos![2]
Que manicómio o sentido da vida!

77
GAZETILHA*

Dos Lloyd Georges da Babilónia
Não reza a história nada.
Dos Briands da Assíria ou do Egipto,
Dos Trotskys de qualquer colónia
Grega ou romana já passada,
O nome é morto, inda que escrito.

Só o parvo dum poeta, ou um louco
Que fazia filosofia,
Ou um geómetra maduro,
Sobrevive a esse tanto pouco
Que está lá para trás no escuro
E nem a história já historia.

Ó grandes homens do Momento!
Ó grandes glórias a ferver
De quem a obscuridade foge!
Aproveitem sem pensamento!
Tratem da fama e do comer,
Que amanhã é dos loucos de hoje!

78

No conflito escuro e besta
Entre a luz e o lojame,
Que ao menos luz se derrame
Sobre a verdade, que é esta:

Como é uso dos lojistas
Aumentar aos cem por cento,
Protestam contra um aumento
Que é reles às suas vistas.

E gritam que é enxovalho
Que os grandes quando ladrões,
Nem guardem as tradições
Dos gatunos de retalho.

Luzistas, que vos ocorra
Roubar duzentos por cento!
E acaba logo o argumento
Entre a Máfia e a Camorra...

79

ESCRITO NUM LIVRO ABANDONADO EM VIAGEM

Venho dos lados de Beja.
Vou para o meio de Lisboa.
Não trago nada e não acharei nada.
Tenho o cansaço antecipado do que não acharei,
E a saudade que sinto não é nem do passado nem do futuro.[1]
Deixo escrita neste livro a imagem do meu desígnio morto:
Fui, como ervas, e não me arrancaram.

[*25/1/1928*]*

80

APOSTILA

Aproveitar o tempo!
Mas o que é o tempo, para que eu o aproveite?
Aproveitar o tempo!
Nenhum dia sem linha...
O trabalho honesto e superior...
O trabalho à Virgílio, à Milton...
Mas é tão difícil ser honesto ou ser superior!
É tão pouco provável ser Milton ou ser Virgílio!

Aproveitar o tempo!
Tirar da alma os bocados precisos — nem mais nem menos —
Para com eles juntar os cubos ajustados
Que fazem gravuras certas na história
(E estão certas também do lado de baixo, que se não vê)...
Pôr as sensações em castelo de cartas, pobre China dos serões,
E os pensamentos em dominó, igual contra igual,
E a vontade em carambola difícil...
Imagens de jogos ou de paciências ou de passatempos —
Imagens da vida, imagens das vidas, Imagem da Vida...

Verbalismo...
Sim, verbalismo...
Aproveitar o tempo!
Não ter um minuto que o exame de consciência desconheça...
Não ter um acto indefinido nem factício...
Não ter um movimento desconforme com propósitos...
Boas-maneiras da alma...
Elegância de persistir...
Aproveitar o tempo!

Meu coração está cansado como um mendigo verdadeiro.
Meu cérebro está pronto como um fardo posto ao canto.
Meu canto (verbalismo!) está tal como está e é triste.
Aproveitar o tempo!
Desde que comecei a escrever passaram cinco minutos.
Aproveitei-os ou não?
Se não sei se os aproveitei, que saberei de outros minutos?

(Passageira que viajavas tantas vezes no mesmo compartimento [comigo
No comboio suburbano,
Chegaste a interessar-te por mim?
Aproveitei o tempo olhando para ti?
Qual foi o ritmo do nosso sossego no comboio andante?
Qual foi o entendimento que não chegámos a ter?
Qual foi a vida que houve nisto? Que foi isto à vida?)

Aproveitar o tempo!...
Ah, deixem-me não aproveitar nada!
Nem tempo, nem ser, nem memórias de tempo ou de ser!
Deixem-me ser uma folha de árvore, titilada por brisas,
A poeira de uma estrada, involuntária e sozinha,
O regato casual das chuvas que vão acabando,
O vinco deixado na estrada pelas rodas enquanto não vêm outras,
O pião do garoto, que vai a parar,
E oscila, no mesmo movimento que o da terra,
E estremece, no mesmo movimento que o da alma,
E cai, como caem os deuses no chão do Destino.

[*11/4/1928*]*

81

DEMOGORGON

Na rua cheia de sol vago há casas paradas e gente que anda.
Uma tristeza cheia de pavor esfria-me.
Pressinto um acontecimento do lado de lá das frontarias e dos
[movimentos.

Não, não, isso não!
Tudo menos saber o que é o Mistério!
Superfície do Universo, ó Pálpebras Descidas,
Não vos ergais nunca!
O olhar da Verdade Final não deve poder suportar-se!

Deixai-me viver sem saber nada, e morrer sem ir saber nada!
A razão de haver ser, a razão de haver seres, de haver tudo,
Deve trazer uma loucura maior que os espaços
Entre as almas e entre as estrelas.

Não, não, a verdade não! Deixai-me estas casas e esta gente;
Assim mesmo, sem mais nada, estas casas e esta gente...
Que bafo horrível e frio me toca em olhos fechados?
Não os quero abrir de viver! Ó Verdade, esquece-te de mim!

12/4/1928

82

ADIAMENTO

Depois de amanhã, sim, só depois de amanhã...
Levarei amanhã a pensar em depois de amanhã,
E assim será possível; mas hoje não...
Não, hoje nada; hoje não posso.
A persistência confusa da minha subjectividade objectiva,
O sono da minha vida real, intercalado,
O cansaço antecipado e infinito,
Um cansaço de mundos para apanhar um eléctrico...
Esta espécie de alma...
                    Só depois de amanhã...
Hoje quero preparar-me,
Quero preparar-me para pensar amanhã no dia seguinte...
Ele é que é decisivo.
Tenho já o plano traçado; mas não, hoje não traço planos...
Amanhã é o dia dos planos.
Amanhã sentar-me-ei à secretária para conquistar o mundo;
Mas só conquistarei o mundo depois de amanhã...
Tenho vontade de chorar,
Tenho vontade de chorar muito de repente, de dentro...
Não, não queiram saber mais nada, é segredo, não digo.
Só depois de amanhã...
Quando era criança o circo de domingo divertia-me toda a
[semana.
Hoje só me diverte o circo de domingo de toda a semana da
[minha infância...
Depois de amanhã serei outro,
A minha vida triunfar-se-á,
Todas as minhas qualidades reais de inteligente, lido e prático
Serão convocadas por um edital...

Mas por um edital de amanhã...
Hoje quero dormir, redigirei amanhã...
Por hoje, qual é o espectáculo que me repetiria a infância?
Mesmo para eu comprar os bilhetes amanhã,
Que depois de amanhã é que está bem o espectáculo...
Antes, não...
Depois de amanhã terei a pose pública que amanhã estudarei.
Depois de amanhã serei finalmente o que hoje não posso nunca
[ser.
Só depois de amanhã...
Tenho sono como o frio de um cão vadio.
Tenho muito sono.
Amanhã te direi as palavras, ou depois de amanhã...
Sim, talvez só depois de amanhã...

O porvir...
Sim, o porvir...

[*14/4/1928*]*

83

Mestre, meu mestre querido!
Coração do meu corpo intelectual e inteiro!
Vida da origem da minha inspiração!
Mestre, que é feito de ti nesta forma de vida?

Não cuidaste se morrerias, se viverias, nem de ti nem de nada,
Alma abstracta e visual até aos ossos,
Atenção maravilhosa ao mundo exterior sempre múltiplo,
Refúgio das saudades de todos os deuses antigos,
Espírito humano da terra materna,
Flor acima do dilúvio da inteligência subjectiva...

Mestre, meu mestre!
Na angústia sensacionista de todos os dias sentidos,
Na mágoa quotidiana das matemáticas de ser,
Eu, escravo de tudo como um pó de todos os ventos,
Ergo as mãos para ti, que estás longe, tão longe de mim!

Meu mestre e meu guia!
A quem nenhuma coisa feriu, nem doeu, nem perturbou,
Seguro como um sol fazendo o seu dia involuntariamente,
Natural como um dia mostrando tudo,
Meu mestre, meu coração não aprendeu a tua serenidade.
Meu coração não aprendeu nada.
Meu coração não é nada,
Meu coração está perdido.[1]

Mestre, só seria como tu se tivesse sido tu.

Que triste a grande hora alegre em que primeiro te ouvi!
Depois tudo é cansaço neste mundo subjectivado,
Tudo é esforço neste mundo onde se querem coisas,
Tudo é mentira neste mundo onde se pensam coisas,
Tudo é outra coisa neste mundo onde tudo se sente.
Depois, tenho sido como um mendigo deixado ao relento
Pela indiferença de toda a vila.
Depois, tenho sido como as ervas arrancadas,
Deixadas aos molhos em alinhamentos sem sentido.[2]
Depois, tenho sido eu, sim eu, por minha desgraça,
E eu, por minha desgraça, não sou eu nem outro nem ninguém.
Depois, mas porque é que ensinaste a clareza da vista,
Se não me podias ensinar a ter a alma com que a ver clara?
Porque é que me chamaste para o alto dos montes
Se eu, criança das cidades do vale, não sabia respirar?
Porque é que me deste a tua alma se eu não sabia que fazer dela
Como quem está carregado de ouro num deserto,
Ou canta com voz divina entre ruínas?
Porque é que me acordaste para a sensação e a nova alma,
Se eu não saberei sentir, se a minha alma é de sempre a minha?

Prouvera ao Deus ignoto que eu ficasse sempre aquele
Poeta decadente, estupidamente pretensioso,
Que poderia ao menos vir a agradar,
E não surgisse em mim a pavorosa ciência de ver.
Para que me tornaste eu? Deixasses-me ser humano!

Feliz o homem marçano,
Que tem a sua tarefa quotidiana normal, tão leve ainda que
[pesada,
Que tem a sua vida usual,
Para quem o prazer é prazer e o recreio é recreio,
Que dorme sono,
Que come comida,
Que bebe bebida, e por isso tem alegria.

A calma que tinhas, deste-ma, e foi-me inquietação.
Libertaste-me, mas o destino humano é ser escravo.
Acordaste-me, mas o sentido de ser humano é dormir.

15/4/1928

84

Às vezes medito,
Às vezes medito, e medito mais fundo, e ainda mais fundo
E todo o mistério das coisas aparece-me como um óleo à su-
[perfície,
E todo o universo é um mar de caras de olhos fechados para
[mim.[1]
Cada coisa — um candeeiro de esquina, uma pedra, uma árvore,
É um olhar que me fita de um abismo incompreensível,
E desfilam no meu coração os deuses todos, e as ideias dos
[deuses.

Ah, haver coisas!
Ah, haver seres!
Ah, haver maneira de haver seres
De haver haver,
De haver como haver haver,
De haver...
Ah, o existir o fenómeno abstracto — existir,
Haver consciência e realidade,
O que quer que isto seja...
Como posso eu exprimir o horror que tudo isto me causa?
Como posso eu dizer como é isto para se sentir?
Qual é alma de haver ser?

Ah, o pavoroso mistério de existir a mais pequena coisa
Porque é o pavoroso mistério de haver qualquer coisa
Porque é o pavoroso mistério de haver...

29/4/1928

85
NA ÚLTIMA PÁGINA DE UMA ANTOLOGIA NOVA

Tantos bons poetas!
Tantos bons poemas!
São realmente bons e bons,
Com tanta concorrência não fica ninguém,
Ou ficam ao acaso, numa lotaria da posteridade,
Obtendo lugares por capricho do Empresário...
Tantos bons poetas!
Para que escrevo eu versos?
Quando os escrevo parecem-me
O que a minha emoção, com que os escrevi, me parece —
A única coisa grande no mundo...
Enche o universo de frio o pavor de mim.
Depois, escritos, visíveis, legíveis...
Ora... E nesta antologia de poetas menores?
Tantos bons poetas!
O que é o génio, afinal, ou como é que se distingue
O génio, e os bons poemas dos bons poetas?[1]
Sei lá se realmente se distingue...
O melhor é dormir...
Fecho a antologia mais cansado do que do mundo —
Sou vulgar?...
Há tantos bons poetas!
Santo Deus! ......

1/5/1928

86

No ocaso, sobre Lisboa, no tédio dos dias que passam,
Fixo no tédio do dia que passa permanentemente
Moro na vigília involuntária como um fecho de porta
Que não fecha coisa nenhuma.
Meu coração involuntário, impulsivo,
Naufraga a esfinges indigentes
Nas consequências e fins, [?acordando?] no [?além?]...

*[1/5/1928]**

87

Na noite terrível, substância natural de todas as noites,
Na noite de insónia, substância natural de todas as minhas
[noites,
Relembro, velando em modorra incómoda,
Relembro o que fiz e o que podia ter feito na vida.
Relembro, e uma angústia
Espalha-se por mim todo como um frio do corpo ou um medo.
O irreparável do meu passado — esse é que é o cadáver!
Todos os outros cadáveres pode ser que sejam ilusão.
Todos os mortos pode ser que sejam vivos noutra parte.
Todos os meus próprios momentos passados pode ser que exis-
[tam algures,
Na ilusão do espaço e do tempo,
Na falsidade do decorrer.

Mas o que eu não fui, o que eu não fiz, o que nem sequer sonhei;
O que só agora vejo que deveria ter feito,
O que só agora claramente vejo que deveria ter sido —
Isso é que é morto para além de todos os Deuses,
Isso — e foi afinal o melhor de mim — é que nem os Deuses
[fazem viver...[1]

Se em certa altura
Tivesse voltado para a esquerda em vez de para a direita;
Se em certo momento
Tivesse dito sim em vez de não, ou não em vez de sim;
Se em certa conversa
Tivesse tido as frases que só agora, no meio-sono, elaboro —
Se tudo isso tivesse sido assim,

Seria outro hoje, e talvez o universo inteiro
Seria insensivelmente levado a ser outro também.

Mas não virei para o lado irreparavelmente perdido,
Não virei nem pensei em virar, e só agora o percebo;
Mas não disse não ou não disse sim, e só agora vejo o que não
[disse;
Mas as frases que faltou dizer nesse momento surgem-me todas,
Claras, inevitáveis, naturais,
A conversa fechada concludentemente,
A matéria toda resolvida...
Mas só agora o que nunca foi, nem será para trás, me dói.

O que falhei deveras não tem esperança nenhuma,
Em sistema metafísico nenhum.
Pode ser que para outro mundo eu possa levar o que sonhei,
Mas poderei eu levar para outro mundo o que me esqueci de
[sonhar?
Esses sim, os sonhos por haver, é que são o cadáver.
Enterro-o no meu coração para sempre, para todo o tempo,
[para todos os universos,
Nesta noite em que não durmo, e o sossego me cerca[2]
Como uma verdade de que não partilho,
E lá fora o luar, como a esperança que não tenho, é invisível pra
[mim.

11/5/1928

88
NUVENS

No dia triste o meu coração mais triste que o dia...
Obrigações morais e civis?
Complexidade de deveres, de consequências?
Não, nada...
O dia triste, a pouca vontade para tudo...
Nada...

Outros viajam (também viajei), outros estão ao sol
(Também estive ao sol, ou supus que estive),
Todos têm razão, ou vida, ou ignorância sintética,[1]
Vaidade, alegria e sociabilidade,
E emigram para voltar, ou para não voltar,
Em navios que os transportam simplesmente.
Não sentem o que há de morte em toda a partida,
De mistério em toda a chegada,
De horrível em todo o novo...
Não sentem: por isso são deputados e financeiros,
Dançam e são empregados no comércio,
Vão a todos os teatros e conhecem gente...
Não sentem: para que haveriam de sentir?

Gado vestido dos currais dos Deuses,
Deixá-lo passar engrinaldado para o sacrifício
Sob o sol, álacre, vivo, contente de sentir-se...
Deixai-o passar, mas ai, vou com ele sem grinalda
Para o mesmo destino!
Vou com ele sem o sol que sinto, sem a vida que tenho,
Vou com ele sem desconhecer...

No dia triste o meu coração mais triste que o dia...
No dia triste todos os dias...
No dia tão triste...

13/5/1928

89

Ao volante do Chevrolet pela estrada de Sintra,
Ao luar e ao sonho, na estrada deserta,
Sozinho guio, guio quase devagar, e um pouco
Me parece, ou me forço um pouco para que me pareça,
Que sigo por outra estrada, por outro sonho, por outro mundo,
Que sigo sem haver Lisboa deixada ou Sintra a que ir ter,
Que sigo, e que mais haverá em seguir senão não parar mas
[seguir?

Vou passar a noite a Sintra por não poder passá-la em Lisboa,
Mas, quando chegar a Sintra, terei pena de não ter ficado em
[Lisboa.
Sempre esta inquietação sem propósito, sem nexo, sem con-
[sequência,
Sempre, sempre, sempre,
Esta angústia excessiva do espírito por coisa nenhuma,
Na estrada de Sintra, ou na estrada do sonho, ou na estrada da
[vida...

Maleável aos meus movimentos subconscientes no volante,
Galga sob mim comigo, o automóvel que me emprestaram.
Sorrio do símbolo, ao pensar nele, e ao virar à direita.
Em quantas coisas que me emprestaram eu sigo no mundo!
Quantas coisas que me emprestaram guio como minhas!
Quanto que me emprestaram, ai de mim!, eu próprio sou!

À esquerda o casebre — sim, o casebre — à beira da estrada.
À direita o campo aberto, com a lua ao longe.

O automóvel, que parecia há pouco dar-me liberdade,
É agora uma coisa onde estou fechado,
Que só posso conduzir se nele estiver fechado,
Que só domino se me incluir nele, se ele me incluir a mim.
À esquerda lá para trás o casebre modesto, mais que modesto.
A vida ali deve ser feliz, só porque não é a minha.
Se alguém me viu da janela do casebre, sonhará: Aquele é que é
[feliz.
Talvez à criança espreitando pelos vidros da janela do andar que
[está em cima
Fiquei (com o automóvel emprestado) como um sonho, uma
[fada real.
Talvez à rapariga que olhou, ouvindo o motor, pela janela da
[cozinha
No pavimento térreo,
Sou qualquer coisa do príncipe de todo o coração de rapariga,
E ela me olhará de esguelha, pelos vidros, até à curva em que me
[perdi.
Deixarei sonhos atrás de mim, ou é o automóvel que os deixa?
Eu, guiador do automóvel emprestado, ou o automóvel em-
[prestado que eu guio?

Na estrada de Sintra ao luar, na tristeza, ante os campos e a noite,
Guiando o Chevrolet emprestado desconsoladamente,
Perco-me na estrada futura, sumo-me na distância que alcanço,
E, num desejo terrível, súbito, violento, inconcebível,
Acelero...
Mas o meu coração ficou no monte de pedras, de que me desviei
[ao vê-lo sem vê-lo,
À porta do casebre,
O meu coração vazio,
O meu coração insatisfeito,
O meu coração mais humano do que eu, mais exacto que a vida.

Na estrada de Sintra, perto da meia-noite, ao luar, ao volante,
Na estrada de Sintra, que cansaço da própria imaginação,
Na estrada de Sintra, cada vez mais perto de Sintra,
Na estrada de Sintra, cada vez menos perto de mim...

11/5/1928

90
NOCTURNO DE DIA

... Não: o que tenho é sono.
O quê? Tanto cansaço por causa das responsabilidades,
Tanta amargura por causa de talvez se não ser célebre,
Tanto desenvolvimento de opiniões sobre a imortalidade...
O que tenho é sono, meu velho, sono...
Deixem-me ao menos ter sono; quem sabe que mais terei?

16/6/1928

91
"THE TIMES"

Sentou-se bêbado à mesa e escreveu um fundo
Do "Times", claro, inclassificável, lido…,
Supondo (coitado!) que ia ter influência no mundo...
....
Santo Deus!… E talvez a tenha tido!

16/8/1928

92

CANÇÃO À INGLESA

Cortei relações com o sol e as estrelas, pus ponto no mundo.
Levei a mochila das coisas que sei para o lado e prò fundo
Fiz a viagem, comprei o inútil, achei o incerto,
E o meu coração é o mesmo que foi, um céu e um deserto
Falhei no que fui, falhei no que quis, falhei no que soube.
Não tenho já alma que a luz me desperte ou a treva me roube,
Não sou senão náusea, não sou senão cisma, não sou senão ânsia,[1]
Sou uma coisa que fica a uma grande distância
E vou, só porque o meu ser é cómodo e profundo,
Colado como um escarro a uma das rodas do mundo.

[*1/12/1928*]*

93

Não tenho sinceridade nenhuma que te dar.
Se te falo, adapto instintivamente frases
A um sentido que me esqueço de ter.

[*22/1/1929*]*

94

Ora até que enfim..., perfeitamente...
Cá está ela!
Tenho a loucura exactamente na cabeça.

Meu coração estoirou como uma bomba de pataco,
E a minha cabeça teve o sobressalto pela espinha acima...

Graças a Deus que estou doido!
Que tudo quanto dei me voltou em lixo,
E, como cuspo atirado ao vento,
Me dispersou pela cara livre!
Que tudo quanto fui se me atou aos pés,
Como a sarapilheira para embrulhar coisa nenhuma!
Que tudo quanto pensei me faz cócegas na garganta
E me quer fazer vomitar sem eu ter comido nada!
Graças a Deus, porque, como na bebedeira,
Isto é uma solução.
Arre, encontrei uma solução, e foi preciso o estômago!
Encontrei uma verdade, senti-a com os intestinos!

Poesia transcendental, já a fiz também!
Grandes raptos líricos, também já por cá passaram!
A organização de poemas relativos à vastidão de cada assunto
[resolvido em vários —
Também não é novidade.
Tenho vontade de vomitar, e de me vomitar a mim...
Tenho uma náusea que, se pudesse comer o universo para o
[despejar na pia, comia-o.

Com esforço, mas era para bom fim.
Ao menos era para um fim.
E assim como sou não tenho nem fim nem vida...

95

O soslaio do operário estúpido para o engenheiro doido —[1]
O engenheiro doido fora da engenharia —
O sorriso trocado que sinto nas costas quando passo entre os
[normais...
(Quando me olham cara a cara não os sinto sorrir).

22/1/1929

96

APONTAMENTO

A minha alma partiu-se como um vaso vazio.
Caiu pela escada excessivamente abaixo.
Caiu das mãos da criada descuidada.
Caiu, fez-se em mais pedaços do que havia loiça no vaso.

Asneira? Impossível? Sei lá!
Tenho mais sensações do que tinha quando me sentia eu.
Sou um espalhamento de cacos sobre um capacho por sacudir.

Fiz barulho na queda como um vaso que se partia.
Os deuses que há debruçam-se do parapeito da escada.
E fitam os cacos que a criada deles fez de mim.

Não se zangam com ela.[1]
São tolerantes com ela.
O que eu era um vaso vazio?

Olham os cacos absurdamente conscientes,
Mas conscientes de si-mesmos, não conscientes deles.

Olham e sorriem.
Sorriem tolerantes à criada involuntária.[2]

Alastra a grande escadaria atapetada de estrelas.
Um caco brilha, virado do exterior lustroso, entre os astros.
A minha obra? A minha alma principal? A minha vida?
Um caco.
E os deuses olham-no especialmente, pois não sabem porque
[ficou ali.[3]

97

Talvez não seja mais do que o meu sonho...
Esse sorriso será para outro, ou a propósito de outro,
Loura débil...
Esse olhar para mim casual como um calendário...
Esse agradecer-me quando a não deixei cair do eléctrico
Um agradecimento...
Perfeitamente...
Gosto de lhe ouvir em sonho o seguimento que não houve
De conversas que não chegou a haver,
Há gente que nunca é adulta sem [.]!
Creio mesmo que pouca gente chega a ser adulta — pouca —
E a que chega a ser adulta de facto morre sem dar por nada.

Loura débil, figura de inglesa absolutamente portuguesa,
Cada vez que te encontro lembro-me dos versos que esqueci...
É claro que não me importo nada contigo
Nem me lembro de te ter esquecido senão quando te vejo,
Mas o encontrar-te dá som ao dia e ao desleixo
Uma poesia de superfície,
Uma coisa a mais no a menos da improficuidade da vida...
Loura débil, feliz porque não és inteiramente real,[1]
Porque nada que vale a pena ser lembrado é inteiramente real,
E nada que vale a pena ser real vale a pena.

25/1/1929

98
INSÓNIA

Não durmo, nem espero dormir.
Nem na morte espero dormir.

Espera-me uma insónia da largura dos astros,
E um bocejo inútil do comprimento do mundo.

Não durmo; não posso ler quando acordo de noite,
Não posso escrever quando acordo de noite,
Não posso pensar quando acordo de noite —
Meu Deus, nem posso sonhar quando acordo de noite!

Ah, o ópio de ser outra pessoa qualquer!

Não durmo, jazo, cadáver acordado, sentindo,
E o meu sentimento é um pensamento vazio.
Passam por mim, transtornadas, coisas que me sucederam
— Todas aquelas de que me arrependo e me culpo —;
Passam por mim, transtornadas, coisas que me não sucederam
— Todas aquelas de que me arrependo e me culpo —;
Passam por mim, transtornadas, coisas que não são nada,
E até dessas me arrependo, me culpo, e não durmo.

Não tenho força para ter energia para acender um cigarro.
Fito a parede fronteira do quarto como se fosse o universo.
Lá fora há o silêncio dessa coisa toda.
Um grande silêncio apavorante noutra ocasião qualquer,
Noutra ocasião qualquer em que eu pudesse sentir.

Estou escrevendo versos realmente simpáticos —
Versos a dizer que não tenho nada que dizer,
Versos a teimar em dizer isso,
Versos, versos, versos, versos, versos...
Tantos versos...
E a verdade toda, e a vida toda fora deles e de mim!

Tenho sono, não durmo, sinto e não sei em que sentir.
Sou uma sensação sem pessoa correspondente,
Uma abstracção de autoconsciência sem de quê,
Salvo o necessário para sentir consciência,
Salvo — sei lá salvo o quê...

Não durmo. Não durmo. Não durmo.
Que grande sono em toda a cabeça e em cima dos olhos e na
[alma!
Que grande sono em tudo excepto no poder dormir!

Ó madrugada, tardas tanto... Vem...
Vem, inutilmente,
Trazer-me outro dia igual a este, a ser seguido por outra noite
[igual a esta...
Vem trazer-me a alegria dessa esperança triste,
Porque sempre és alegre, e sempre trazes esperança,
Segundo a velha literatura das sensações.
Vem, traz a esperança, vem, traz a esperança.[1]
O meu cansaço entra pelo colchão dentro.
Doem-me as costas de não estar deitado de lado.
Se estivesse deitado de lado doíam-me as costas de estar deitado
[de lado.
Vem, madrugada, chega![2]

Que horas são? Não sei.
Não tenho energia para estender uma mão para o relógio,

Não tenho energia para nada, nem para mais nada...
Só para estes versos, escritos no dia seguinte.
Sim, escritos no dia seguinte.
Todos os versos são sempre escritos no dia seguinte.

Noite absoluta, sossego absoluto, lá fora.
Paz em toda a Natureza.
A humanidade repousa e esquece as suas amarguras.
Exactamente.
A humanidade esquece as suas alegrias e amarguras.
Costuma dizer-se isto.
A humanidade esquece, sim, a humanidade esquece,
Mas mesmo acordada a humanidade esquece.
Exactamente. Mas não durmo.

27/3/1929

99

O sorriso triste do ante-dia que começou
Platina fria no engaste de negro azulando-se escuramente.

100

ACASO

No acaso da rua o acaso da rapariga loura.
Mas não, não é aquela.

A outra era noutra rua, noutra cidade, e eu era outro.

Perco-me subitamente da visão imediata,
Estou outra vez na outra cidade, na outra rua,
E a outra rapariga passa.

Que grande vantagem o recordar intransigentemente!
Agora tenho pena de nunca mais ter visto a outra rapariga,
E tenho pena de afinal nem sequer ter olhado para esta.

Que grande vantagem trazer a alma virada do avesso!
Ao menos escrevem-se versos.
Escrevem-se versos, passa-se por doido, e depois por génio, se
[calhar,
Se calhar, ou até sem calhar,
Maravilha das celebridades!

Ia eu dizendo que ao menos escrevem-se versos...
Mas isto era a respeito de uma rapariga,
De uma rapariga loura,
Mas qual delas?
Havia uma que vi há muito tempo numa outra cidade,
Numa outra espécie de rua;
E houve esta que vi há muito tempo numa outra cidade
Numa outra espécie de rua;
Porque todas as recordações são a mesma recordação,

Tudo que foi é a mesma morte,
Ontem, hoje, quem sabe se até amanhã?

Um transeunte olha para mim com uma estranheza ocasional.
Estaria eu a fazer versos em gestos e caretas?
Pode ser... A rapariga loura?
É a mesma afinal...
Tudo é o mesmo afinal...

Só eu, de qualquer modo não sou o mesmo, e isso é o mesmo
[também.[1]

27/3/1929

101

Ah, abram-me outra realidade!
Quero ter, como Blake, a contiguidade dos anjos
E ter visões por almoço.
Quero encontrar as fadas na rua!
Quero desimaginar-me deste mundo feito com garras,
Desta civilização feita com pregos.
Quero viver, como uma bandeira à brisa,
Símbolo de qualquer coisa no alto de uma coisa qualquer!

Depois encerrem-me onde queiram.
Meu coração verdadeiro continuará velando
Pano brasonado a esfinges,
No alto do mastro das visões
Aos quatro ventos do Mistério.
O Norte — o que todos querem
O Sul — o que todos desejam
O Este — de onde tudo vem
O Oeste — aonde tudo finda
— Os quatro ventos do místico ar da civilização
— Os quatro modos de não ter razão, e de entender o mundo

4/4/1929

102
MARINETTI, ACADÉMICO

Lá chegam todos, lá chegam todos...
Qualquer dia, salvo venda, chego eu também...
Se nascem, afinal, todos para isso...

Não tenho remédio senão morrer antes,
Não tenho remédio senão escalar o Grande Muro...
Se fico cá, prendem-me para ser social...

Lá chegam todos, porque nasceram para Isso,
E só se chega ao Isso para que se nasceu...

Lá chegam todos...
Marinetti, académico...

As Musas vingaram-se com focos eléctricos, meu velho,
Puseram-te por fim na ribalta da cave velha,
E a tua dinâmica, sempre um bocado italiana, f-f-f-f-f-f-f-f......

[*7/4/1929*]*

103

A luz cruel do estio prematuro
Sai como um grito do ar da primavera...
Meus olhos ardem-me como se viesse da Noite...
Meu cérebro está tonto, como se eu quisesse justiça...
Contra a luz crua todas as formas são silhuetas.

10/4/1929

104

Meu coração, mistério batido pelas lonas dos ventos...
Bandeira a estralejar desfraldadamente ao alto,
Árvore misturada, curvada, sacudida pelo vendaval,
Agitada como uma espuma verde pegada a si mesma,
□
Para sempre condenada à raiz de não se poder exprimir![1]
Queria gritar alto com uma voz que dissesse!
Queria levar ao menos a um outro coração a consciência do meu!
Queria ser lá fora...
Mas o que sou? O trapo que foi bandeira,
As folhas varridas para o canto que foram ramos,
As palavras socialmente desentendidas, até por quem as aprecia,
Eu que quis fora a minha alma inteira,
E ficou só o chapéu do mendigo debaixo do automóvel,
O estragado estragado,
E o riso dos rápidos soou para trás na estrada dos felizes...

10/5/1929

105

QUASI*

Arrumar a vida, pôr prateleiras na vontade e na acção...
Quero fazer isto agora, como sempre quis, com o mesmo re-
[sultado;
Mas que bom ter o propósito claro, firme só na clareza, de fazer
[qualquer coisa!

Vou fazer as malas para o Definitivo,
Organizar Álvaro de Campos,
E amanhã ficar na mesma coisa que antes de ontem — um antes
[de ontem que é sempre...

Sorrio do conhecimento antecipado da coisa-nenhuma que
[serei...
Sorrio ao menos; sempre é alguma coisa o sorrir.

Produtos românticos, nós todos...
E se não fôssemos produtos românticos, se calhar não seríamos
[nada.

Assim se faz a literatura...
Coitadinhos Deuses, assim até se faz a vida!

Os outros também são românticos,
Os outros também não realizam nada, e são ricos e pobres,
Os outros também levam a vida a olhar para as malas a arrumar,
Os outros também dormem ao lado dos papéis meio compostos,
Os outros também são eu.

Vendedeira da rua cantando o teu pregão como um hino in-
[consciente,
Rodinha dentada na relojoaria da economia política,
Mãe, presente ou futura, de mortos no descascar dos Impérios,[1]
A tua voz chega-me como uma chamada a parte nenhuma,
[como o silêncio da vida...

Olho dos papéis que estou pensando em afinal não arrumar
Para a janela por onde não vi a vendedeira que ouvi por ela,
E o meu sorriso, que ainda não acabara, acaba no meu cérebro
[em metafísica.

Descri de todos os deuses diante de uma secretária por arrumar,
Fitei de frente todos os destinos pela distracção de ouvir apre-
[goando-se,
E o meu cansaço é um barco velho que apodrece na praia deserta,
E com esta imagem de qualquer outro poeta fecho a secretária
[e o poema.

Como um deus, não arrumei nem a verdade nem a vida.

[*15/5/1929*]**

106

Não ter deveres, nem horas certas, nem realidades...
Ser uma ave humana[1]
Que passe haleiónica sobre a intransigência do mundo —
Ganhando o pão da sua noite com o suor da fronte dos outros —
Faz-tudo triste
No coliseu com lágrimas,
E compère antigo, um pouco mais cheio que Vénus de Milo,
Na insubsistência dos acasos.
E um pouco de sol, ao menos, para os sonhos onde não vivo.

107

Ah a frescura na face de não cumprir um dever!
Faltar é positivamente estar no campo!
Que refúgio o não se poder ter confiança em nós!
Respiro melhor agora que passaram as horas dos encontros.
Faltei a todos, com uma deliberação do desleixo,
Fiquei esperando a vontade de ir para lá, que eu saberia que não [vinha.
Sou livre, contra a sociedade organizada e vestida.
Estou nu, e mergulho na água da minha imaginação.
É tarde para eu estar em qualquer dos dois pontos onde estaria [à mesma hora,
Deliberadamente à mesma hora...
Está bem, ficarei aqui sonhando versos e sorrindo em itálico.
É tão engraçada esta parte assistente da vida!
Até não consigo acender o cigarro seguinte... Se é um gesto,
Fique com os outros, que me esperam, no desencontro que é a [vida.

17/6/1929

108
POEMA DE CANÇÃO SOBRE A ESPERANÇA

I

Dá-me lírios, lírios,
E rosas também.
Mas se não tens lírios
Nem rosas a dar-me,
Tem vontade ao menos
De me dar os lírios
E também as rosas.
Basta-me a vontade,
Que tens, se a tiveres,
De me dar os lírios
E as rosas também,
E terei os lírios —
Os melhores lírios —
E as melhores rosas
Sem receber nada,
A não ser a prenda
Da tua vontade
De me dares lírios
E rosas também.

II

Usas um vestido
Que é uma lembrança
Para o meu coração.
Usou-o outrora
Alguém que me ficou

Lembrada sem vista.
Tudo na vida
Se faz por recordações.
Ama-se por memória.
Certa mulher faz-nos ternura
Por um gesto que lembra a nossa mãe.
Certa rapariga faz-nos alegria
Por falar como a nossa irmã.
Certa criança arranca-nos da desatenção
Porque amámos uma mulher parecida com ela
Quando éramos jovens e não lhe falávamos.
Tudo é assim, mais ou menos,
O coração anda aos trambolhões.
Viver é desencontrar-se consigo mesmo.
No fim de tudo, se tiver sono, dormirei.
Mas gostava de te encontrar e que falássemos.
Estou certo que simpatizaríamos um com o outro.
Mas se não nos encontrarmos, guardarei o momento
Em que pensei que nos poderíamos encontrar.
Guardo tudo,
Guardo as cartas que me escrevem,
Guardo até as cartas que não me escrevem —
Santo Deus, a gente guarda tudo mesmo que não queira,
E o teu vestido azulinho, meu Deus, se eu te pudesse atrair
Através dele até mim!
Enfim, tudo pode ser...
És tão nova — tão jovem, como diria o Ricardo Reis —
E a minha visão de ti explode literariamente,
E deito-me para trás na praia e rio como um elemental inferior,
Arre, sentir cansa, e a vida é quente quando o sol está alto.
Boa noite na Austrália!

17/6/1929

109

Já sei: alguém disse a verdade…
Até os cordéis parecem aflitos,
Entra neste lar o objectivo.
E cada um ficou de fora, como um pano na corda
Que a chuva apanha esquecido na noite de janelas fechadas.

110

Não se preocupem comigo: também tenho a verdade.
Tenho-a a sair da algibeira como um prestidigitador.
Também pertenço...
Ninguém conclui sem mim, é claro,
E estar triste é ter ideias destas.
Ó meu capricho entre terraços aristocráticos,
Comes açorda em mangas de camisa no meu coração.

18/6/1929

111

Ah, no terrível silêncio do quarto
O relógio com o seu som de silêncio!
Monotonia!
Quem me dará outra vez a minha infância perdida?
Quem ma encontrará no meio da estrada de Deus —
Perdida definitivamente, como um lenço no comboio.

16/8/1929

112

E eu que estou bêbado de toda a injustiça do mundo...
— O dilúvio de Deus e o bebé loirinho boiando morto à tona de
[água,
Eu, em cujo coração a angústia dos outros é raiva,
E a vasta humilhação de existir um amor taciturno —
Eu, o lírico que faz frases porque não pode fazer sorte,
Eu, o fantasma do meu desejo redentor, névoa fria —
Eu não sei se devo fazer poemas, escrever palavras, porque a
[alma —
A alma inúmera dos outros sofre sempre fora de mim.

Meus versos são a minha impotência.
O que não consigo, escrevo-o;
E os ritmos diversos que faço aliviam a minha cobardia.

A costureira estúpida violada por sedução,
O marçano rato preso sempre pelo rabo,
O comerciante próspero escravo da sua prosperidade
— Não distingo, não louvo, não □ —
São todos bichos humanos, estupidamente sofrentes.[1]

Ao sentir isto tudo, ao pensar isto tudo, ao raivar isto tudo,
Quebro o meu coração fatidicamente como um espelho,
E toda a injustiça do mundo é um mundo dentro de mim.[2]

Meu coração esquife, meu coração □, meu coração cadafalso —
Todos os crimes se deram e se pagaram dentro de mim.

Lacrimejância inútil, pieguice humana dos nervos,
Bebedeira da servilidade altruísta,
Voz com papelotes chorando no deserto de um quarto andar
[esquerdo...[3]

113
DILUENTE

A vizinha do número catorze ria hoje da porta
De onde há um mês saiu o enterro do filho pequeno.
Ria naturalmente com a alma na cara.
Está certo: é a vida.
A dor não dura porque a dor não dura.
Está certo.
Repito: está certo.
Mas o meu coração não está certo.
O meu coração romântico faz enigmas do egoísmo da vida.

Cá está a lição, ó alma da gente![1]
Se a mãe esquece o filho que saiu dela e morreu,
Quem se vai dar ao trabalho de se lembrar de mim?
Estou só no mundo, como um pião de cair.[2]
Posso morrer como o orvalho seca.
Por uma arte natural de natureza solar,
Posso morrer à vontade da deslembrança,
Posso morrer como ninguém...
Mas isto dói,
Isto é indecente para quem tem coração...
Isto...
Sim, isto fica-me nas goelas como uma sanduíche com lágrimas...
Glória? Amor? O anseio de uma alma humana?
Apoteose às avessas...
Dêem-me Água de Vidago, que eu quero esquecer a Vida!

29/8/1929

114

Bem sei que tudo é natural
Mas ainda tenho coração...
Boa noite e merda!
(Estala, meu coração!)
(Merda para a humanidade inteira!)

Na casa da mãe do filho que foi atropelado,
Tudo ri, tudo brinca.
E há um grande ruído de buzinas sem conta a lembrar

Receberam a compensação:
Bebé igual a X,
Gozam o X neste momento,
Comem e bebem o bebé morto,
Bravo! São gente!
Bravo! São a humanidade!
Bravo: são todos os pais e todas as mães
Que têm filhos atropeláveis!
Como tudo esquece quando há dinheiro.
Bebé igual a X.

Com isso se forrou a papel uma casa.
Com isso se pagou a última prestação da mobília.
Coitadito do Bebé.
Mas, se não tivesse sido morto por atropelamento, que seria das [contas?

Sim, era amado.
Sim, era querido
Mas morreu.

Paciência, morreu!
Que pena, morreu!
Mas deixou o com que pagar contas
E isso é qualquer coisa.
(É claro que foi uma desgraça)
Mas agora pagam-se as contas.
(É claro que aquele pobre corpinho
Ficou triturado)
Mas agora, ao menos, não se deve na mercearia.
(É pena sim, mas há sempre um alívio.)

O bebé morreu, mas o que existe são dez contos.
Isso, dez contos.
Pode fazer-se muito (pobre bebé) com dez contos.
Pagar muitas dívidas (bebézinho querido)
Com dez contos.
Pôr muita coisa em ordem
(Lindo bebé que morreste) com dez contos.
Bem se sabe é triste
(Dez contos)
Uma criancinha nossa atropelada
(Dez contos)
Mas a visão da casa remodelada
(Dez contos)
De um lar reconstituído
(Dez contos)
Faz esquecer muitas coisas (como o choramos!)
Dez contos!
Parece que foi por Deus que os recebeu
(Esses dez contos).
Pobre bebé trucidado!
Dez contos.

115
DE LA MUSIQUE

Ah, pouco a pouco, entre as árvores antigas,
A figura dela emerge, e eu deixo de pensar...

Pouco a pouco da angústia de mim vou eu mesmo emergindo...

As duas figuras encontram-se na clareira ao pé do lago...

... As duas figuras sonhadas,
Porque isto foi só um raio de luar e uma tristeza minha,
E uma suposição de outra coisa,
E o resultado de existir...

Verdadeiramente, ter-se-iam encontrado as duas figuras
Na clareira ao pé do lago?
(... Mas se não existem?...)

... Na clareira ao pé do lago ....

[*17/9/1929*]*

116
P-HÁ

Hoje, que sinto nada a vontade, e não sei que dizer,
Hoje, que tenho a inteligência sem saber o que qu'rer,
Quero escrever o meu epitáfio: Álvaro de Campos jaz
Aqui, o resto a Antologia grega traz...
E a que propósito vem este bocado de rimas?
Nada... Um amigo meu, chamado (suponho) Simas,
Perguntou-me na rua o que é que estava a fazer,
E escrevo estes versos assim em vez de lho não saber dizer.
É raro eu rimar, e é raro alguém rimar com juízo.
Mas às vezes rimar é preciso.
Meu coração faz *pá* como um saco de papel socado
Com força, cheio de sopro, contra a parede do lado.
E o transeunte, num sobressalto, volta-se de repente
E eu acabo este poema indeterminadamente.

2/12/1929

117

Esse é um génio, é o que é novo é □
Outro é um deus, e as crianças do mundo lhe cospem na cara.
Queria ser uma pedra, não aspiro a mais, quero
Ser uma coisa que não possa ter vergonha nem desespero,
Fui rei nos meus sonhos, mas nem sonhos houve, além de mim,
E a última palavra que se escreve nos livros é a palavra Fim.

[*1929?*]*

118

Nunca, por mais que viaje, por mais que conheça
O sair de um lugar, o chegar a um lugar, conhecido ou desco-
[nhecido,
Perco, ao partir, ao chegar, e na linha móbil que os une,
A sensação de arrepio, o medo do novo, a náusea —
Aquela náusea que é o sentimento que sabe que o corpo tem a
[alma.
Trinta dias de viagem, três dias de viagem, três horas de viagem —
Sempre a opressão se infiltra no fundo do meu coração.

31/12/1929 (*Évora*)

119

Passo, na noite da rua suburbana,
Regresso da conferência com peritos como eu.
Regresso só, e poeta agora, sem perícia nem engenharia,
Humano até ao som dos meus sapatos solitários no princípio da
[noite
Onde ao longe a porta da tenda tardia se encobre com o último
[taipal.
Ah, o som do jantar nas casas felizes!
Passo, e os meus ouvidos vêem para dentro das casas.
O meu exílio natural enternece-se no escuro
Da rua meu lar, da rua meu ser, da rua meu sangue.
Ser a criança economicamente garantida,
Com a cama fofa e o sono da infância e a criada!
Ó meu coração sem privilégio!
Minha sensibilidade da exclusão!
Minha mágoa extrema de ser eu!

Quem fez lenha de todo o berço da minha infância?
Quem fez trapos de limpar o chão dos meus lençóis de menino?
Quem expôs por cima das cascas e do cotão das casas
Nos caixotes de lixo do mundo
As rendas daquela camisa que usei para me baptizarem?[1]
Quem me vendeu ao Destino?
Quem me trocou por mim?

Venho de falar precisamente em circunstâncias positivas.
Pus pontos concretos, como um numerador automático.
Tive razão como uma balança.
Disse como sabia.

◆

Agora, a caminho do carro eléctrico do términus de onde se
[volta à cidade,
Passo, bandido, metafísico, sob a luz dos candeeiros afastados,
E na sombra entre os dois candeeiros afastados tenho vontade
[de não seguir.
Mas apanharei o eléctrico.
Soará duas vezes a campainha lá do fim invisível da correia
[puxada[2]
Pelas mãos de dedos grossos do condutor por barbear.
Apanharei o eléctrico.
Ai de mim; apesar de tudo sempre apanhei o eléctrico —
Sempre, sempre, sempre...
Voltei sempre à cidade,
Voltei sempre à cidade, depois de especulações e desvios,
Voltei sempre com vontade de jantar.
Mas nunca jantei o jantar que soa atrás de persianas
Das casas felizes dos arredores por onde se volta ao eléctrico,
Das casas conjugais da normalidade da vida!
Pago o bilhete através dos interstícios,
E o condutor passa por mim como se eu fosse a Crítica da Razão
[Pura...
Paguei o bilhete. Cumpri o dever. Sou vulgar.
E tudo isto são coisas que nem o suicídio cura.

6/1/1930

120

Hoje que tudo me falta, como se fosse o chão,
Que me conheço atrozmente, que toda a literatura
Que uso de mim para mim, para ter consciência de mim,
Caiu, como o papel que embrulhou um rebuçado mau —
Hoje tenho uma alma parecida com a morte dos nervos —[1]
Necrose da alma,
Apodrecimento dos sentidos.
Tudo quanto tenho feito, conheço-o claramente: é nada.
Tudo quanto sonhei, podia tê-lo sonhado o moço de fretes.
Tudo quanto amei, se hoje me lembro que o amei, morreu há
[muito.
Ó Paraíso Perdido da minha infância burguesa,
Meu Éden agasalhando o chá nocturno,
Minha colcha limpa de menino![2]
O Destino acabou-me como a um manuscrito interrompido.
Nem altos nem baixos — consciência de nem sequer a ter...
Papelotes da velha solteira — toda a minha vida.
Tenho uma náusea do estômago nos pulmões.
Custa-me a respirar para sustentar a alma.
Tenho uma quantidade de doenças tristes nas juntas da vontade.
Minha grinalda de poeta — eras de flores de papel,
A tua imortalidade presumida era o não teres vida.
Minha coroa de louros de poeta — sonhada petrarquicamente,
Sem capotinho mas com fama,
Sem dados mas com Deus —
Tabuleta [de] vinho falsificado na última taberna da esquina![3]

9/3/1930

121

Há tantos deuses!
São como os livros — não se pode ler tudo, nunca se sabe nada.
Feliz quem conhece só um deus, e o guarda em segredo.
Tenho todos os dias crenças diferentes —
Às vezes no mesmo dia tenho crenças diferentes —
E gostava de ser a criança que me atravessa agora
A visão da janela abaixo —
Comendo um bolo barato (ela é pobre) sem causa aparente nem
[final,
Animal inutilmente erguido acima dos outros vertebrados
E cantando, entre os dentes, uma cantiga obscena de revista...
Sim, há muitos deuses...
Mas dava eu tudo ao deus que me levasse aquela criança de aqui
[pra fora...[1]

9/3/1930

122

Cesário, que conseguiu
Ver claro, ver simples, ver puro,
Ver o mundo nas suas coisas,
Ser um olhar com uma alma por trás, e que vida tão breve!
Criança alfacinha do Universo,
Bendita sejas com tudo quanto está à vista!
Enfeito, no meu coração, a Praça da Figueira para ti
E não há recanto que não veja por ti, nos recantos de seus
[recantos.

6/4/1930

123
CARRY NATION

Não uma santa estética, como Santa Teresa,
Não uma santa dos dogmas,
Não uma santa.
Mas uma santa humana, maluca e divina,
Materna, agressivamente materna,
Odiosa, como todas as santas,
Persistente, com a loucura da santidade.
Odeio-a e estou de cabeça descoberta
E dou-lhe vivas sem saber porquê!
Estupor americano aureolado de estrelas!
Bruxa de boa intenção…
Não lhe desfolhem rosas na campa,
Mas louros, os louros da glória
Façamos-lhe a glória e o insulto!
Bebamos à saude da sua imortalidade
Esse vinho forte de bêbados.

Eu, que nunca fiz nada no mundo,
Eu, que nunca soube querer nem saber,
Eu, que fui sempre a ausência da minha vontade,
Eu te saúdo, mãezinha maluca, sistema sentimental!
Exemplar da aspiração humana!
Maravilha do bom gesto, duma grande vontade!

Minha Joana de Arc sem pátria!
Minha Santa Teresa humana!
Estúpida como todas as santas
E militante como a alma que quer vencer o mundo!

É no vinho que odiaste que deves ser saudada!
É com brindes gritados chorando que te canonizaremos!

Saudação de inimigo a inimigo!
Eu, tantas vezes caindo de bêbado só por não querer sentir,
Eu, embriagado tantas vezes, por não ter alma bastante,
Eu, o teu contrário,
Arranco a espada aos anjos, aos anjos que guardam o Éden,
E ergo-a em êxtase, e grito ao teu nome.*

*8/4/1930***

124

Chega através do dia de névoa alguma coisa do esquecimento.
Vem brandamente com a tarde a oportunidade da perda.
Adormeço sem dormir, ao relento da vida.

É inútil dizer-me que as acções têm consequências.
É inútil eu saber que as acções usam consequências.
É inútil tudo, é inútil tudo, é inútil tudo.

Através do dia de névoa não chega coisa nenhuma.

Tinha agora vontade
De ir esperar ao comboio da Europa o viajante anunciado,
De ir ao cais ver entrar o navio e ter pena de tudo.

Não vem com a tarde oportunidade nenhuma.

21/4/1930

125

PARAGEM. ZONA

Tragam-me esquecimento em travessas!
Quero comer o abandono da vida!
Quero perder o hábito de gritar para dentro.
Arre, já basta! Não sei o quê, mas já basta...
Então viver amanhã, hein?... E o que se faz de hoje?
Viver amanhã por ter adiado hoje?
Comprei por acaso um bilhete para esse espectáculo?[1]
Que gargalhadas daria quem pudesse rir!
E agora aparece o eléctrico — o de que eu estou à espera —
Antes fosse outro... Ter de subir já!
Ninguém me obriga, mas deixá-lo passar, porquê?
Só deixando passar todos, e a mim mesmo, e à vida...
Que náusea no estômago real que é a alma consciente!
Que sono bom o ser outra pessoa qualquer...
Já compreendo porque é que as crianças querem ser guarda-
[-freios...
Não, não compreendo nada...
Tarde de azul e ouro, alegria das gentes, olhos claros da vida...

28/5/1930

126

ANIVERSÁRIO

No tempo em que festejavam o dia dos meus anos,
Eu era feliz e ninguém estava morto.
Na casa antiga, até eu fazer anos era uma tradição de há séculos,
E a alegria de todos, e a minha, estava certa com uma religião
[qualquer.

No tempo em que festejavam o dia dos meus anos,
Eu tinha a grande saúde de não perceber coisa nenhuma,
De ser inteligente para entre a família,
E de não ter as esperanças que os outros tinham por mim.
Quando vim a ter esperanças, já não sabia ter esperanças.
Quando vim a olhar para a vida, perdera o sentido da vida.

Sim, o que fui de suposto a mim-mesmo,
O que fui de coração e parentesco,
O que fui de serões de meia-província,
O que fui de amarem-me e eu ser menino,
O que fui — ai, meu Deus!, o que só hoje sei que fui...
A que distância!...
(Nem o eco...)[1]
O tempo em que festejavam o dia dos meus anos!

O que eu sou hoje é como a humidade no corredor do fim da
[casa,
Pondo grelado nas paredes...
O que eu sou hoje (e a casa dos que me amaram treme através
[das minhas lágrimas),
O que eu sou hoje é terem vendido a casa,
É terem morrido todos,

É estar eu sobrevivente a mim-mesmo como um fósforo frio...
No tempo em que festejavam o dia dos meus anos...
Que meu amor, como uma pessoa, esse tempo!
Desejo físico da alma de se encontrar ali outra vez,
Por uma viagem metafísica e carnal,
Com uma dualidade de eu para mim...
Comer o passado como pão de fome, sem tempo de manteiga
[nos dentes!

Vejo tudo outra vez com uma nitidez que me cega para o que há
[aqui...
A mesa posta com mais lugares, com melhores desenhos na
[louça, com mais copos,
O aparador com muitas coisas — doces, frutas, o resto na sombra
[debaixo do alçado —,
As tias velhas, os primos diferentes, e tudo era por minha causa,
No tempo em que festejavam o dia dos meus anos...

Pára, meu coração!
Não penses! Deixa o pensar na cabeça!
Ó meu Deus, meu Deus, meu Deus!
Hoje já não faço anos.
Duro.
Somam-se-me dias.
Serei velho quando o for.
Mais nada.
Raiva de não ter trazido o passado roubado na algibeira!...

O tempo em que festejavam o dia dos meus anos!...

15 de Outubro de 1929
[*13/6/1930*]*

127

Estou cansado da inteligência.
Pensar faz mal às emoções.
Uma grande reacção aparece.
Chora-se de repente, e todas as tias mortas fazem chá de novo
Na casa antiga da quinta velha.
Pára, meu coração!
Sossega, minha esperança factícia!
Quem me dera nunca ter sido senão o menino que fui...
Meu sono bom porque tinha simplesmente sono e não ideias
[que esquecer!
Meu horizonte de quintal e praia!
Meu fim antes do princípio!

Estou cansado da inteligência.
Se ao menos com ela se percebesse qualquer coisa!
Mas só percebo um cansaço no fundo, como baixam na taça[1]
Aquelas coisas que o vinho tem e amodorram o vinho.

18/6/1930

128
DIAGNÓSTICO*

Pouca verdade! Pouca verdade!
Tenho razão enquanto não penso.
Pouca verdade...
Devagar...
Pode alguém chegar à vidraça...
Nada de emoções!...
Cautela!
Sim, se mo dessem aceitaria...[1]
Não precisas insistir, aceitaria...
Para quê?
Que pergunta! Aceitaria...

18/6/1930

129

BICARBONATO DE SODA

Súbita, uma angústia ...
Ah, que angústia, que náusea do estômago à alma!
Que amigos que tenho tido!
Que vazias de tudo as cidades que tenho percorrido!
Que esterco metafísico os meus propósitos todos!

Uma angústia,
Uma desconsolação da epiderme da alma,
Um deixar cair os braços ao sol-pôr do esforço...
Renego.
Renego tudo.
Renego mais do que tudo.
Renego a gládio e fim todos os Deuses e a negação deles.

Mas o que é que me falta, que o sinto faltar-me no estômago e
[na circulação do sangue?
Que atordoamento vazio me esfalfa no cérebro?

Devo tomar qualquer coisa ou suicidar-me?
Não: vou existir. Arre! Vou existir.
E-xis-tir...
E — xis — tir...

Meu Deus! Que budismo me esfria no sangue!
Renunciar de portas todas abertas,
Perante a paisagem todas as paisagens,
Sem esperança, em liberdade,
Sem nexo,
Acidente da inconsequência da superfície das coisas,

Monótono mas dorminhoco,
E que brisas quando as portas e as janelas estão todas abertas!
Que verão agradável dos outros!

Dêem-me de beber, que não tenho sede!

20/6/1930

130

A rapariga inglesa, tão loura, tão jovem, tão boa
Que queria casar comigo...
Que pena eu não ter casado com ela...
Teria sido feliz
Mas como é que eu sei se teria sido feliz?
Como é que eu sei qualquer coisa a respeito do que teria sido
Do que teria sido, que é o que nunca foi?

Hoje arrependo-me de não ter casado com ela,
Mas antes que até a hipótese de me poder arrepender de ter
[casado com ela.
E assim é tudo arrependimento,
E o arrependimento é pura abstracção.
Dá um certo desconforto
Mas também dá um certo sonho...

Sim, aquela rapariga foi uma oportunidade da minha alma.
Hoje o arrependimento é que é afastado da minha alma.
Santo Deus! que complicação por não ter casado com uma
[inglesa que já me deve ter esquecido!...
Mas se não me esqueceu?
Se (porque há disso) me lembra ainda e é constante
(Escuso de me achar feio, porque os feios também são amados
E às vezes por mulheres!)
Se não me esqueceu, ainda me lembra.
Isto, realmente, é já outra espécie de arrependimento.
E fazer sofrer alguém não tem esquecimento.

Mas, afinal, isto são conjecturas da vaidade.
Bem se há-de ela lembrar de mim, com o quarto filho nos braços,
Debruçada sobre o *Daily Mirror* a ver a Princesa Maria.

Pelo menos é melhor pensar que é assim.
É um quadro de casa suburbana inglesa,
É uma boa paisagem íntima de cabelos louros,
E os remorsos são sombras...
Em todo o caso, se assim é, fica um bocado de ciúme.
O quarto filho do outro, o *Daily Mirror* na outra casa.[1]
O que podia ter sido...
Sim, sempre o abstracto, o impossível, o irreal mas perverso —
O que podia ter sido.
Comem marmelade ao pequeno-almoço em Inglaterra...
Vingo-me em toda a burguesia inglesa de ser um parvo português.

Ah, mas ainda vejo
O teu olhar realmente tão sincero como azul
A olhar como uma outra criança para mim...
E não é com piadas de sal do verso que te apago da imagem
Que tens no meu coração;
Não te disfarço, meu único amor, e não quero nada da vida.

29/6/1930

131

CUL DE LAMPE

Pouco a pouco,
Sem que qualquer coisa me falte,
Sem que qualquer coisa me sobre,
Sem que qualquer coisa esteja exactamente na mesma posição,[1]
Vou andando parado,
Vou vivendo morrendo,
Vou sendo eu através de uma quantidade de gente sem ser.
Vou sendo tudo menos eu.
Acabei.

Pouco a pouco,
Sem que ninguém me falasse
(Que importa tudo quanto me tem sido dito na vida?),
Sem que ninguém me escutasse
(Que importa quanto disse e me ouviram dizer?)
Sem que ninguém me quisesse
(Que importa o que disse quem me disse que queria?),
Muito bem...
Pouco a pouco,
Sem nada disso,
Sem nada que não seja isso,
Vou parando,
Vou parar,
Acabei.

Qual acabei!
Estou farto de sentir e de fingir em pensar,
E não acabei ainda.
Ainda estou a escrever versos.

Ainda estou a escrever.
Ainda estou.

(Não, não vou acabar
Ainda...[2]
Não vou acabar.
Acabei.)[3]

Subitamente, na rua transversal, uma janela no alto e que vulto
[nela?
E o horror de ter perdido a infância em que ali não estive
E o caminho vagabundo da minha consciência inexequível.

Que mais querem? Acabei.
Nem falta o canário da vizinha, ó manhã de outro tempo,
Nem o som (cheio de cesto) do padeiro na escada
Nem os pregões que não sei já onde estão —
Nem o enterro (ouço as vozes) na rua,
Nem o trovão súbito da madeira das tabuinhas de defronte no
[ar de verão,
Nem... quanta coisa, quanta alma, quanto irreparável!
Afinal, agora, tudo cocaína...
Meu amor infância!
Meu passado bibe!
Meu repouso pão com manteiga boa à janela!
Basta, que já estou cego para o que vejo!
Arre, acabei!
Basta!

2/7/1930

132

Sim, é claro,
O Universo é negro, sobretudo de noite.
Mas eu sou como toda a gente,
Não tenha eu dores de dentes nem calos e as outras dores passam.
Com as outras dores fazem-se versos.
Com as que doem, grita-se.[1]

A constituição íntima da poesia
Ajuda muito...
(Como analgésico serve para as dores da alma, que são fracas...)
Deixem-me dormir.

3/7/1930

133

Contudo, contudo,
Também houve gládios e flâmulas de cores
Na primavera do que sonhei de mim.
Também a esperança
Orvalhou os campos da minha visão involuntária,
Também tive quem também me sorrisse.

Hoje estou como se esse tivesse sido outro.
Quem fui não me lembra senão como uma história apensa.
Quem serei não me interessa, como o futuro do mundo.

Caí pela escada abaixo subitamente,
E até o som de cair era a gargalhada da queda.
Cada degrau era a testemunha importuna e dura
Do ridículo que fiz de mim.

Pobre do que perdeu o lugar oferecido por não ter casaco limpo
[com que aparecesse,
Mas pobre também do que, sendo rico e nobre,
Perdeu o lugar do amor por não ter casaco bom dentro do
[desejo.[1]
Sou imparcial como a neve.
Nunca preferi o pobre ao rico,
Como, em mim, nunca preferi nada a nada.

Vi sempre o mundo independentemente de mim.
Por trás disso estavam as minhas sensações vivíssimas,
Mas isso era outro mundo.

Contudo a minha mágoa nunca me fez ver negro o que era cor
[de laranja.[2]
Acima de tudo o mundo externo!
Eu que me aguente comigo e com os comigos de mim.

134

Gostava de gostar de gostar.
Um momento... Dá-me de ali um cigarro,
Do maço em cima da mesa-de-cabeceira.
Continua... Dizias
Que no desenvolvimento da metafísica
De Kant a Hegel
Alguma coisa se perdeu.
Concordo em absoluto.
Estive realmente a ouvir.
Nondum amabam et amare amabam (Santo Agostinho).
Que coisa curiosa estas associações de ideias!
Estou fatigado de estar pensando em sentir outra coisa.
Obrigado. Deixa-me acender. Continua. Hegel...

135

Meu pobre amigo, não tenho compaixão que te dar.
A compaixão custa, sobretudo sincera, e em dias de chuva.
Quero dizer: custa sentir em dias de chuva.
Sintamos a chuva e deixemos a psicologia para outra espécie
[de céu.

Com que então problema sexual?
Mas isso depois dos quinze anos é uma indecência.
Preocupação com o sexo oposto (suponhamos) e a sua psico-
[logia —
Mas isso é estúpido, filho.
O sexo oposto existe para ser procurado e não para ser com-
[preendido.[1]
O problema existe para estar resolvido e não para preocupar.
Compreender é ser impotente.[2]
E você devia revelar-se menos.
"La Colère de Samson", conhece?
"La femme, enfant malade et douze fois impure!"
Mas não é nada disso.
Não me mace, nem me obrigue a ter pena!
Olhe: tudo é literatura.
Vem-nos tudo de fora, como a chuva.
A maneira? Se nós somos páginas aplicadas de romances?
Traduções, meu filho.
Você sabe porque está tão triste? É por causa de Platão,
Que você nunca leu.
E um soneto de Petrarca, que você desconhece, sobrou-lhe
[errado,
E assim é a vida.

Arregace as mangas da camisa civilizada
E cave terras exactas!
Mais vale isso que ter a alma dos outros.
Não somos senão fantasmas de fantasmas,
E a paisagem hoje ajuda muito pouco.
Tudo é geograficamente exterior.
A chuva cai por uma lei natural
E a humanidade ama porque ama falar no amor.

9/7/1930

136

A vida é para os inconscientes (ó Lydia, Celimène, Daisy)
E o consciente é para os mortos — o consciente sem a Vida...
Fumo o cigarro que cheira bem à mágoa dos outros,
E sou ridículo para eles porque os observo e me observam.
Mas não me importo.
Desdobro-me em Caeiro e em técnico,
— Técnico de máquinas, técnico de gente, técnico da moda —
E do que descubro em meu torno não sou responsável nem em
[verso.
O estandarte roto, cosido a seda, dos impérios de Maple —
Metam-no na gaveta das coisas póstumas e basta...

137

Vendi-me de graça aos casuais do encontro.
Amei onde achei, um pouco por esquecimento.
Fui saltando de intervalo em intervalo
E assim cheguei aonde cheguei na vida.

Hoje, recordando o passado
Não encontro nele senão quem não fui...
A criança inconsciente na casa que cessaria,
A criança maior errante na casa das tias já mortas,
O adolescente inconsciente ao cuidado do primo padre tratado
[por tio,
O adolescente maior enviado para o estrangeiro (mania do tutor
[novo).
O jovem inconsciente estudando na Escócia, estudando na Es-
[cócia...
O jovem inconsciente já homem cansado de estudar na Escócia.
O homem inconsciente tão diverso e tão estúpido de depois...
Não tendo nada de comum com o que foi,
Não tendo nada de igual com o que penso,[1]
Não tendo nada de comum com o que poderia ter sido.
Eu...
Vendi-me de graça e deram-me feijões por troco —
Os feijões dos jogos de mesa da minha infância varrida.

19/7/1930

138

Não! Só quero a liberdade!
Amor, glória, dinheiro são prisões.
Bonitas salas? Bons estofos? Tapetes moles?
Ah, mas deixem-me sair para ir ter comigo.
Quero respirar o ar sozinho,
Não tenho pulsações em conjunto,
Não sinto em sociedade por quotas,
Não sou senão eu, não nasci senão quem sou, estou cheio de mim.
Onde quero dormir? No quintal...
Nada de paredes — ser o grande entendimento —
Eu e o universo,
E que sossego, que paz não ver antes de dormir o espectro do
[guarda-fato
Mas o grande esplendor, negro e fresco de todos os astros juntos,
O grande abismo infinito para cima
A pôr brisas e bondades do alto na caveira tapada de carne que
[é a minha cara,
Onde só os olhos — outro céu — revelam o grande ser sub-
[jectivo.[1]

Não quero! Dêem-me a liberdade!
Quero ser igual a mim mesmo.
Não me capem com ideais!
Não me vistam as camisas-de-forças das maneiras!
Não me façam elogiável ou intelegível!
Não me matem em vida!

Quero saber atirar com essa bola alta à lua
E ouvi-la cair no quintal do lado!

Quero ir deitar-me na relva, pensando "amanhã vou buscá-la"...[2]
Amanhã vou buscá-la ao quintal ao lado...
Amanhã vou buscá-la ao quintal ao lado...
Amanhã vou buscá-la ao quintal
Buscá-la ao quintal
Ao quintal
Ao lado...

11/8/1930

139

A liberdade, sim, a liberdade!
A verdadeira liberdade!
Pensar sem desejos nem convicções.
Ser dono de si mesmo sem influência de romances!
Existir sem Freud nem aeroplanos,
Sem cabarets, nem na alma, sem velocidades, nem no cansaço!
A liberdade do vagar, do pensamento são, do amor às coisas
[naturais
A liberdade de amar a moral que é preciso dar à vida!
Como o luar quando as nuvens abrem
A grande liberdade cristã da minha infância que rezava
Estende de repente sobre a terra inteira o seu manto de prata
[para mim...
A liberdade, a lucidez, o raciocínio coerente,
A noção jurídica da alma dos outros como humana,
A alegria de ter estas coisas, e poder outra vez
Gozar os campos sem referência a coisa nenhuma
E beber água como se fosse todos os vinhos do mundo!

Passos todos passinhos de criança...
Sorriso da velha bondosa...
Apertar da mão do amigo sério...
Que vida que tem sido a minha!
Quanto tempo de espera no apeadeiro!
Quanto viver pintado em impresso da vida!

Ah, tenho uma sede sã. Dêem-me a liberdade,
Dêem-ma no púcaro velho de ao pé do pote
Da casa do campo da minha velha infância...

Eu bebia e ele chiava,
Eu era fresco e ele era fresco,
E como eu não tinha nada que me ralasse, era livre.
Que é do púcaro e da inocência?
Que é de quem eu deveria ter sido?
E salvo este desejo de liberdade e de bem e de ar, que é de mim?

17/8/1930

140

Grandes são os desertos, e tudo é deserto.
Não são algumas toneladas de pedras ou tijolos ao alto
Que disfarçam o solo, o tal solo que é tudo.
Grandes são os desertos e as almas desertas e grandes —
Desertas porque não passa por elas senão elas mesmas,
Grandes porque de ali se vê tudo, e tudo morreu.

Grandes são os desertos, minha alma!
Grandes são os desertos.

Não tirei bilhete para a vida,
Errei a porta do sentimento,
Não houve vontade ou ocasião que eu não perdesse.
Hoje não me resta, em vésperas de viagem,
Com a mala aberta esperando a arrumação adiada,
Sentado na cadeira em companhia com as camisas que não cabem,
Hoje não me resta (à parte o incómodo de estar assim sentado)
Senão saber isto:
Grandes são os desertos, e tudo é deserto.
Grande é a vida, e não vale a pena haver vida.

Arrumo melhor a mala com os olhos de pensar em arrumar
Que com arrumação das mãos factícias (e creio que digo bem).
Acendo um cigarro para adiar a viagem,
Para adiar todas as viagens,
Para adiar o universo inteiro.

Volta amanhã, realidade!
Basta por hoje, gentes!
Adia-te presente absoluto!
Mais vale não ter que ser assim.[1]

Comprem chocolates à criança a quem sucedi por erro,
E tirem a tabuleta porque amanhã é infinito.

Mas tenho que arrumar a mala,
Tenho por força que arrumar a mala,
A mala.
Não posso levar as camisas na hipótese e a mala na razão.
Sim, toda a vida tenho tido que arrumar a mala.
Mas também, toda a vida, tenho ficado sentado sobre o canto
[das camisas empilhadas,
A ruminar, como um boi que não chegou a Ápis, destino.

Tenho que arrumar a mala de ser.
Tenho que existir a arrumar malas.
A cinza do cigarro cai sobre a camisa de cima do monte.
Olho para o lado, verifico que estou a dormir.
Sei só que tenho que arrumar a mala,
E que os desertos são grandes e tudo é deserto,
E qualquer parábola a respeito disto, mas dessa é que já me
[esqueci.

Ergo-me de repente todos os Césares.
Vou definitivamente arrumar a mala.
Arre, hei-de arrumá-la e fechá-la;
Hei-de vê-la levar de aqui,
Hei-de existir independentemente dela.

Grandes são os desertos e tudo é deserto,
Salvo erro, naturalmente.

Pobre da alma humana com oásis só no deserto ao lado!

Mais vale arrumar a mala.
Fim.

4/9/1930

141

O mesmo *Teucro duce et auspice Teucro*
É sempre cras — amanhã — que nos faremos ao mar.[1]

Sossega, coração inútil, sossega!
Sossega, porque nada há que esperar,
E por isso nada que desesperar também...
Sossega... Por cima do muro da quinta
Sobe longínquo o olival alheio.
Assim na infância vi outro que não era este:
Não sei se foram os mesmos olhos da mesma alma que o viram.
Adiamos tudo, até que a morte chegue.
Adiamos tudo e o entendimento de tudo,
Com um cansaço antecipado de tudo,
Com uma saudade prognóstica e vazia.

142

TRAPO

O dia deu em chuvoso.
A manhã, contudo, esteve bastante azul.
O dia deu em chuvoso.
Desde manhã eu estava um pouco triste.
Antecipação? tristeza? coisa nenhuma?
Não sei: já ao acordar estava triste.
O dia deu em chuvoso.

Bem sei: a penumbra da chuva é elegante.
Bem sei: o sol oprime, por ser tão ordinário, um elegante.
Bem sei: ser susceptível às mudanças de luz não é elegante.
Mas quem disse ao sol ou aos outros que eu quero ser elegante?
Dêem-me o céu azul e o sol visível.
Névoa, chuvas, escuros — isso tenho eu em mim.
Hoje quero só sossego.
Até amaria o lar, desde que o não tivesse.
Chego a ter sono de vontade de ter sossego.
Não exageremos!
Tenho efectivamente sono, sem explicação.
O dia deu em chuvoso.

Carinhos? afectos? São memórias...
É preciso ser-se criança para os ter...
Minha madrugada perdida, meu céu azul verdadeiro!
O dia deu em chuvoso.

Boca bonita da filha do caseiro,
Polpa de fruta de um coração por comer...

Quando foi isso? Não sei...
No azul da manhã...

O dia deu em chuvoso.

[*10/9/1930*]*

143

Começo a conhecer-me. Não existo.
Sou o intervalo entre o que desejo ser e os outros me fizeram,
Ou metade desse intervalo, porque também há vida…
Sou isso, enfim…
Apague a luz, feche a porta e deixe de ter barulhos de chinelos
[no corredor.
Fique eu no quarto só com o grande sossego de mim mesmo.
É um universo barato.

144

Tenho escrito mais versos que verdade.
Tenho escrito principalmente
Porque outros têm escrito.
Se nunca tivesse havido poetas no mundo,
Seria eu capaz de ser o primeiro?
Nunca!
Seria um indivíduo perfeitamente consentível,
Teria casa própria e moral.
Senhora Gertrudes!
Limpou mal este quarto:
Tire-me essas ideias de aqui!

[*15/10/1930*]*

145

No fim de tudo dormir.
No fim de quê?
No fim do que tudo parece ser...,
Este pequeno universo provinciano entre os astros,
Esta aldeola do espaço,
E não só do espaço visível, mas até do espaço total.

*[posterior a 1930]**

146

A plácida face anónima de um morto.

Assim os antigos marinheiros portugueses,
Que temeram, seguindo contudo, o mar grande do Fim,
Viram, afinal, não monstros nem grandes abismos,
Mas praias maravilhosas e estrelas por ver ainda.[1]

O que é que os taipais do mundo escondem nas montras de Deus?[2]

O ENGENHEIRO APOSENTADO (1931-1935)

147

Tenho uma grande constipação,
E toda a gente sabe como as grandes constipações
Alteram todo o sistema do universo,
Zangam-nos contra a vida,
E fazem espirrar até à metafísica.
Tenho o dia perdido cheio de me assoar.
Dói-me a cabeça indistintamente.
Triste condição para um poeta menor!
Hoje sou verdadeiramente um poeta menor.
O que fui outrora foi um desejo; partiu-se.

Adeus para sempre, rainha das fadas!
As tuas asas eram de sol, e eu cá vou andando.
Não estarei bem se não me deitar na cama.
Nunca estive bem senão deitando-me no universo.
Excusez du peu... Que grande constipação física!
Preciso de verdade e de aspirina.

14/3/1931

148

OXFORDSHIRE

Quero o bem, e quero o mal, e afinal não quero nada.
Estou mal deitado sobre a direita, e mal deitado sobre a esquerda
E mal deitado sobre a consciência de existir.
Estou universalmente mal, metafisicamente mal,
Mas o pior é que me dói a cabeça.
Isso é mais grave que a significação do universo.

Uma vez, ao pé de Oxford, num passeio campestre,[1]
Vi erguer-se, de uma curva da estrada, na distância próxima
A torre-velha de uma igreja acima de casas da aldeia ou vila.
Ficou-me fotográfico esse incidente nulo
Como uma dobra transversal escangalhando o vinco das calças.
Agora vem a propósito...
Da estrada eu previa espiritualidade a essa torre de igreja
Que era a fé de todas as eras, e a eficaz caridade.
Da vila, quando lá cheguei, a torre da igreja era a torre da igreja,
E, ainda por cima, estava ali.

É-se feliz na Austrália, desde que lá se não vá.

4/6/1931

149

Sim, sou eu, eu mesmo, tal qual resultei de tudo,
Espécie de acessório ou sobresselente próprio,
Arredores irregulares da minha emoção sincera,
Sou eu aqui em mim, sou eu.

Quanto fui, quanto não fui, tudo isso sou.
Quanto quis, quanto não quis, tudo isso me forma.
Quanto amei ou deixei de amar é a mesma saudade em mim.

E, ao mesmo tempo, a impressão, um pouco inconsequente,
Como de um sonho formado sobre realidades mistas,
De me ter deixado, a mim, num banco de carro eléctrico,
Para ser encontrado pelo acaso de quem se lhe ia sentar em cima.

E, ao mesmo tempo, a impressão, um pouco longínqua,
Como de um sonho que se quer lembrar na penumbra a que se
[acorda,
De haver melhor em mim do que eu.

Sim, ao mesmo tempo, a impressão, um pouco dolorosa,
Como de um acordar sem sonhos para um dia de muitos credores,
De haver falhado tudo como tropeçar no capacho,
De haver embrulhado tudo como a mala sem as escovas,
De haver substituído qualquer coisa a mim algures na vida.[1]

Baste! É a impressão um tanto ou quanto metafísica,
Como o sol pela última vez sobre a janela da casa a abandonar,
De que mais vale ser criança que querer compreender o mundo —
A impressão de pão com manteiga e brinquedos

De um grande sossego sem Jardins de Proserpina,
De uma boa vontade para com a vida encostada de testa à janela,
Num ver chover com som lá fora
E não as lágrimas mortas de custar a engolir.[2]

Baste, sim baste! Sou eu mesmo, o trocado,
O emissário sem carta nem credenciais,
O palhaço sem riso, o bobo com o grande fato de outro,
A quem tinem as campainhas da cabeça
Como chocalhos pequenos de uma servidão em cima.

Sou eu mesmo, a charada sincopada
Que ninguém da roda decifra nos serões de província.

Sou eu mesmo, que remédio!...

6/8/1931

150

AH, UM SONETO...*

Meu coração é um almirante louco
Que abandonou a profissão do mar
E que a vai relembrando pouco a pouco
Em casa a passear, a passear...

No movimento (eu mesmo me desloco
Nesta cadeira, só de o imaginar)
O mar abandonado fica em foco
Nos músculos cansados de parar.

Há saudades nas pernas e nos braços.
Há saudades no cérebro por fora.
Há grandes raivas feitas de cansaços.

Mas — esta é boa! — era do coração
Que eu falava... e onde diabo estou eu agora
Com almirante em vez de sensação?...

[*12/10/1931*]**

151

Meu coração, o almirante errado
Que comandou a armada por haver
Tentou caminho onde o negou o Fado,
Quis ser feliz quando o não pôde ser.

E assim, fechado, absurdo, postergado,
Dado ao que nos resulta de se abster,
Não foi dado, não foi dado, não foi dado
E o verso errado deixa-o entender.

Mas há compensações absolutórias
Na sombra — no silêncio da derrota
Que tem mais rosas de alma que as vitórias.

E assim surgiu, Imperial, a frota
Carregada de anseios e de glórias
Com que o almirante prosseguiu na rota.

152

Estou escrevendo sonetos regulares
(Ou quase regulares) como um poeta...
Mas se eu dissesse a alguém a dor completa
Que me faz ter tais gestos e tais ares,

Ninguém acreditava. Ó grandes mares
Da emoção subindo em névoa preta[1]
Até a mágoa ser como a do asceta.
□

Como um estalido de "mola de pressão"
Fecho a carteira dos apontamentos
Onde fixei a minha indecisão,

Não sou meu ser, nem sou meus pensamentos,
A minha vida é um príncipe ao balcão[2]
□

153

Não fales alto, que isto aqui é vida —
Vida e consciência dela,
Porque a noite avança, estou cansado, não durmo,
E, se chego à janela,
Vejo, de sob as pálpebras da besta, os muitos lugares das estrelas...
Cansei o dia com esperanças de dormir de noite,
É noite quase outro dia. Tenho sono. Não durmo.
Sinto-me toda a humanidade através do cansaço —
Um cansaço que quase me faz carne os ossos...[1]
Somos todos aquilo...
Bamboleamos, moscas, com asas presas,
No mundo, teia de aranha sobre o abismo.*

21/10/1931

154

Sim, não tenho razão…
Deixa-me distrair-me do argumento mental,
Não tenho razão, está bem, é uma razão como outra qualquer…

Se nem creio? Não sei.
Creio que sim. Mas repito.
O amor deve ser constante?
Sim, deve ser constante,
Só no amor, é claro.
Digo ainda outra vez…

Que embrulhada a gente arranja na vida!
Sim, está bem, amanhã trago o dinheiro.

Ó grande sol, tu não sabes nada disto,
Alegria que se não pode fitar no azul sereno inatingível.

30/10/1931

155

É inútil prolongar a conversa de todo este silêncio.
Jazes sentado, fumando, no canto do sofá grande —
Jazo sentado, fumando, no sofá de cadeira funda,
Entre nós não houve, vai para uma hora,
Senão os olhares de uma só vontade de dizer.
Renovávamos, apenas, os cigarros — o novo no aceso do velho[1]
E continuávamos a conversa silenciosa,
Interrompida apenas pelo desejo olhado de falar...

Sim, é inútil,
Mas tudo, até a vida dos campos é igualmente inútil[2]
Há coisas que são difíceis de dizer...
Este problema, por exemplo.
De qual de nós é que ela gosta? Como é que podemos chegar a
[discutir isso?
Nem falar nela, não é verdade?
E sobretudo não ser o primeiro a pensar em falar nela!
A falar nela ao impassível outro e amigo...
Caiu a cinza do teu cigarro no teu casaco preto —
Ia advertir-te, mas para isso era preciso falar...

Entreolhámo-nos de novo, como transeuntes cruzados.
E o pecado mútuo que não cometemos
Assomou ao mesmo tempo ao fundo dos dois olhares.
De repente espreguiças-te, semi-ergues-te — Escusas de falar...
"Vou-me deitar!" dizes, porque o vais dizer.[3]
E tudo isto, tão psicológico, tão involuntário,

Por causa de uma empregada de escritório agradável e solene.
Ah, vamo-nos deitar!
Se fizer versos a respeito disto, já sabes, é desprezo!

22/11/1931

156

Acordo de noite, muito de noite, no silêncio todo.
São — tictac visível — quatro horas de tardar o dia.
Abro a janela directamente, no desespero da insónia.
E, de repente, humano,
O quadrado com cruz de uma janela iluminada!
Fraternidade na noite!

Fraternidade involuntária, incógnita, na noite!
Estamos ambos dispertos e a humanidade é alheia.
Dorme. Nós temos luz.

Quem serás? Doente, moedeiro falso, insone simples como eu?
Não importa. A noite eterna, informe, infinita,
Só tem, neste lugar, a humanidade das nossas duas janelas,
O coração latente das nossas duas luzes,
Neste momento e lugar, ignorando-nos, somos toda a vida.

Sobre o parapeito da janela da traseira da casa,
Sentindo húmida da noite a madeira onde agarro,
Debruço-me para o infinito e, um pouco, para mim.

Nem galos gritando ainda no silêncio definitivo![1]
Que fazes, camarada, da janela com luz?[2]
Sonho, falta de sono, vida?
Tom amarelo cheio da tua janela incógnita...
Tem graça: não tens luz eléctrica.
Ó candeeiros de petróleo da minha infância perdida!

*25/11/1931**

157
NOTAS SOBRE TAVIRA

Cheguei finalmente à vila da minha infância.
Desci do comboio, recordei-me, olhei, vi, comparei.
(Tudo isto levou o espaço de tempo de um olhar cansado).
Tudo é velho onde fui novo.
Desde já — outras lojas, e outras frontarias de pinturas nos
[mesmos prédios —
Um automóvel que nunca vi (não os havia antes)
Estagna amarelo escuro ante uma porta entreaberta.
Tudo é velho onde fui novo.
Sim, porque até o mais novo que eu é ser velho o resto.
A casa que pintaram de novo é mais velha porque a pintaram de
[novo.
Paro diante da paisagem, e o que vejo sou eu.
Outrora aqui antevi-me esplendoroso aos 40 anos —
Senhor do mundo —
É aos 41 que desembarco do comboio [?indolentão?].
O que conquistei? Nada.
Nada, aliás, tenho a valer conquistado.
Trago o meu tédio e a minha falência fisicamente no pesar-me
[mais a mala...
De repente avanço seguro, resolutamente.
Passou toda a minha hesitação
Esta vila da minha infância é afinal uma cidade estrangeira.
(Estou à vontade, como sempre, perante o estranho, o que me
[não é nada)
Sou forasteiro, tourist, transeunte.
É claro: é isso que sou.
Até em mim, meu Deus, até em mim.

8/12/1931

158

Quero acabar entre rosas, porque as amei na infância.
Os crisântemos de depois, desfolhei-os a frio.
Falem pouco, devagar.
Que eu não oiça, sobretudo com o pensamento.
O que quis? Tenho as mãos vazias,
Crispadas flebilmente sobre a colcha longínqua.
O que pensei? Tenho a boca seca, abstracta.
O que vivi? Era tão bom dormir!

[*8/12/1931*]*

159

Não, não é cansaço...
É uma quantidade de desilusão
Que se me entranha na espécie de pensar,
É um domingo às avessas
Do sentimento,
Um feriado passado no abismo...

Não, cansaço não é...
É eu estar existindo
E também o mundo,
Com tudo aquilo que contém,
Com tudo aquilo que nele se desdobra
E afinal é a mesma coisa variada em cópias iguais.

Não. Cansaço porquê?
É uma sensação abstracta
Da vida concreta —
Qualquer coisa como um grito
Por dar,
Qualquer coisa como uma angústia
Por sofrer,
Ou por sofrer completamente,
Ou por sofrer como...
Sim, ou por sofrer como...
Isso mesmo, como...

Como quê?...
Se soubesse, não haveria em mim este falso cansaço.
(Ai, cegos que cantam na rua,

Que formidável realejo
Que é a guitarra de um, e a viola do outro, e a voz dela!)[1]

Porque oiço, vejo.
Confesso: é cansaço!...

160

O horror sórdido do que, a sós consigo,
Vergonhosa de si, no escuro, cada alma humana pensa.

161

Sucata de alma vendida pelo peso do corpo,
Se algum guindaste te eleva é para te despejar...
Nenhum guindaste te eleva senão para te baixar.

Olho analiticamente, sem querer, o que romantizo sem querer...

[*posterior a 1/2/1932*]*

162

A alma humana é porca como um ânus[1]
E a Vantagem dos caralhos pesa em muitas imaginações.

Meu coração desgosta-se de tudo com uma náusea do estômago.
A Távola Redonda foi vendida a peso,
E a biografia do Rei Artur, um galante escreveu-a.
Mas a sucata da cavalaria ainda reina nessas almas, como um [perfil distante.

Está frio.
Ponho sobre os ombros o capote que me lembra um xale —
O xale que minha tia me punha aos ombros na infância.
Mas os ombros da minha infância sumiram-se muito para dentro [dos meus ombros.
E o meu coração da infância sumiu-se muito para dentro do [meu coração.

Sim, está frio...
Está frio em tudo que sou, está frio...
Minhas próprias ideias têm frio, como gente velha...
E o frio que eu tenho das minhas ideias terem frio é mais frio [do que elas.

Engelho o capote à minha volta...
O Universo da gente... a gente... as pessoas todas!...
A multiplicidade da humanidade misturada,
Sim, aquilo a que chamam a vida, como se não houvesse outros [e estrelas...
Sim, a vida...

Meus ombros descaem tanto que o capote resvala...
Querem comentário melhor? Puxo-me para cima o capote.

Ah, parte a cara à vida!
Liberta-te com estrondo no sossego de ti!

163

São poucos os momentos de prazer na vida...[1]
É gozá-la... Sim, já o ouvi dizer muitas vezes
Eu mesmo já o disse. (Repetir é viver.)
É gozá-la, não é verdade?

Gozemo-la, loura falsa, gozemo-la, casuais e incógnitos,
Tu, com teus gestos de distinção cinematográfica
Com teus olhares para o lado a nada,
Cumprindo a tua função de animal emaranhado;
Eu no plano inclinado da consciência para a indiferença,
Amemo-nos aqui. Tempo é só um dia.
Tenhamos o [?romantismo?] dele!
Por trás de mim vigio, involuntariamente.
Sou qualquer nas palavras que te digo, e são suaves — e as que [esperas.
Do lado de cá dos meus Alpes, e que Alpes! somos do corpo.
Nada quebra a passagem prometida de uma ligação futura,
E vai tudo elegantemente, como em Paris, Londres, Berlim.
"Percebe-se", dizes, "que o senhor viveu muito no estrangeiro."
E eu que sinto vaidade em ouvi-lo!
Só tenho medo que me vás falar da tua vida...
Cabaret de Lisboa? Visto que o é, seja.
Lembro-me subitamente, visualmente, do anúncio no jornal
"Rendez-vous da sociedade elegante",
Isto.
Mas nada destas reflexões temerárias e futuras
Interrompe aquela conversa involuntária em que te sou qualquer.
Falo médias e imitações
E cada vez, vejo e sinto, gostas mais de mim a valer que □ hoje;

É nesta altura que, debruçando-me de repente sobre a mesa
Te segredo em segredo o que exactamente convinha.
Ris, toda olhar e em parte boca, efusiva e próxima,
E eu gosto verdadeiramente de ti.
Soa em nós o gesto sexual de nos irmos embora.
Rodo a cabeça para o pagamento...
Alegre, álacre, sentindo-te, falas...
Sorrio.
Por trás do sorriso, não sou eu.

5/2/1932

164

Ah, que extraordinário,
Nos grandes momentos do sossego da tristeza,
Como quando alguém morre, e estamos em casa dele e todos
[estão quietos,
O rodar de um carro na rua, ou o canto de um galo nos quintais...
Que longe da vida!
É outro mundo.
Viramo-nos para a janela, e o sol brilha lá fora —
Vasto sossego plácido da natureza sem interrupções!

[*28/3/1932*]*

165
COSTA DO SOL

I

Todas as coisas são impressionantes.
Enquanto houver no mundo sangue e rosas
Há-de haver sempre certos bons instantes
Em que se passam coisas sem ser coisas.

Meu coração, um solavanco, ou antes
Um intervalo consciente. Lousas
Cobrem os que como eu tinham rompantes
Em que iam à conquista das teimosas.

Mas o foguete é um símbolo que sobe
Para cair, depois de ruídos no alto,
Mera cana caduca, e até sobre

Quem o deitou... E o que um garoto leva
Da rua — a cana ardida — é quanto falto
Que absurdo pirotécnico me eleva?

II

Deixo, deuses, atrás a dama antiga
(Com uma letra diferente fixo
O absurdo, e rio, porque sofro). Digo:
Deixo atrás quem amei, como um prefixo...

Outrora eu, que era anónimo e prolixo
(Dois adjectivos que de há muito sigo)

Amei por ter um coração amigo.
Amo hoje o que amo só porque o persigo.

Dêem-me vinho que um Horácio cante!
Quero esquecer o que de meu é meu...
Quero, sem que me mexa, ir indo adiante.

Estou no Estoril e olho para o céu...
Ah que ainda é certo aquele azul ovante
Que esplendeu astros sobre o mar egeu.

III

Somos meninos de uma primavera
De que alguém fez tijolos. Quando cismo
Tiro da cigarreira um misticismo
Que acendo e fumo como se o esquecera.

No teu ar de dormir nessa cadeira,
(Reparo agora, feito o exorcismo,
Que o terceiro soneto ergue do abismo)
És sempre a mesma, anónima — terceira...

Ó grande mar atlântico, desculpa!
Cuspi à tua beira três sonetos.
Sim, mas cuspi-os sobre a minha culpa.

Mulher, amor, alcova — sois tercetos!
Só vós ó mar e céu nos libertais,
Que qualquer trapo incógnito franjais[1]
....
Sossego? Outrora? Ora adeus! Foi feita
No cárcere a Marília de Dirceu.
De realmente meu só tenho eu.

Pudesse eu pôr um dique ao que em mim espreita,
(No seu perfil de pálida imperfeita,
Recorte morto contra um vivo céu,*

9/9/1932

166

Ah, como outrora era outra a que eu não tinha!
Como amei quando amei! Ah, como eu ria.
Como com olhos de quem nunca via
Tinha o trono onde ter uma rainha.

Sob os pés seus a vida me espezinha
Reclinas-te tão bem! A tarde esfria...
Ó mar sem cais nem lodo ou maresia,
Que tens comigo, cuja alma é a minha?

Sob uma umbrela de chá em baixo estamos
E é subita a lembrança opositória
Da velha quinta e do espalmar dos ramos

Sob os quais a merenda... Oh amor, oh glória!
Fechem-me os olhos para toda a história!
Como sapos saltamos e erramos...

167
REALIDADE

Sim, passava aqui frequentemente há vinte anos...
Nada está mudado — ou, pelo menos, não dou por isso —
Nesta localidade da cidade...

Há vinte anos!...
O que eu era então! Ora, era outro...
Há vinte anos, e as casas não sabem de nada...

Vinte anos inúteis (e sei lá se o foram!
Sei eu o que é útil ou inútil?)...
Vinte anos perdidos (mas o que seria ganhá-los?)

Tento reconstruir na minha imaginação
Quem eu era e como era quando por aqui passava
Há vinte anos...
Não me lembro, não me posso lembrar.
O outro que aqui passava então,
Se existisse hoje, talvez se lembrasse...
Há tanta personagem de romance que conheço melhor por [dentro
Do que esse eu-mesmo que há vinte anos passava aqui![1]

Sim, o mistério do tempo.
Sim, o não se saber nada,
Sim, o termos todos nascido a bordo.
Sim, sim, tudo isso, ou outra forma de o dizer...

Daquela janela do segundo andar, ainda idêntica a si mesma,
Debruçava-se então uma rapariga mais velha que eu, mais lem- [bradamente de azul.

Hoje, se calhar, está o quê?
Podemos imaginar tudo do que nada sabemos.
Estou parado física e moralmente: não quero imaginar nada...

Houve um dia em que subi esta rua pensando alegremente no [futuro,
Pois Deus dá licença que o que não existe seja fortemente ilu- [minado.
Hoje, descendo esta rua nem no passado penso alegremente.
Quando muito, nem penso...
Tenho a impressão que as duas figuras se cruzaram na rua, nem [então nem agora,
Mas aqui mesmo, sem tempo a perturbar o cruzamento.
Olhámos indiferentemente um para o outro.
E eu o antigo lá subi a rua imaginando um futuro girassol.
E eu o moderno lá desci a rua não imaginando nada.

Talvez isto realmente se desse...
Verdadeiramente se desse...
Sim, carnalmente se desse...

Sim, talvez...

15/12/1932

168

Que somos nós? Navios que passam um pelo outro na noite,
Cada um a vida das linhas das vigias iluminadas
E cada um sabendo do outro só que há vida lá dentro e mais
[nada.[1]
Navios que se afastam ponteados de luz na treva,
Cada um indeciso diminuindo para cada lado do negro[2]
Tudo mais é a noite calada e o frio que sobe do mar.[3]

169

E o esplendor dos mapas, caminho abstracto para a imaginação
[concreta,
Letras e riscos irregulares abrindo para a maravilha.

O que de sonho jaz nas encadernações vetustas,
Nas assinaturas complicadas (ou tam simples e esguias) dos
[velhos livros.
(Tinta remota e desbotada aqui presente para além da morte,
Ó enigma visível do tempo, o nada vivo em que estamos!)
O que de negado à nossa vida quotidiana vem nas ilustrações,
O que certas gravuras de anúncios sem querer anunciam.

Tudo quanto sugere, ou exprime o que não exprime,
Tudo o que diz o que não diz,
E a alma sonha, diferente e distraída.

14/1/1933

170

Na ampla sala de jantar das tias velhas
O relógio tictaqueava o tempo mais devagar.
Ah o horror da felicidade que se não conheceu
Por se ter conhecido sem se conhecer,
O horror do que foi porque o que está está aqui.
Chá com torradas na província de outrora
Em quantas cidades me tens sido memória e choro!
Eternamente criança,
Eternamente abandonado,
Desde que o chá e as torradas me faltaram no coração.

Aquece, meu coração!
Aquece ao passado,
Que o presente é só uma rua onde passa quem me esqueceu...

[*29/1/1933*]*

171

A clareza falsa, rígida, não-lar dos hospitais
A alegria humana, vivaz, sobre o caso da vizinha
Da mãe inconsolável a que o filho morreu há um ano

Trapos somos, trapos amamos, trapos agimos —
Que trapo tudo que é este mundo!

[*29/1/1933*]*

172

Ah o som de abanar o ferro da engomadeira
À janela ao lado da minha infância debruçada!
O som de estarem lavando a roupa no tanque!
Todas estas coisas são, de qualquer modo,
Parte do que sou.
(Ó ama morta, que é do teu carinho grisalho?)
Minha infância da altura da cara pouco acima da mesa...[1]
Minha mão gordinha pousada na borda da toalha que se en-
[rodilhava.
E eu olhava por cima do prato, nas pontas dos pés.
(Hoje se me puser nas pontas dos pés, é só intelectualmente.
E a mesa que tenho não tem toalha, nem quem lhe ponha
[toalha...)[2]
Estudei o fermento da falência
Na demonologia da imaginação...

173

E o som só dentro do relógio acentuado
No serão sem ninguém das casas de jantar da província
Põe-me o tempo inteiro em cima da alma,
E enquanto não chega a hora do chá das tias velhas,
O meu coração ouve o tempo passar e sofre comigo.

Tic-tac mais sonolento que o dos outros relógios —
Na parede, de madeira, este tem pêndulo e oscila.
O meu coração tem saudades não sabe de quê.
Tenho que morrer...
Tic-tac mecânico e certo — serão sereno mecânico na província...

174

Névoas de todas as recordações juntas
(A institutrice loura dos jardins pacatos)
Recordo tudo a ouro do sol e papel de seda...
E o arco da criança passa veloz por quase rente a mim...

175

Que noite serena!
Que lindo luar!
Que linda barquinha
Bailando no mar!

Suave, todo o passado — o que foi aqui de Lisboa — me surge...
O terceiro andar das tias, o sossego de outrora,
Sossego de várias espécies,
A infância sem futuro pensado,
O ruído aparentemente contínuo da máquina de costura delas,
E tudo bom e a horas,
De um bem e de um a-horas próprio, hoje morto.

Meu Deus, que fiz eu da vida?

Que noite serena!
Que lindo luar!
Que linda barquinha
Bailando no mar!

Quem é que cantava isso?
Isso estava lá.
Lembro-me mas esqueço.
E dói, dói, dói...

Por amor de Deus, parem com isso dentro da minha cabeça.

176

Penso em ti no silêncio da noite, quando tudo é nada,
E os ruídos que há no silêncio são o próprio silêncio,[1]
Então, sozinho de mim, passageiro parado
De uma viagem em Deus, inutilmente penso em ti.

Todo o passado, em que foste um momento eterno,
É como este silêncio de tudo.
Todo o perdido, em que foste o que mais perdi,
É como estes ruídos,
Todo o inútil, em que foste o que não houvera de ser
É como o nada por ser neste silêncio nocturno.

Tenho visto morrer, ou ouvido que morrem,
Quantos amei ou conheci,
Tenho visto não saber mais nada deles de tantos que foram
Comigo, e pouco importa se foi um homem ou uma conversa,
Ou um povo omitido do mundo,
E o mundo hoje para mim é um cemitério de noite
Branco e negro de campas e árvores e de luar alheio
E é neste sossego absurdo de mim e de tudo que penso em ti.

[*posterior a 15/3/1933*]*

177

Faze as malas para Parte Nenhuma!
Embarca para a universalidade negativa de tudo
Com um grande embandeiramento de navios fingidos —
Dos navios pequenos, multicolores, da infância!
Faz as malas para o Grande Abandono!
E não esqueças, entre as escovas e a tesoura,
A distância policroma do que se não pode obter.
Faze as malas definitivamente!
Que és tu aqui, onde existes gregário e inútil —
E quanto mais útil mais inútil —
E quanto mais verdadeiro mais falso —
Que és tu aqui? que és tu aqui? que és tu aqui?
Embarca, sem malas mesmo, para ti mesmo diverso!
Que te é a terra habitada senão o que não é contigo?

2/5/1933

178

PSIQUETIPIA[1]

Símbolos. Tudo símbolos...
Se calhar, tudo é símbolos...
Serás tu um símbolo também?

Olho, desterrado de ti, as tuas mãos brancas
Postas, com boas maneiras inglesas, sobre a toalha da mesa,
Pessoas independentes de ti...
Olho-as: também serão símbolos?
Então todo o mundo é símbolo e magia?
Se calhar é...
E porque não há-de ser?

Símbolos...
Estou cansado de pensar...
Ergo finalmente os olhos para os teus olhos que me olham.
Sorris, sabendo bem em que eu estava pensando...
Meu Deus! e não sabes...
Eu pensava nos símbolos...
Respondo fielmente à tua conversa por cima da mesa...
"It was very strange, wasn't it?"
"Awfully strange. And how did it end?"
"Well, it didn't end. It never does, you know."
Sim, you know... Eu sei...
Sim, eu sei...
É o mal dos símbolos, you know.
Yes, I know.
Conversa perfeitamente natural... Mas os símbolos?

Não tiro os olhos de tuas mãos... Quem são elas?
Meu Deus! Os símbolos... Os símbolos...

7/11/1933

179
MAGNIFICAT

Quando é que passará esta noite interna, o universo,
E eu, a minha alma, terei o meu dia?
Quando é que despertarei de estar acordado?
Não sei. O sol brilha alto,
Impossível de fitar.
As estrelas pestanejam frio,
Impossíveis de contar.
O coração pulsa alheio,
Impossível de escutar.
Quando é que passará este drama sem teatro,
Ou este teatro sem drama,
E recolherei a casa?
Onde? Como? Quando?
Gato que me fitas com olhos de vida,
Quem tens lá no fundo?[1]
É Esse! É esse!
Esse mandará como Josué parar o sol e eu acordarei;
E então será dia.
Sorri, dormindo, minha alma!
Sorri, minha alma: será dia!

7/11/1933

180
PECADO ORIGINAL

Ah, quem escreverá a história do que poderia ter sido?
Será essa, se alguém a escrever,
A verdadeira história da humanidade.

O que há é só o mundo verdadeiro, não é nós, só o mundo;
O que não há somos nós, e a verdade está aí.

Sou quem falhei ser.
Somos todos quem nos supusemos.
A nossa realidade é o que não conseguimos nunca.

Que é daquela nossa verdade — o sonho à janela da infância?
Que é daquela nossa certeza — o propósito à mesa de depois?

Medito, a cabeça curvada contra as mãos sobrepostas
Sobre o parapeito alto da janela de sacada,
Sentado de lado numa cadeira, depois de jantar.

Que é da minha realidade, que só tenho a vida?
Que é de mim, que sou só quem existo?

Quantos Césares fui!

Na alma, e com alguma verdade;
Na imaginação, e com alguma justiça;
Na inteligência, e com alguma razão —
Meu Deus! meu Deus! meu Deus! —
Quantos Césares fui!

Quantos Césares fui!
Quantos Césares fui!

Mundo, 7 de Dezembro de 1933

181
DACTILOGRAFIA

Traço, sozinho, no meu cubículo de engenheiro, o plano,
Formo o projecto, aqui isolado,
Remoto até de quem eu sou.

Ao lado, acompanhamento banalmente sinistro,
O tic-tac estalado das máquinas de escrever.

Que náusea da vida!
Que abjecção esta regularidade!
Que sono este ser assim!

Outrora, quando fui outro, eram castelos e cavalarias
(Ilustrações, talvez, de qualquer livro de infância),
Outrora, quando fui verdadeiro ao meu sonho,
Eram grandes paisagens do Norte, explícitas de neve,
Eram grandes palmares do sul, opulentos de verdes.

Outrora...

Ao lado, acompanhamento banalmente sinistro,
O tic-tac estalado das máquinas de escrever.

Temos todos duas vidas:
A verdadeira, que é a que sonhámos na infância,
E que continuamos sonhando, adultos, num substracto de névoa;
A falsa, que é a que vivemos em convivência com outros,
Que é a prática, a útil,
Aquela em que acabam por nos meter num caixão.
Na outra não há caixões, nem mortes.

Há só ilustrações de infância:
Grandes livros coloridos, para ver mas não ler;
Grandes páginas de cores para recordar mais tarde.
Na outra somos nós,
Na outra vivemos;
Nesta morremos, que é o que viver quer dizer.
Neste momento, pela náusea, vivo só na outra...

Mas ao lado, acompanhamento banalmente sinistro,
Se, desmeditando, escuto,[1]
Ergue a voz o tic-tac estalado das máquinas de escrever.

19/12/1933

182

Não ter emoções, não ter desejos, não ter vontades,[1]
Mas ser apenas, no ar sensível das coisas[2]
Uma consciência abstracta com asas de pensamento,[3]

Não ser desonesto nem não desonesto, separado ou junto,
Nem igual a outros, nem diferente dos outros,
Vivê-los em outrem, separar-se deles
Como quem, distraído, se esquece de si...

183

Não será melhor
Não fazer nada?
Deixar tudo ir de escantilhão pela vida abaixo
Para um naufrágio sem água?

Não será melhor
Colher coisa nenhuma
Nas roseiras sonhadas,
E jazer quieto, a pensar no exílio dos outros,
Nas primaveras por haver?

Não será melhor
Renunciar, como um rebentar de bexigas populares
Na atmosfera das feiras,
A tudo,
Sim, a tudo,
Absolutamente a tudo?

12/4/1934

184

Estou vazio como um poço seco.
Não tenho verdadeiramente realidade nenhuma.
Tampa no esforço imaginativo!

[*posterior a 1923*]*

185

Puseram-me uma tampa —
Todo o céu.
Puseram-me uma tampa.

Que grandes aspirações!
Que magnas plenitudes!
E algumas verdadeiras...
Mas sobre todas elas
Puseram-me um tampa.
Como a um daqueles penicos antigos —
Lá nos longes tradicionais da província —
Uma tampa.

12/4/1934

186

Lisboa com suas casas
De várias cores,
Lisboa com suas casas
De várias cores,
Lisboa com suas casas
De várias cores...
À força de diferente, isto é monótono,
Como à força de sentir, fico só a pensar.

Se, de noite, deitado mas desperto
Na lucidez inútil de não poder dormir,
Quero imaginar qualquer coisa
E surge sempre outra (porque há sono,
E, porque há sono, um bocado de sonho),
Quero alongar a vista com que imagino
Por grandes palmares fantásticos,
Mas não vejo mais,
Contra uma espécie de lado de dentro de pálpebras,
Que Lisboa com suas casas
De várias cores.

Sorrio, porque, aqui, deitado, é outra coisa.
À força de monótono, é diferente.
E, à força de ser eu, durmo e esqueço que existo.

Fica só, sem mim, que esqueci porque durmo,
Lisboa com suas casas
De várias cores.

11/5/1934

187

Esta velha angústia,
Esta angústia que trago há séculos em mim,
Transbordou da vasilha,
Em lágrimas, em grandes imaginações,
Em sonhos em estilo de pesadelo sem terror,
Em grandes emoções súbitas sem sentido nenhum.

Transbordou.
Mal sei como conduzir-me na vida
Com este mal-estar a fazer-me pregas na alma!
Se ao menos endoidecesse deveras!
Mas não: é este estar-entre,
Este quase,
Este poder ser que...,
Isto.

Um internado num manicómio é, ao menos, alguém.
Eu sou um internado num manicómio sem manicómio.
Estou doido a frio,
Estou lúcido e louco,
Estou alheio a tudo e igual a todos:
Estou dormindo desperto com sonhos que são loucura
Porque não são sonhos.
Estou assim...

Pobre velha casa da minha infância perdida!
Quem te diria que eu me desacolhesse tanto!
Que é do teu menino? Está maluco.
Que é de quem dormia sossegado sob o teu tecto provinciano?

Está maluco.
Quem de quem fui? Está maluco. Hoje é quem eu sou.

Se ao menos eu tivesse uma religião qualquer!
Por exemplo, a por aquele manipanso
Que havia em casa, lá nessa, trazido de África.
Era feiíssimo, era grotesco,
Mas havia nele a divindade de tudo em que se crê.
Se eu pudesse crer num manipanso qualquer —
Júpiter, Jeová, a Humanidade —
Qualquer serviria,
Pois o que é tudo senão o que pensamos de tudo?

Estala, coração de vidro pintado!

16/6/1934

188

Na casa defronte de mim e dos meus sonhos,
Que felicidade há sempre!

Moram ali pessoas que desconheço, que já vi mas não vi.
São felizes, porque não são eu.

As crianças, que brincam às sacadas altas,
Vivem entre vasos de flores,
Sem dúvida, eternamente.

As vozes, que sobem do interior do doméstico,
Cantam sempre, sem dúvida.
Sim, devem cantar.

Quando há festa cá fora, há festa lá dentro.
Assim tem que ser onde tudo se ajusta —
O homem à Natureza, porque a cidade é Natureza.

Que grande felicidade não ser eu!

Mas os outros não sentirão assim também?
Quais outros? Não há outros.
O que os outros sentem é uma casa com a janela fechada,
Ou, quando se abre,
É para as crianças brincarem na varanda de grades,
Entre os vasos de flores que nunca vi quais eram.

Os outros nunca sentem.
Quem sente somos nós,

Sim, todos nós,
Até eu, que neste momento já não estou sentindo nada.

Nada? Não sei...
Um nada que dói...

16/6/1934

189

Saí do comboio,
Disse adeus ao companheiro de viagem,
Tínhamos estado dezoito horas juntos.
A conversa agradável,
A fraternidade da viagem,
Tive pena de sair do comboio, de o deixar.
Amigo casual cujo nome nunca soube.
Meus olhos, senti-os, marejaram-se de lágrimas...
Toda despedida é uma morte...
Sim, toda despedida é uma morte.
Nós, no comboio a que chamamos a vida
Somos todos casuais uns para os outros,
E temos todos pena quando por fim desembarcamos.

Tudo que é humano me comove, porque sou homem.
Tudo me comove, porque tenho,
Não uma semelhança com ideias ou doutrinas,
Mas a vasta fraternidade com a humanidade verdadeira.

A criada que saiu com pena
A chorar de saudade
Da casa onde a não tratavam muito bem...

Tudo isso é no meu coração a morte e a tristeza do mundo.
Tudo isso vive, porque morre, dentro do meu coração.

E o meu coração é um pouco maior que o universo inteiro.

4/7/1934

190

Mas eu não tenho problemas; tenho só mistérios.

Todos choram as minhas lágrimas, porque as minhas lágrimas
[são todos.
Todos sofrem no meu coração, porque o meu coração é tudo.

191

Meu coração, bandeira içada
Em festas onde não há ninguém...
Meu coração, barco atado à margem
Esperando o dono, cadáver amarelado entre os juncais...
Meu coração, a mulher do forçado,
A estalajadeira dos mortos da noite,
Aguarda à porta, com um sorriso maligno,
Todo o sistema do universo,
Concluso a podridão e a esfinges...
Meu coração, algema partida...

192

A música, sim, a música...
Piano banal do outro andar...
A música em todo o caso, a música...
Aquilo que vem buscar o choro imanente
De toda criatura humana,
Aquilo que vem torturar a calma
Com o desejo duma calma melhor...
A música... Um piano lá em cima
Com alguém que o toca mal...
Mas é música...

Ah, quantas infâncias tive!
Quantas boas mágoas!
A música...
Quantas mais boas mágoas!
Sempre a música...
O pobre piano tocado por quem não sabe tocar.
Mas apesar de tudo é música.

Ah, lá conseguiu uma música seguida —
Uma melodia racional —
Racional, meu Deus!
Como se alguma coisa fosse racional!
Que novas paisagens de um piano mal tocado?
A música!... A música...!

19/7/1934

193

Começa a haver meia-noite, e a haver sossego,
Por toda a parte das casas sobrepostas,
Os andares vários da acumulação da vida...

Calaram o piano no terceiro andar...
Não oiço já passos no segundo andar...
No rés-do-chão o rádio está em silêncio...

Vai tudo dormir...

Fico sozinho com o universo inteiro.
Nem quero ir à janela:
Se eu olhar, que de estrelas!
Que grandes silêncios maiores há no alto!
Que céu anti-citadino!...

Antes, recluso
Num desejo de não ser recluso,
Escuto ansiosamente os ruídos da rua...
Um automóvel — demasiado rápido! —
Os duplos passos em conversa falam-me...[1]
O som de um portão que se fecha brusco dói-me...

Vai tudo dormir ...

Só eu velo, sonolentamente escutando,...
Esperando
Qualquer coisa antes que durma...
Qualquer coisa...

9/8/1934

194

Domingo irei para as hortas na pessoa dos outros,
Contente da minha anonimidade.
Domingo serei feliz — eles, eles...
Domingo...
Hoje é a quinta-feira da semana que não tem domingo...
Nenhum domingo...
Nunca domingo...
Mas sempre haverá alguém nas hortas no domingo que vem.
Assim passa a vida,
Sobretudo para quem sente,
Mais ou menos para quem pensa:
Haverá sempre alguém nas hortas ao domingo...
Não no nosso domingo,
Não no meu domingo,
Não no domingo ...
Mas sempre haverá outrem nas hortas e ao domingo...

9/8/1934

195

Há tanto tempo que não sou capaz
De escrever um poema extenso!...
Há anos...

Perdi a virtude do desenvolvimento rítmico
Em que a ideia e a forma,
Numa unidade de corpo com alma,
Unanimemente se moviam...

Perdi tudo que me fazia consciente
De uma certeza qualquer no meu ser...
Hoje o que me resta?
O sol que está sem que eu o chamasse...
O dia que me não custou esforço...
Uma brisa, ou a festa de uma brisa,
Que me dão uma consciência do ar...
E o egoísmo doméstico de não querer mais nada.

Mas, ah!, minha *Ode Triunfal*,
O teu movimento rectilíneo!
Ah, minha *Ode Marítima*,
A tua estrutura geral em estrofe, antístrofe e épodo!
E os meus planos, então, os meus planos —
Esses é que eram as grandes odes!
E aquela, a última, a suprema, a impossível!

9/8/1934

196

Sem impaciência,
Sem curiosidade,
Sem atenção,
Vejo o crochet que com ambas as mãos combinadas
Fazes.

Vejo-o do alto de um monte inexistente,
Malha após malha formando pano…

Qual é a razão que te dá entretenimento
Às mãos e à alma essa coisa rala
Por onde se pode meter um fósforo apagado?
Mas também
Qual é a razão que assiste a eu te criticar?

Nenhuma.
Eu tambem tenho um crochet.
Data de desde quando comecei a pensar…
Malhas sobre malhas formando um todo sem todo…
Um pano que não sei se é para um vestido ou p'ra nada —
Uma alma que não sei se é p'ra sentir ou viver…
Olho-te com tanta atenção
Que já nem dou por ti…

Crochet, almas, filosofia…
Todas as religiões do mundo…
Tudo quanto nos entretém ao serão de sermos…
Dois marfins, uma volta, o silêncio…

9/8/1934

197

— O senhor engenheiro não conhece aquela cantiga?
— Qual cantiga, mulher?...
— Aquela muito antiga. Então não conhece?
Aquela que é assim —
        Toda esta noite choveu...
— Sim, lembro-me, vai-te embora!

— Sim, lembro-me.
Sei lá se me lembro.
Sei que me lembro agora.
Sei que me lembro agora de toda a vida possível,
A verdadeira, a essencial...
Aquela em que
        Toda a noite choveu
        Nas gargulinhas da praça...
Sei lá (ó meu coração) o que são gargulinhas da praça!
Mas que musique de fond de todos os seres
Me foi esta cantiga?
Com que então
        Toda a noite choveu
        Nas gargulinhas da praça...

E eu aqui, eu aqui, eu aqui,
Tão definitivamente aqui!
Tão irremediavelmente aqui!
Onde é que está essa praça?
Onde é que está essa noite?
Onde é que está essa chuva?
E tu, Senhora D. Maria,
E tu, e tu, boquinha de cravo roxo?

Tenho passado por muitos cansaços
Cheios de vagas esperanças de um futuro qualquer.
Tenho dormido muitas vezes
Ao relento de todos os sonhos...
Tenho sido inútil, fruste, incongruente —
Como isso que está aí fora e é a vida.
Tenho sido estes nadas fúteis.

Senhora D. Maria,
Quando eu um dia te encontrasse
Ah, quanto te amaria!
E com quanto amor de todos os que amaram sem futuro!
Mas quando é que chove toda a noite
Nas gargulinhas da praça?
Quando? E onde? onde?
Boquinha de cravo roxo?

Eras tu, eras tu, aquela que sempre amei!
Mas não sabia o teu nome — sei-o agora.
Não sabia como eras — sei-o agora...
Senhora D. Maria
Boquinha de cravo roxo
Já te conheço melhor, mas não estou mais perto de ti.
Perco-te mais porque te conheci.

198
DOBRADA À MODA DO PORTO

Um dia, num restaurante, fora do espaço e do tempo,
Serviram-me o amor como dobrada fria.
Disse delicadamente ao missionário da cozinha
Que a preferia quente,
Que a dobrada (e era à moda do Porto) nunca se come fria.

Impacientaram-se comigo.
Nunca se pode ter razão, nem num restaurante.
Não comi, não pedi outra coisa, paguei a conta,
E vim passear para toda a rua.

Quem sabe o que isto quer dizer?
Eu não sei, e foi comigo...

(Sei muito bem que na infância de toda a gente houve um
[jardim,
Particular ou público, ou do vizinho.
Sei muito bem que brincarmos era o dono dele.
E que a tristeza é de hoje).

Sei isso muitas vezes,
Mas, se eu pedi amor, porque é que me trouxeram
Dobrada à moda do Porto fria?
Não é prato que se possa comer frio,
Mas trouxeram-me frio.
Não me queixei, mas estava frio,
Nunca se pode comer frio, mas veio frio.

199
VILEGIATURA

O sossego da noite, na vilegiatura no alto;
O sossego, que mais aprofunda
O ladrar esparso dos cães de guarda na noite;
O silêncio, que mais se acentua,
Porque zumbe ou murmura uma coisa nenhuma no escuro...
Ah, a opressão de tudo isto!
Oprime como ser feliz!
Que vida idílica, se fosse outra pessoa que a tivesse
Com o zumbido ou murmúrio monótono de nada
Sob o céu sardento de estrelas,
Com o ladrar dos cães polvilhando o sossego de tudo!

Vim para aqui repousar,
Mas esqueci-me de me deixar lá em casa.
Trouxe comigo o espinho essencial de ser consciente,
A vaga náusea, a doença incerta, de me sentir.
Sempre esta inquietação mordida aos bocados
Como pão ralo escuro, que se esfarela caindo.
Sempre este mal-estar tomado aos maus haustos
Como um vinho de bêbado quando nem a náusea obsta.
Sempre, sempre, sempre
Este defeito da circulação na própria alma,
Esta lipotimia das sensações,
Isto...

(Tuas mãos esguias, um pouco pálidas, um pouco minhas,[1]
Estavam naquele dia quietas pelo teu regaço de sentada,
Como e onde a tesoira e o dedal de uma outra.
Cismavas, olhando-me, como se eu fosse o espaço.

Recordo para ter em que pensar, sem pensar.
De repente, num meio suspiro, interrompeste o que estavas
[sendo,
Olhaste conscientemente para mim, e disseste:
"Tenho pena que todos os dias não sejam assim" —
Assim, como aquele dia que não fora nada...

Ah, não sabias,
Felizmente não sabias,
Que a pena é todos os dias serem assim, assim;
Que o mal é que, feliz ou infeliz,
A alma goza ou sofre o íntimo tédio de tudo,
Consciente ou inconscientemente,
Pensando ou por pensar —
Que a pena é essa...
Lembro fotograficamente as tuas mãos paradas,
Molemente estendidas.
Lembro-me, neste momento, mais delas do que de ti.
Que será feito de ti?
Sei que, no formidável algures da vida,
Casaste. Creio que és mãe. Deves ser feliz.
Porque o não haverias de ser?

Só por maldade...
Sim, seria injusto...
Injusto?

(Era um dia de sol pelos campos e eu dormitava, sorrindo).
....
A vida...
Branco ou tinto, é o mesmo: é para vomitar.

200

Depus a máscara e vi-me ao espelho...
Era a criança de há quantos anos...
Não tinha mudado nada...

É essa a vantagem de saber tirar a máscara.
É-se sempre a criança,
O passado que fica,
A criança.

Depus a máscara, e tornei a pô-la.
Assim é melhor.
Assim sou a máscara.

E volto à normalidade como a um términus de linha.

11/8/1934

201

… Como, nos dias de grandes acontecimentos no centro da ci-
[dade,
Nos bairros quase-excêntricos as conversas em silêncio às por-
[tas —
A expectativa em grupos…
Ninguém sabe nada.
Leve rastro de brisa…
Coisa nenhuma que é real
E que, com um afago ou um sopro,
Toca o que há até que seja…
Magnificência da naturalidade…
Coração…
Que Áfricas inéditas em cada desejo!
Que melhores coisas que tudo lá longe!

Meu cotovelo toca no da vizinha do eléctrico
Com uma involuntariedade fruste,
Curto-circuito da proximidade…
Ideias ao acaso
Como um balde que se entornou…

Fito-o: é um balde entornado…

Jaz: jazo …

16/8/1934

202

Depois de não ter dormido,
Depois de já não ter sono,
Interminável madrugada em que se pensa sempre sem se pensar,
Vi o dia vir
Como a pior das maldições —
A condenação ao mesmo.

Contudo, que riqueza de azul verde e amarelo dourado de ver-
[melho
No céu eternamente longínquo —
Nesse oriente que estragaram
Dizendo que vêm de lá as civilizações;
Nesse oriente que nos roubaram
Com o Conto do Vigário dos mitos solares,
Maravilhoso oriente sem civilizações nem mitos,
Simplesmente céu e luz,
Material sem materialidade...
Todo luz, mesmo assim
A sombra, que é a luz da noite dada ao dia,
Enche por vezes, irresistivelmente natural,
O grande silêncio do trigo sem vento,
O verdor esbatido dos campos afastados,
A vida e o sentimento da vida.
A manhã inunda toda a cidade.
Meus olhos pesados do sono que não tivestes,
Que amanhã inundará o que está por trás de vós,
Que é vós,
Que sou eu?

5/9/1934

203

E deito um cigarro meio fumado fora
Para irremediavelmente acender um novo cigarro

Impaciente até à angústia,
Como quem espera numa estação dos arredores
O comboio que há-de trazer ah tão talvez, quem talvez venha

204

LÀ-BAS, JE NE SAIS OÙ...

Véspera de viagem, campainha...
Não me sobreavisem estridentemente!

Quero gozar o repouso da *gare* da alma que tenho
Antes de ver avançar para mim a chegada de ferro
Do comboio definitivo,
Antes de sentir a partida verdadeira nas goelas do estômago,
Antes de pôr no estribo um pé
Que nunca aprendeu a não ter emoção sempre que teve que
[partir.

Quero, neste momento, fumando no apeadeiro de hoje,
Estar ainda um bocado agarrado à velha vida.
Vida inútil, que era melhor deixar, que é uma cela?
Que importa? Todo o universo é uma cela, e o estar preso não
[tem que ver com o tamanho da cela.
Sabe-me a náusea próxima o cigarro. O comboio já partiu da
[outra estação...
Adeus, adeus, adeus, toda a gente que não veio despedir-se de
[mim,
Minha família abstracta e impossível...
Adeus dia de hoje, adeus apeadeiro de hoje, adeus vida, adeus
[vida!
Ficar como um volume rotulado esquecido,
Ao canto do resguardo de passageiros do outro lado da linha.
Ser encontrado pelo guarda casual depois da partida —
"E esta? Então não houve um tipo que deixou isto aqui?" —

Ficar só a pensar em partir,

Ficar e ter razão,
Ficar e morrer menos...

Vou para o futuro como para um exame difícil.
Se o comboio nunca chegasse e Deus tivesse pena de mim?

Já me vejo na estação até aqui simples metáfora.
Sou uma pessoa perfeitamente apresentável.
Vê-se — dizem — que tenho vivido no estrangeiro.
Os meus modos são de homem educado, evidentemente.
Pego na mala, rejeitando o moço, como a um vício vil.
E a mão com que pego na mala treme-me e a ela.

Partir!
Nunca voltarei,
Nunca voltarei porque nunca se volta.
O lugar a que se volta é sempre outro,
A *gare* a que se volta é outra.
Já não está a mesma gente, nem a mesma luz, nem a mesma fi-
[losofia.

Partir! Meu Deus, partir! Tenho medo de partir!...

205

Na véspera de não partir nunca
Ao menos não há que arrumar malas
Nem que fazer planos em papel,
Com acompanhamento involuntário de esquecimentos,
Para a parte ainda livre do dia seguinte.

Não há que fazer nada
Na véspera de não partir nunca.

Grande sossego de já não haver sequer
De que ter sossego!
Grande tranquilidade a que nem sabe encolher ombros
Por, pobre tédio, ter passado o tédio
E ter chegado deliberadamente a nada.
Grande alegria de não ter precisão de ser alegre,
Como uma oportunidade virada do avesso.

Há quantos meses vivo
A vida vegetativa do pensamento!
Todos os dias *sine linea*...

Sossego, sim, sossego...
Grande tranquilidade...
Que repouso, depois de tantas viagens, físicas e psíquicas!
Que poder olhar para as malas fechadas como para nada!
Dormita, alma, dormita!
Aproveita, dormita!
Dormita!

É pouco o tempo que tens! Dormita.
É a véspera de não partir nunca!...

27/9/1934

206

O que há em mim é sobretudo cansaço —
Não disto nem daquilo,
Nem sequer de tudo ou de nada:
Cansaço assim mesmo, ele mesmo,
Cansaço.

A subtileza das sensações inúteis,
As paixões violentas por coisa nenhuma,
Os amores intensos por o suposto em alguém,
Essas coisas todas —
Essas e o que falta nelas eternamente —;
Tudo isso faz um cansaço,
Este cansaço,
Cansaço.

Há sem dúvida quem ame o infinito,
Há sem dúvida quem deseje o impossível,
Há sem dúvida quem não queira nada —
Três tipos de idealistas, e eu nenhum deles:
Porque eu amo infinitamente o finito,
Porque eu desejo impossivelmente o possível,
Porque quero tudo, ou um pouco mais, se puder ser,
Ou até se não puder ser...

E o resultado?
Para eles a vida vivida ou sonhada,
Para eles o sonho sonhado ou vivido,
Para eles a média entre tudo e nada, isto é, isto...[1]
Para mim só um grande, um profundo,

E, ah com que felicidade infecundo, cansaço,
Um supremíssimo cansaço,
Íssimo, íssimo, íssimo,
Cansaço...

9/10/1934

207

Tantos poemas contemporâneos!
Tantos poetas absolutamente de hoje —
Interessante tudo, interessantes todos...
Ah, mas é tudo quase...
É tudo vestíbulo
É tudo só para escrever...
Nem arte,
Nem ciência
Nem verdadeira nostalgia...
Este olhou bem o relevo desse cipreste...
Esse viu bem o poente por trás do cipreste...
Este reparou bem na emoção que tudo isso daria...
Mas depois?...
Ah, meus poetas, meus poemas — e depois?
O pior é sempre o depois...
É que para dizer é preciso pensar —
Pensar com o segundo pensamento —
E vocês, meus velhos, poetas e poemas,
Pensam só com a rapidez primária da asneira — é □ e da [pena —

Mais vale o clássico seguro,
Mais vale o romântico cantante,
Mais vale qualquer coisa, ainda que má,
Que os arredores inconstruídos duma qualquer coisa boa...
"Tenho a minha alma!"
Não, não tens: tens a sensação dela.
Cuidado com a sensação!

Muitas vezes é dos outros,
E muitas vezes é nossa
Só pelo acidente estonteado de a sentirmos...

1/11/1934

208

Subiste à glória pela escada abaixo.
Paradoxo? Não: a realidade.
O paradoxo é o que é palavras;
A realidade é o que és.
Subiste porque desceste.
Está bem.
Amanhã talvez eu faça a mesma coisa.
Por ora, se calhar, invejo-te,
Não sei se te invejo a vitória,
Não sei se te invejo o consegui-la,
Mas realmente creio que te a invejo...
Sempre é vitória...
Façam um embrulho de mim
E depois deitem-me ao rio.
E não esqueçam o "se calhar" quando lá me deitarem.
Isso é importante.
Não esqueçam o "se calhar".
Isso é que é importante.
Porque tudo é se calhar...

30/11/1934

209

Símbolos? Estou farto de símbolos...
Uns dizem-me que tudo é símbolo.
Todos me dizem nada.

Quais símbolos? Sonhos...
Que o sol seja um símbolo, está bem...
Que a lua seja um símbolo, está bem...
Que a terra seja um símbolo, está bem...
Mas quem repara no sol senão quando a chuva cessa
E ele rompe das nuvens e aponta para trás das costas
Para o azul do céu?
Mas quem repara na lua senão para achar
Bela a luz que ela espalha, e não bem ela?
Mas quem repara na terra, que é o que pisa?
Chama terra aos campos, às árvores, aos montes
Por uma diminuição instintiva,
Porque o mar também é terra...

Bem, vá, que tudo isso seja símbolos...
Mas que símbolo é, não o sol, não a lua, não a terra,
Mas neste poente precoce e azulando-se menos,
O sol entre farrapos findos de nuvens,
Enquanto a lua é já vista, mística, no outro lado,
E o que fica da luz do dia
Doira a cabeça da costureira que pára vagamente à esquina
Onde se demorava outrora (mora perto) com o namorado que a [deixou?
Símbolos?... Não quero símbolos...

Queria só — pobre figura de magreza e desamparo! —
Que o namorado voltasse para a costureira.

18/12/1934

210

(À memória de Soame Jenyns,
lembrado depois de o poema escrito)

Às vezes tenho ideias felizes,
Ideias subitamente felizes, em ideias
E nas palavras em que naturalmente se despejam...

Depois de escrever, leio...
Porque escrevi isto?
Onde fui buscar isto?
De onde me veio isto? Isto é melhor do que eu...

Seremos nós neste mundo apenas canetas com tinta
Com que alguém escreve a valer o que nós aqui traçamos?

18/12/1934

211

Ali não havia electricidade.
Por isso foi à luz de uma vela mortiça
Que li, inserto na cama,
O que estava à mão para ler —
A Bíblia, em português, porque (coisa curiosa!) eram protes-
[tantes.
E reli a Primeira Epístola aos Coríntios.
Em torno de mim o sossego excessivo das noites de província
Fazia um grande barulho ao contrário,
Dava-me uma tendência do choro para a desolação.
A Primeira Epístola aos Coríntios...
Reli-a à luz de uma vela subitamente antiquíssima,
E um grande mar de emoção ouviu-se dentro de mim...[1]

Sou nada...
Sou uma ficção...
Que ando eu a querer de mim ou de tudo neste mundo?
"Se eu não tivesse a caridade"...
E a soberana voz manda, do alto dos séculos,
A grande mensagem em que a alma é livre...[2]
"Se eu não tivesse a caridade"...
Meu Deus, e eu que não tenho a caridade!...

20/12/1934

212

Não: devagar.
Devagar, porque não sei
Onde quero ir.
Há entre mim e os meus passos
Uma divergência instintiva.

Há entre quem sou e estou
Uma diferença de verbo
Que corresponde à realidade.

Devagar...
Sim, devagar...
Quero pensar no que quer dizer
Este devagar...

Talvez o mundo exterior tenha pressa de mais.
Talvez a alma vulgar queira chegar mais cedo.
Talvez a impressão dos momentos seja muito próxima...
Talvez isso tudo...
Mas o que me preocupa é esta palavra: devagar...
O que é que tem que ser devagar?
Se calhar é o universo...
A verdade manda Deus que se diga.
Mas ouviu alguém isso a Deus?

30/12/1934

213

Os antigos invocavam as Musas.
Nós invocamo-nos a nós mesmos.
Não sei se as Musas apareciam —
Seria sem dúvida conforme o invocado e a invocação —
Mas sei que nós não aparecemos.

Quantas vezes me tenho debruçado
Sobre o poço que me suponho
E balido "Uh!" p'ra ouvir um eco,
E não tenho ouvido mais que o visto —
O vago alvor escuro com que a água resplandece
Lá na inutilidade do fundo.
Nenhum eco para mim...
Só vagamente uma cara, que deve ser a minha porque não pode
[ser de outro,
É uma coisa quase invisível,
Excepto como luminosamente a vejo
Lá no fundo...
No silêncio e na luz falsa do fundo...

Que Musa! ...

*3/1/1935**

214

Há mais de meia hora
Que estou sentado à secretária
Com o único intuito
De olhar para ela.

(Estes versos estão fora do meu ritmo.
Eu também estou fora do meu ritmo).

Tinteiro (grande) à frente.
Canetas com aparos menos à frente.
Mais para cá papel muito limpo.
Ao lado esquerdo um volume da Enciclopédia Britânica,
Ao lado direito —
Ah, ao lado direito! —
A faca de papel com que ontem
Não tive paciência para abrir completamente
O livro que me interessa e não lerei.

Quem pudesse hipnotizar tudo isto!

3/1/1935

215

Depois de quando deixei de pensar em depois
Minha vida tornou-se mais calma —
Isto é, menos vida.
Passei a ser o meu acompanhamento em surdina.

Olho, do alto da janela baixa,
As garotas que dançam a brincar na rua.
O seu destino inevitável
Dói-me.
Vejo-lho no vestido entreaberto nas costas, e dói-me.

Grande cilindro, quem te manda cilindrar esta estrada
Que está calçada de almas?

(Mas a tua voz interrompe-me
— Voz alta, lá de fora, do jardim, rapariga —
E é como se eu deixasse
Cair irresolutamente um livro no chão.)

Não teremos meu amor, nesta dança da vida,
Que fazemos por brincadeira natural,
As mesmas costas desabotoadas
E o mesmo decote a mostrar-nos a pele por cima da camisa suja?

3/1/1935

216

Eu, eu mesmo...
Eu, cheio de todos os cansaços
Quantos o mundo pode dar...
Eu...

Afinal tudo, porque tudo é eu,
E até as estrelas, ao que parece,
Me saíram da algibeira para deslumbrar crianças...
Que crianças não sei...
Eu...

Imperfeito? Incógnito? Divino?
Não sei.
Eu...

Tive um passado? Sem dúvida...
Tenho um presente? Sem dúvida...
Terei um futuro? Sem dúvida,
Ainda que pare de aqui a pouco...
Mas eu, eu...
Eu sou eu,
Eu fico eu,
Eu...

4/1/1935

217

Não sei se os astros mandam neste mundo,
Nem se as cartas —
As de jogar ou as do Tarot —
Podem revelar qualquer coisa.

Não sei se deitando dados
Se chega a qualquer conclusão.
Mas também não sei
Se vivendo como o comum dos homens
Se atinge qualquer coisa.

Sim, não sei
Se hei-de acreditar neste sol de todos os dias,
Cuja autenticidade ninguém me garante,
Ou se não será melhor, por melhor ou por mais cómodo,
Acreditar em qualquer outro sol —
Outro que ilumine até de noite, —
Qualquer profundidade luminosa das coisas
De que não percebo nada...

Por enquanto...
(Vamos devagar)
Por enquanto
Tenho o corrimão da escada absolutamente seguro,
Seguro com a mão —
O corrimão que me não pertence
E apoiado ao qual ascendo...
Sim... Ascendo...

Ascendo até isto:
Não sei se os astros mandam neste mundo...

5/1/1935

218

Ah! Ser indiferente!
É do alto do poder da sua indiferença
Que os chefes dos chefes dominam o mundo.

Ser alheio até a si mesmo!
É do alto do sentir desse alheamento
Que os mestres dos santos dominam o mundo.

Ser esquecido de que se existe!
É do alto do pensar desse esquecer
Que os deuses dos deuses dominam o mundo.

(Não ouvi o que dizias…
Ouvi só a música, e nem a essa ouvi…
Tocavas e falavas ao mesmo tempo?
Sim, creio que tocavas e falavas ao mesmo tempo…
Com quem?
Com alguém em quem tudo acabava no dormir do mundo…)

12/1/1935

219

REGRESSO AO LAR*

Há quanto tempo não escrevo um soneto
Mas não importa: escrevo este agora.
Sonetos são infância, e, nesta hora,
A minha infância é só um ponto preto,

Que num imóbil e fútil trajecto
Do comboio que sou me deita fora.
E o soneto é como alguém, que mora
Há dois dias em tudo que projecto.

Graças a Deus, ainda sei que há
Catorze linhas a cumprir iguais
Para a gente saber onde é que está...

Mas onde a gente está, ou eu, não sei...
Não quero saber mais de nada mais
E berdamerda para o que saberei.

3/2/1935

POST-SCRIPTUM

220

Sim, está tudo certo.
Está tudo perfeitamente certo.
O pior é que está tudo errado.
Bem sei que esta casa é pintada de cinzento
Bem sei qual é o número desta casa —
Não sei, mas poderei saber, como está avaliada
Nessas oficinas de impostos que existem para isto —
Bem sei, bem sei...
Mas o pior é que há almas lá dentro
E a Tesouraria de Finanças não conseguiu livrar
A vizinha do lado de lhe morrer o filho.
A Repartição de não sei quê não pôde evitar
Que o marido da vizinha do andar mais acima lhe fugisse com a
[cunhada...
Mas, está claro, está tudo certo...
E, excepto estar errado, é assim mesmo: está certo...

5/3/1935

221

Estou cansado, é claro,
Porque, a certa altura, a gente tem que estar cansado.
De que estou cansado não sei.
De nada me serviria sabê-lo
Pois o cansaço ficaria na mesma,
A ferida dói como dói
E não em função da causa que a produziu.
Sim, estou cansado,
E um pouco sorridente
De o cansaço ser só isto —
Uma vontade de sono no corpo,
Um desejo de não pensar na alma,
E por cima de tudo uma tranquilidade lúcida
Do entendimento retrospectivo...

E a luxúria muda de não ter já esperanças?

Sou inteligente: eis tudo.

Tenho visto muito e entendido muito o que tenho visto,
E há um certo prazer até no cansaço que isto me dá,
Que afinal a cabeça sempre serve para qualquer coisa.

24/6/1935

222

Não estou pensando em nada
E essa coisa central, que é coisa nenhuma,
É-me agradável como o ar da noite,
Fresco em contraste com o verão quente do dia.

Não estou pensando em nada, e que bom!

Pensar em nada
É ter a alma própria e inteira.
Pensar em nada
É viver intimamente
O fluxo e refluxo da vida…

Não estou pensando em nada.
Só, como se me tivesse encostado mal
Uma dor nas costas, ou num lado das costas,
Há um amargo de boca na minha alma:
É que, no fim de contas,
Não estou pensando em nada,
Mas realmente em nada,
Em nada…

6/7/1935

223

O sono que desce sobre mim,
O sono mental que desce fisicamente sobre mim,
O sono universal que desce individualmente sobre mim —
Esse sono
Parecerá aos outros o sono de dormir,
O sono da vontade de dormir,
O sono de ser sono.

Mas é mais, mais de dentro, mais de cima:
É o sono da soma de todas as desilusões,
É o sono da síntese de todas as desesperanças,
É o sono de haver mundo comigo lá dentro
Sem que eu houvesse contribuído em nada para isso.

O sono que desce sobre mim
É contudo como todos os sonos.
O cansaço tem ao menos brandura,
O abatimento tem ao menos sossego,
A rendição é ao menos o fim do esforço,
O fim é ao menos o já não haver que esperar.

Há um som de abrir uma janela,
Viro indiferente a cabeça para a esquerda
Por sobre o ombro que a sente,
Olho pela janela entreaberta:
A rapariga do segundo andar de defronte
Debruça-se com os olhos azuis à procura de alguém.
De quem?,

Pergunta a minha indiferença.
E tudo isso é sono.

Meu Deus, tanto sono!...

28/8/1935

224

Estou tonto,
Tonto de tanto dormir ou de tanto pensar,
Ou de ambas as coisas.
O que sei é que estou tonto
E não sei bem se me devo levantar da cadeira
Ou como me levantaria dela.
Fiquemos nisto: estou tonto.

Afinal
Que vida fiz eu da vida?
Nada.
Tudo interstícios,
Tudo aproximações,
Tudo função do irregular e do absurdo,
Tudo nada...
É por isso que estou tonto...

Agora
Todas as manhãs me levanto
Tonto...
Sim, verdadeiramente tonto...
Sem saber em mim o meu nome,
Sem saber onde estou,
Sem saber o que fui,
Sem saber nada.

Mas se isto é assim é assim.
Deixo-me estar na cadeira.
Estou tonto.

Bem, estou tonto.
Fico sentado
E tonto,
Sim, tonto,
Tonto...
Tonto...

12/9/1935

225

Todas as cartas de amor são
Ridículas.
Não seriam cartas de amor se não fossem
Ridículas.

Também escrevi em meu tempo cartas de amor,
Como as outras,
Ridículas.

As cartas de amor, se há amor,
Têm de ser
Ridículas,

Mas, afinal,
Só as criaturas que nunca escreveram
Cartas de amor
É que são
Ridículas.

Quem me dera no tempo em que escrevia
Sem dar por isso
Cartas de amor
Ridículas.

A verdade é que hoje
As minhas memórias
Dessas cartas de amor
É que são
Ridículas.

◆

(Todas as palavras esdrúxulas,
Como os sentimentos esdrúxulos,
São naturalmente
Ridículas.)

21/10/1935

APÊNDICES

1. ESBOÇOS

226

ODE MARCIAL

a

Ave guerra, som da luz e do fogo
Ave, ave, ave pelos teus arsenais e pelas tuas esquadras,
Ave, ave, ave, pelos teus barcos e pelas tuas fábricas,[1]
Ave por toda a tua civilização de metal em obra,
Ave por todo o teu aço!
Ave por todo o teu alumínio!
Ave por todas as tuas máquinas, ave!
Ave, ave, ave, por toda a força motriz que tu és![2]

Farol do Aplicado!
Eclusa □
Grande ponte perfeitamente construída sobre □

b

O que quer que seja que cria e mantém este mundo,
Se é gente, que sinta como gente, tenha piedade da gente!
E se não é nada, que o acaso, guiado ou vivo antes,
O esboroe na terra e acabe com esta dolorosa função.
A pensar em tudo, eu quero que tudo □,

Penso em tudo isto e dói-me a alma angustiadamente
E o ver isso é vermos melhor o que fazer ou poder.

c

(Campina e trigo, campina,
Campina e trigo.)
Como ao som de uma marcha ao mesmo tempo marcial e fú-
[nebre,
[.] e alegria e temor
Rompem
A vida é antagonismo, [.......]?

Queda de impérios, tudo a fugir... sangue, ruídos... tumultos
Amontoamentos de coisas pilhadas num saque,
Despensas junto das cidades, entre casas caídas,
Choros, raivas, inferno de som,
A vida e a sua tragédia toda vivida num dia, numa hora...
Todo o mistério e horror de nos acontecerem coisas
Todo o horror de quem vive sossegado e de repente vê a morte
Vê o inferno, [......]
(Pobre de [.......]!)
Tudo quebrado, tudo ferido, tudo diverso de quando era normal
[a vida...

(Ditosos os que morrem logo depois de nascer
E para quem a luz da vida não é mais do que um relâmpago no
[horizonte!)

(Poder pensar claro neste assunto!
Poder ver bem e sem sofrer ser outro o que é isto!
Ah quem me dera ter o coração ampliado e arrumado
Como um interior de casa de família de gente que tem com que
[viver!)

E o ruído dos saques, o fragor das batalhas, os choros, as má-
[goas, os □
Os choques dos homens
São um mar de confusão onde a nossa lucidez se afunda.
Perco-me de compreender...
Apanho-me nessa tragédia de pasmo humanitário.

d

Chove fogo — ouro de barulho estruge...
"Hela-hohô-ô (ô) ..."

Z — zz Sher Rr to go. Shababababulá...

[....]

Tudo se apaga como uma grande lâmpada eléctrica que se
[funde...[1]

Vem do fundo do mundo
Vem do horizonte mudo, confuso do mundo,
Sussurro surdo, escuro, murmúrio
De uma cavalgada que dura, que dura furiosa no ouvido,
Inúmera cavalgada vem...[2]

Vêm do fundo do mundo confuso
Vêm do abismo do espaço nocturno...
À pressa, negros, rápidos, de repente surdem...
Súbito outra vez tremem...
Oscilam no ruído que tem rasto no escuro...
Inúmera cavalgada... Quem?

Vem apertada nos passos confusos
Vem apertada nos ruídos dispersos,
Vem aclamada nos ruídos mudos

Vem apertada nos ruídos confusos,
Vem apertada, vem apertada, vem apertada

Todo o horizonte está cheio por dentro de um grito absurdo[3]
Helahôhô...
Helahôhô...

227
SAUDAÇÃO A WALT WHITMAN

a

Portugal — Infinito, onze de Junho de 1915
Hé lá, á — á — á — á!

De aqui, de Portugal, de onde a Europa olha a América,
De onde tu teres existido é um efeito complexo,
Consciente de estar à vista, no palco para a plateia que é no
[auge.
Saúdo-te deliberadamente, saúdo-te
Desde o princípio de te saudar, como é próprio de ti.

Hé-lá Walt, old boy, meu velho arado das almas,
Hé-lá meu condottiere da sensualidade autêntica
Pirata do teu próprio génio,
Filho-pródigo da tua inspiração!

Ó sempre moderno e eterno; cantor dos concretos absolutos,
Concubina fogosamente [..] do universo disperso,
Grande pederasta roçando-te pela diversidade das coisas,[1]
Sexualidade...[2]

Tu, o homem-mulher-criança-natureza-máquinas!
Tu, o pra-dentro, tu o pra-fora, tu o ao-lado de tudo!
Fulcro-sensualidade ao serviço do infinito, escada
Até não haver fim a subir, — e subir!

Saúdo-te e chamo
A tomar parte em mim na saudação que te faço

Tudo quanto cantaste ou desejaste cantar.
Ervas, árvores, flores, a natureza dos campos...
Homens, lutas, tratados — a natureza das almas...
Os artifícios, que dão sabor ao que não é artifício
As coisas naturais que valem sem valor dado,
As profissões com que o homem se interessa por ter vontade,
As grandes ambições, as grandes raivas, as pálpebras
Descidas sobre a inutilidade metafísica de viver...
Chamo a mim, para os levar até ti,
Como a mãe chama a criança para a sentir ser[3]
A totalidade dispersa do que interessa ao mundo...
Ah, que nada me fique de fora das algibeiras
Quando vou procurar-te.
Que nada me esqueça, se te saúdo, que nada
Falte, nem o faltar esqueça,[4]
Porque faltar é uma coisa — faltar.

Vá! Vá! Tudo! O natural e o humano!
Vá, o que parte! vá, o que fica! vá o que lembra e o que esquece!
Tu tens direito a ser saudado por tudo
E eu, porque o vejo,
Tenho o direito a encanar a voz em tudo saudar-te[5]

b

O pó que fica das velocidades que já se não vêem!
O cio metálico dos êmbolos,
O furor uterino das válvulas lá por dentro —
O sangue dando em baque ao ataque dos excêntricos.

Minhas sensações
Protoplasma da humanidade matemática do futuro!
Eia-la-ho! Hó-oo-o!

Oh lá, saltos e pulos com o meu pensamento todo

Pula bola de mim — a mágica biológica que eu sou!
O cérebro servo de leis, os nervos movidos por normas
Por normas compostas em tratados de psiquiatras

c

A minha universalite —
A ânsia vaga, a alegria absurda, a dor indecifrável
Sindroma da doença da Incongruência Final.[1]

Curso do êmbolo do dinamismo abstracto[2]
Do vácuo dinâmico do mundo!

A minha aspiração consubstanciada com fórmulas
Matemática de mim falido

d

Com bandas militares à frente, compostas de volantes e hélices,
Com uma vanguarda sonora de sereia de automóvel e de barco
Com um estardalhaço longínquo, com saltos e alardes
De bombos e pratos, com □
Desencadeio-me a saudar-te. Pum!
Pum, pum, pum...
Pu-u-u-u-m!

e

Cá estamos no píncaro — nós dois.
Nós dois e Homero? Não sabemos. Esse está mais abaixo.
Estendemos a mão e cada qual ainda que cego chega a Deus (ele [não)[1]

O quê — você não chega? Então você desaparece? — ou não
[chegou.

Sou míope e português.
Se houver troca de louros
□

P'ra Apolo falta-me a beleza
Mas também falta só isso.
[...]
[..]

Camarada Will, qualquer de nós
Vale o resto, excepto o outro

Ave, poema mudo de verso (poema diverso)
Verso mudo de frases
Mesmo (ó diabo!) mudo de mim
Não importa. Feliz encontro

f

Para cantar-te,
Para cantar-te como tu quererias que te cantassem,
Melhor é cantar a terra, o mar, as cidades e os campos —
Os homens, as mulheres, as crianças,
As profissões, [..], as □
Todas as coisas que, juntas, formam a síntese-universo,
Todas as coisas que, separadas, valem a síntese-Universo,
Todas as coisas que universais formam a síntese Deus.

Ah, o poema que te cantasse bem,
Seria o poema que todo cantasse tudo,
O poema em que estivessem todas as vestes e todas as sedas —
Todos os perfumes e todos os sabores

E o contacto em todos os sentidos do tacto de todas as coisas
[tangíveis.

Poema que dispensasse a música, música com vida,
Poema que transcendesse a pintura, pintura com alma,

g

Ah, de que serve
A arte que quer ser vida, sem a vida que quer ser?
De que serve a arte se não é a arte que queremos?
De que nos serve a vida se a queremos e não a buscamos,
Se nunca é para nós a vida?

Ah, pra saudar-te
Era preciso o coração
Da terra toda...
O corpo-espírito das coisas,

[*anterior a 1918*]*

h

Eu, o ritmista febril
Para quem o paragráfo de versos é uma pessoa inteira,
Para quem, por baixo da metáfora aparente,
Como em estrofe, antístrofe, épodo o poema que escrevo,
Que por detrás do delírio construo
Que por detrás de sentir penso
Que amo, expludo, rujo, com ordem e oculta medida,
Eu ante ti quereria ter menos de engenheiro na alma,
Menos de grego das máquinas, de Bacante de Apolo
Nos meus momentos de alma mutiplicados em verso.

Mas o ar do mar alto
Chega, por um influxo de dentro do meu sangue
Ao meu cérebro desterrado em terra,
E a fúria com que medito, a raiva com que me domino
Abre-se como uma vela, tomada de vento, aos ares
Ampla servidão ao rasgo de assombro dos □

228
A PASSAGEM DAS HORAS

— PARTE II —

Grandes estandartes de fumo das chaminés das fábricas
Sobre os telhados □
Ó poderosamente gritos de combate!
Vago rumor silencioso e comercial das ruas...
E a ordem inconsciente dos que vão e vêm
Pelas fitas dos passeios...
À hora de sol em que as lojas descem os toldos[1]

229

O bêbado caía de bêbado
E eu, que passava,
Não o ajudei, pois caía de bêbado,
E eu só passava.
O bêbado caiu de bêbado
No meio da rua.
E eu não me voltei, mas ouvi. Eu bêbado
E a sua queda na rua.[1]
O bêbado caiu de bêbado
Na rua da vida.
Meu Deus! Eu também caí de bêbado
Deus □

230

O FUTURO

Sei que me espera qualquer coisa
Mas não sei que coisa me espera.

Como um quarto escuro
Que eu temo quando creio que nada temo
Mas só o temo, por ele, temo em vão.
Não é uma presença: é um frio e um medo.
O mistério da morte a mim o liga
Ao brutal fim do meu poema.

231

Todas as horas faço gaffes de civilidade e etiqueta,
(A vida social é complexa para a minha fraqueza de nervos)
Mas nunca existiu quem só tivesse vivido em alma
Numa eterna luta de Janus.

Arre, a humanidade é uma coisa muito complexa...
Tenho-a observado com os olhos e os nervos, e ainda não percebi.
(Compreender é um navio ao longe)

Toda a gente que tenho conhecido
□

Estou farto de semi-deuses!
Onde é que há gente no mundo?

Não tenho um amigo, um conhecido, em quem batessem
Ninguém que eu conheça perdeu o amor de uma mulher.
Tenho feito muitas coisas más, muitas coisas reles, muitas in-
[fâmias.
Tenho sido cobarde, revoltante, sujo.
Não encontro ninguém assim.
Todos têm sido príncipes, os que têm andado comigo.

232

Ah, quem me dera ser desempregado!
Não ter que fazer a valer, mas de dentro!
Ter □

28/2/1931

233

Onde é que os mortos dormem? Dorme alguém
Neste universo atomicamente falso?

234

Saudação a todos quantos querem ser felizes:
Saúde e estupidez!

Isto de ter nervos
Ou de ter inteligência
Ou até de julgar que se tem uma coisa ou outra
Há-de acabar um dia...
Há-de acabar com certeza
Se os governos autoritários continuarem.

*[1935]**

235

Nas minhas veias, por onde corre, numa lava de asco,
A fúria do horror da vida![1]

2. ATRIBUIÇÃO DE AUTORIA PROBLEMÁTICA

2.1. NA FRONTEIRA PESSOA-CAMPOS

236

Há cortejos, pompas, discursos,
Na inauguração quotidiana dos meus sentimentos inúteis...
São iluminadas à veneziana por luzes contentes
As minhas decepções, e os meus desesperos vão em carrocel
Por uma necessidade fatídica do destino.

237

Durmo, remoto; sonho, diferente,
Meu coração, ansioso e pressuroso,
Foi entalado num comboio entre
Os dois vagons do meu destino ocioso.

238
TRAMWAY

Aqui vou eu num carro eléctrico, mais umas trinta ou quarenta
[pessoas,[1]
Cheio (só) das minhas ideias imortais, (creio que boas).

Amanhã elas, postas em verso, serão
Por toda a Europa, por todo o mundo (quem sabe?!)
Triunfo, meta, início, clarão
Que talvez não acabe.

E quem sobe? Que sente? O que vai a meu lado
Só sente em mim que sou o que, estrangeiro,
Tem o lugar da ponta, e do extremo, apanhado
Por quem entra primeiro.

Que o que vale são as ideias que tenho, enfim,
O resto, o que aqui está sentado, sou eu,
Vestido, visual, regular, sempre em mim,[2]
Sob o azul do céu.[3]

Ah, Destino dos deuses, dai-me ao menos o siso[4]
Ao que em mim pensa a vida de ter um profundo
Senso essencial, mas certeiro e conciso
Da vida e do mundo!

Sei, sob o céu que é que toca as minhas ideias,
Sob o céu mais análogo ao que penso comigo
Que este carro vai com os bancos cheios[5]
Para onde eu sigo.

E o ponto de absurdo de tudo isto qual é?
Onde é que está aqui o erro que sinto?
A minha razão enternecida aqui perde pé
E pensando minto,

Mas a que verdade minto, que ponte,
Há entre o que é falso aqui e o que é certo?[6]
Se o que sinto e penso, não sei sequer como o conte,
Se o que está a descoberto

Agora no meu meditar é uma treva e um abismo
Que hei-de fazer da minha consciência dividida?
Oh, carro absurdo e irreal, onde está quanto cismo?
De que lado é que é a vida?[7]

8/10/1919

239
CANÇÃO ABRUPTA

O céu de todos os universos
Cobre em meu ser todo o verão...[1]
Vai p'ra as profundas dos infernos
E deixa em paz meu coração!

Quê? Não me fica se te opões?
Pois leva-o, guarda-o, bem ou mal
Eu tenho muitos corações
É um privilégio intelectual

Madona que vais comprar couves[2]
Não te esqueças de me esquecer
O teu perfil dá-me trabalho
Quero □

Bem sei, o teu perfil persiste[3]
Amo-te e é triste não poder[4]
Deixar de amar-te sem estar triste...[5]
Se és mulher que em verdade existe
Raios te parta! Vai morrer!

1/12/1928

240

Os galos cantam e estou bebedíssimo.
Não fiz nada da vida senão tê-la.
Mal amei, bebi bem, sonhei muitíssimo.
Minha intenção não foi a minha estrela.

Os galos cantam e eu cada vez mais
Absorto no disperso que o álcool dá.
Curara-me talvez a vida, ou sais,
Ou poder crer, ou desejar o que há.

Cantam tantos tão galos que me irrita
Que a noite que ainda dura possa ser.
Mas virá o dia, e, ao fim da parte escrita,
A morte marra e eu deixo-me colher.

4/10/1931

241

O cão que veio do abismo
Roeu-me os ossos da alma,
E erguendo a perna — o que eu cismo —
Mijou no meu misticismo
Que me dava a minha calma.

O cão veio de onde dorme
Aquele anseio que tenho
Por qualquer coisa de enorme
Que indistintamente forme
A forma de quanto estranho.

E depois de isso completo
O cão que veio do abismo
Que estava inteiro e repleto
Fez sobre tudo o dejecto
Que é hoje o meu misticismo.

24/6/1934

242

Estou cheio de tédio, de nada. Em cima da cama[1]
Leio, com uma minuciosidade atómica,
Lentamente, com uma atenção sem chama,
A Nova Enciclopédia Maçónica.

Penso no que fui (não me escapam as entrelinhas),
E o que a minha alma quis e a minha vida fez.
Coube-me, como a uma senhora um carrinho de linhas,
No meio do Grau 32 do Rito Escocês.

O que quis do passado por brisas se esfolha,[2]
O que pude de oculto teve a tempo medo;
E olho a sorrir o título no alto da folha:
Sublime Príncipe do Rial Segredo...

8/8/1934

243

O binómio de Newton é tão belo como a Vénus de Milo.
O que há é pouca gente para dar por isso.

(Álvaro de Campos)

óóóó-óóóóóóóóó-óóóóóóóóóóóóóóó

(O vento lá fora)

2.2. NA FRONTEIRA FAUSTO-CAMPOS

244

Se nada houvesse para além da morte,
Nada, e o que o espírito é pronto a querer
O que a imaginação em vão procura
Não fosse nada... E só um vácuo inteiro
No mundo, o enorme mundo perceptível,
Não fosse, nem o azulado das ondas
Nem a antecâmara da Realidade
Não outra coisa que o oco dele próprio,
E vazio do ser implodindo
Éter da ininteligibilidade
Onde o erro da razão sobre montes e vagas
Sem nexo em existir sem leis flutua...

Quem sabe se o supremo e ermo mistério
Do universo não é ele existir
Com inteireza tal em existir
Que não tenha sentido nem razão
Nem mesmo uma existência, de tão única,
Concebível... Meu espírito, corrompe-se
Ao místico furor do pensamento...
De horror sem dor...

Se o mundo inteiro, — abismo sem começo,
Poço sem paredes, negro absurdo
Aberto noutro absurdo ainda mais negro —
Não tem possível interpretação
Nem intertemporalidade num futuro
Da razão, ou da alma, ou do universo
Ele-próprio.

Ah o ocaso sobre os montes
Com que réstea de luz nos faz de longe
O gesto lento de nos abençoar…
E nem sombra, nem mesmo definida
Tristeza dói…

Ó sempre mesma dor do pensamento.

2.3. NA FRONTEIRA SOARES-CAMPOS

245

O Chiado sabe-me a açorda.[1]
Corro ao fluir do Tejo lá em baixo.
Mas nem ali há universo.
E o tédio persiste como uma mão regando no escuro.

NOTAS

1.

[71-26]

[Ms.]

O texto traz uma indicação prévia: "The beginning of Alvaro de Campos" (O começo de Álvaro de Campos).

2.

[38-26]

[Ms.]

[s. atrib.]

3.

[64-93 a 94]

[Ms.]

[s. atrib.]

[1] Vv. 31 a 33 dubitados.

[2] Variante sobreposta a "Sonho": "Ânsia".

[3] Variante sobreposta a "Frio": "Fresco"; verso dubitado.

[4] Variante subposta a "Ó Tédio! Só": "Tédio só de".

[5] Sob "o tédio das viagens", expressão não lida.

4.

[57A-36]

[Dact.]

Título previsto por Pessoa em vários projetos (144Y-62v, 48C-26, 48-29r). No testemunho usado: "Sonetos de Álvaro de Campos".

I

* Dedicatória no projeto 144Y-62v. Noutro projeto (48C-26) os três sonetos são dedicados a Fernando Pessoa.

** Data fictícia. A data presumível é 1915, dada a dois poemas, sem atribuição, escritos na mesma folha — "O Barco Abandonado" (12/12/1915) e "Brise marine" (21/12/1915).

III

* Dedicatória no projecto 144Y-62v, encarando abreviar Mason para M.

** Apesar deste 3º soneto ter sido publicado na *Contemporânea* de 6/12/1922, com o título "Soneto já antigo", utilizei o testemunho único indicado por se tratar de um tríptico e não fazer sentido alienar uma das peças. Aliás, as diferenças são pequenas.

5.

[*Orpheu* I, Março, 1915]

[1] Em *Orpheu* e edições posteriores *camfora*, que não faz sentido e deve ser gralha propiciada pela alteração da grafia: Pessoa teria escrito *amphora*. Só assim se explica o m antes do f.

6.

a

[64-73r a 74v]

[Ms.]

[s. atrib.]

* Antes do título do poema, o título do livro *Autoscopia*, com a indicação II.

[1] Variante sobreposta a "atrás da": "través a".

[2] Variante subposta a "é que tem o": "o que é que faz ao".

[3] Verso dubitado.

[4] Verso dubitado.

[5] O autor deixou incompleta a quadra que começa com este verso. Num outro momento de escrita continuou o poema.

b

[66-21]

[Ms.]

[s. atrib.]

c

[64-75]

[Ms.]

[s. atrib.]

* Numeração do Autor.

[1] Expressão dubitada: "minha dor".

[2] Variante sobreposta a "Bom": "Seja".

d

[66-33]

[Dact.]

[s. atrib.]

7.

[Ática]

8.

[*Orpheu* I, Março, 1915]

9.

[*Revista de Portugal*, nº 4, Julho de 1938]

[1] e [2] Acrescentamos *é* ("que é tudo"), cuja ausência é lapso evidente do autor, que a Ática introduz. É esta a forma do testemunho 70-3v.

[3] Substituímos o ponto final por vírgula, óbvia aqui. Assim também em 70-4v.

* Data do Testemunho 70-3 e 4.

Reproduzimos o texto da *Revista de Portugal*, anterior ao da Ática (e que ela terá seguido, como indica no índice), alterando o título de circunstância da revista, "Dois Poemas", para o que figura no testemunho 70-3 e fazendo preceder o "Fim" da 2ª Ode de II, em vez da data que aí se encontra e acrescentando ainda, no início, *I*.

10.

[69-51r e 52r]

[Dact.]

[s. atrib.]

11.

[66-74]

[Ms.]

[s. atrib.]

* No final, dois versos e meio riscados: "Quimera moderna do movimento/ Da ansia da fuga nós mesmos,/ Estátua partida M" e o que parece ser o início da palavra Álvaro.

12.

[57A-74r]

[Ms.]

[s. atrib.]

[1] Variante sobreposta a "o dia fosse eu": "eu fosse o dia"

13.

[711-5v]

[Ms.]

[1] Verso dubitado.

14.

[57A-82r, 82a e 82b]

[Ms.]

[s. atrib.]

[1] O poeta encarou terminar o poema, que datou, depois de "terror da vida" (v. 15), mas continuou na mesma página, e, após cinco linhas de um texto semelhante, retoma as evocações de infância: "Aquilo"... Decidimos considerar (bem ao jeito de Campos) estes cinco versos como uma divagação de que regressa. Se fosse outro poema, Pessoa teria assinalado.

15.
[68-9]
[Ms.]
[s. atrib.]

Poema não assinado, precedido pela indicação: "A.C.-5 Odes", que deve pertencer à série anunciada: "Cinco odes futuristas", primitivamente atribuídas a Caeiro.

16.
[42-19]
[Ms.]
[s. atrib.]

17.
[66-5]
[Misto]
[s. atrib.]

[1] Variante sobreposta a "eterna": "velha".

* Folha solta não assinada com a indicação "fim" — provavelmente de uma ode dos primeiros tempos.

18.
[*Orpheu*, 11, Julho, 1915]

19.
[*Solução Editora*, 4, Lisboa, 1929]

* Data do testemunho datilografado (70-12), reproduzido no texto impresso.

20.
[58-9v]
[Ms.]

* Sobre o poema, o autor fez um traço em cruz, provavelmente por têlo passado a limpo. O texto que se segue poderia ser continuação deste.

** Outro poema na mesma folha tem esta data aposta.

21.
[66-23]
[Ms.]
[s. atrib.]

22.
[133A-81r]
[Ms.]
[s. atrib.]

Este texto encontra-se também assinado Campos, com uma pequena diferença, num bilhete de Pessoa oferecido por A. Botto a Alberto de Serpa em cujo espólio se encontra na Biblioteca Municipal do Porto.

23.

* Dedicatória no plano mencionado (PPC, II, p. 483, cota 144y-62v).

a
[71-lr]
[Misto]
[s. atrib.]

[1] O *que* foi acrescentado por nós.

[2] Variante sobreposta a "mexe": "se agita".

b
[57A-45] e [64-76 e 76a]
[Ms.]
[s. atrib.]

[1] O *de* foi acrescentado por nós.

[2] O autor não fechou o parênteses aberto no início do verso.

c
[144X-75v]
[Ms.]
[s. tit.]

d
[66B-28]
[Ms.]
[s. atrib.]
[s. tit.] e com a indicação II.

e
[71-27]
[Misto]
[s. tit.]

[1] "E" opcional entre parênteses; variante sobreposta a "aéreo": "no ar".

[2] Verso dubitado.

[3] Verso dubitado.

[4] Expressão dubitada: "Antenas de ferro".

f

[66C-79r]

[Ms.]

[s. tit.]

g

[70-62]

[Misto]

[s. atrib.]

[1] Variante sobreposta a "encontrar": "prestar contas".

h

[64-26]

[Ms.]

[s. atrib.]

[s. tit.]

i

[66B-24]

[Ms.]

[s. atrib.]

[s. tit.]

* Num projeto do poema (71-1 v) o Poeta prevê um ponto 4: "Filosofia da guerra — (Dobre) —" a que este fragmento deve corresponder.

j

[66C-37]

[Ms.]

[s. atrib.]

[1] Expressão dubitada: "vida é triste".

[2] Um buraco no centro da folha apenas permite adivinhar a palavra "Estado".

24.

a

[70-5 e 6]

[Misto]

[s. atrib.]

[1] Variante entre parênteses para "pelas": "sobre as".

[2] No final do verso, o autor escreveu travessão por cima da vírgula.

[3] Variante sobreposta a "Meu": "[?Amen?]".

[4] O autor escreveu "vez", por lapso.

[5] Variante entre parênteses para "amigo": "amante".

[6] Palavra dubitada entre parênteses: "estabelecimento".

À margem da folha 70-61 dois versos: "Peso das sensações sem nexo, e obscuras/ Prontas a interpretar [var. subposta: ilustrar a vermelho] a inteligência [var. subposta: complexidade) da vida".

[7] Acentuamos o E inicial como noutro testemunho, 57A-16 e 17, por parecer lapso a ausência de acento.

[8] Vv. 88-104. Na margem, quatro versos de muito difícil leitura.

[9] Variante sobreposta a "meter": "ficar".

[10] Expressão dubitada entre parênteses: "Não faz differença".

[11] No original: "como uma trovoada" entre colchetes.

* Data anunciada no 1º verso do poema mas que pode ser ficcional. Omitimos oito versos acrescentados à margem de 70-5r, a tinta que se desvaneceu.

b

[70-9]

[Misto]

[s. atrib.]

[s. tit.]

No início, a vermelho: "he calls Walt".

[1] Variante sobreposta a "de máquinas": "e mecânicos".

c

[70-11r]

[Misto]

[s. atrib.]

[s. tit.]

[1] Expressão dubitada: "só Deus nos servia".

d

[70-8]

[Misto]

[s. atrib.]

[s. tit.]

e

[70-7]

[Misto]

[s. atrib.]

[s. tit.]

[1] Faltam seis versos, escritos à margem, que não foi possível ler.

[2] Verso dubitado.

f

[71-12]

[Ms.]

[s. atrib.]

[1] Opcional, entre parênteses: "pessoal".

[2] A palavra "ser" é opcional, entre colchetes; expressão sublinhada: "ser nada".

[3] Verso dubitado.

[4] Verso opcional entre colchetes.

[5] Expressão dubitada: "Deus-vida".

[6] Variantes subpostas a "Ser": "Eu", "Mira", "Havermos".

[7] Expressão dubitada: "ter ido".

g

[71-7r]

[Ms.]

[s. atrib.]

[1] Variante sobreposta a "nossos": "meus",

[2] A expressão "é que" é opcional.

[3] Variante subposta a "Walt": "meu amigo".

h

[71-9 e l0r]

[Ms.]

[s. atrib.]

[1] Palavra dubitada: "destaque".

[2] Fechamos o parênteses aberto no início do verso anterior.

i

[65-66r]

[Misto]

[s. atrib.]

[s. tit.]

[1] Entre este verso e o seguinte um tracejado, parecendo significar que encarava intercalar futuros versos.

j

[71-8r]

[Ms.]

[s. atrib.]

[1] Variante subposta a "adultismo": "ser adulto".

[2] Verso dubitado.

[3] Variante sobreposta a "química só": "só um desfazerem-se".

[4] Variante sobreposta a "fazem": "fizessem".

l

[71-8v]

[Ms.]

[s. atrib.]

[s. tit.]

m

[64-66r]

[Ms.]

[s. atrib.]

[s. tit.]

[1] Verso abreviado: "Quando parte — comboio?".

n

[64-71r]

[Ms.]

[s. atrib.]
[s. tit.]
o
[64-70]
[Ms.]
[s. atrib.]
[s. tit.]
* O autor deixou a 2ª metade da página em branco, aparentemente para acrescentar outros versos, e continuou no verso da folha.

[1] Antes do verso, o nº 2, indicativo de que se trata de uma segunda parte do poema.

[2] Verso dubitado.

O poeta iniciou alguns versos com minúsculas, prática original na época.

p
[64-67]
[Ms.]
[s. atrib.]
[s. tit.]
q
[71-5r]
[Dact.]
[s. atrib.]
[s. tit.]
r
[64-54r]
[Ms.]
[s. atrib.]
[s. tit.]
s
[64-69]
[Ms.]
[s. atrib.]
[s. tit.]

[1] Variante subposta a "que podem não ser": "só para serem".

[2] Vv. 7-8 O autor deixou em branco o espaço final da página possivelmente para acrescentar outros versos antes de continuar no verso da página.

t
[66-39, 39a, 40]
[Ms.]
[s. atrib.]
[s. tit.]

[1] Palavra dubitada: "quero".

[2] Variante sobreposta a "vibra": "varia".

[3] Variante sobreposta a "da": "na".

[4] Palavra dubitada: "gestos".

[5] O autor parece ter encarado corrigir "um" para "no".

u
[64-53r]
[Ms.]
[s. atrib.]
[s. tit.]
25.
[66A-76]
[Ms.]
[s. atrib.]

[1] Variante sobreposta a "para a": "da".

[2] A expressão "dos destinos" está dubitada e tem uma variante sobreposta para "destinos": "deuses"

26.

* Uma nota manuscrita, assinada Álvaro de Campos [71A-53], dedica esta "ode sensacionista" a José de Almada-Negreiros, acrescentando: "Almada-Negreiros: você não imagina como eu lhe agradeço o facto de você existir".

a
[70-16 a 17v]
[Dact.]
[s. atrib.]

[1] No original "coral", aparente lapso de datilografia.

[2] Variante entre parênteses para "lugar": "largo".

** O fragmento b, escrito no mesmo papel timbrado deste e aparentemente pela mesma altura, tem a data de 22/5/1916.

b

[70-15, 19 e 21]

[Misto]

[s. atrib.]

[1] O autor não fechou os parênteses.

[2] Acrescentadas, entre parênteses, as indicações em inglês: "in growing type, wind-sound" e "three or four times over and growing in lenght".

[3] Acrescentada entre parênteses a indicação em inglês: "growing as above".

[4] Variante sobreposta a "e": "a".

[5] "Queira", por lapso, no original.

c

[70-13 e 14r]

[Dact.]

[s. atrib.]

[1] [Penso] *em que* parece deturpação de *o que*.

[2] O primeiro *sei* foi acrescentado por nós.

d

[70-18r]

[Dact.]

[s. atrib.]

e

[70-20]

[Misto]

[s. atrib.]

[s. tit.]

f

[66A-29]

[Ms.]

[s. atrib.]

[1] Opcional entre parênteses: "a" — "com a terra".

[2] Palavra dubitada: "inibição".

* No início do poema a indicação em inglês: "End of morning hymn".

g

[64-27]

[Ms.]

[s. atrib.]

[1] Variante sobreposta a "me toca": "se me figura".

[2] Variante sobreposta a "na": "para lá da".

* Em papel timbrado da firma F. Pessoa fundada em 1917.

27.

a

[71-16]

[Ms.]

[1] Palavra dubitada: "inabalável".

[2] Variante entre parênteses para "houve": "jazeu".

[3] Verso dubitado.

[4] Verso dubitado.

[5] Palavra dubitada: "sadio".

b

[71-29]

[Ms.]

[1] Verso dubitado.

[2] Verso dubitado.

[3] Variante sobreposta a "o meu ser": "a minha individualidade"; variante entre parênteses para "levanto": "ergo".

[4] Variante sobreposta a "mundo": "universo".

[5] Palavra dubitada: "sentir".

c

[71-31 e 32]

[Ms.]

[1] Opcional: "as" — "as saturnália".

[2] "Prodigioso", palavra dubitada e com variante sobreposta: "clamoroso"

d

[64-68r]

[Ms.]

[s. atrib.]

[s. tit.]

e

[64-45]

[Ms.]

[s. atrib.]

[s. tit.]

[1] Verso dubitado.

[2] Variante sobreposta a "apocalipse": "juízo final".

[3] Variante sobreposta a "dentro da": "feito de".

f

[64-84 e 84a]

[Ms.]

[s. atrib.]

[s. tit.]

[1] Palavra dubitada: "coco".

g

[64-77r]

[Ms.]

[s. atrib.]

[s. tit.]

* Data de folha de telegrama não utilizada.

h

[66B-60]

[Ms.]

[s. atrib.]

[s. tit.]

i

[64-33]

[Ms.]

[s. atrib.]

[1] Variante sobreposta a "eram eu": "estavam em mim".

[2] Verso dubitado.

j

[64-32]

[Ms.]

[s. atrib.]

[s. tit.]

l

[66A-26r e 26ar]

[Ms.]

[s. atrib.]

[s. tit.]

[1] Variante sobreposta para "alto-dia": "meio-dia".

[2] Palavra dubitada "abetos".

[3] Variante subposta para "calado": "ouvindo".

m

[64-31]

[Ms.]

[s. atrib.]

[s. tit.]

[1] No original: "não se reduz-se", por lapso.

[2] A seguir a *em*, por lapso, *a* antes de *arco*.

n

[64-34]

[Ms.]

[s. atrib.]

[s. tit.]

o

[64-44r]

[Ms.]

[s. atrib.]

[s. tit.]

[1] Variante sobreposta para as duas vírgulas: "e".

p

[70-10r]

[Ms.]

[s. atrib.]

[s. tit.]

q
[69-13r]
[Dact.]
[s. tit.]
28.
[71-4r]
[Misto]
[s. atrib.]
[1] O autor escreveu "cingo", por lapso.
[2] Variante sobreposta ao primeiro "de": "por".
[3] No texto "Passa", por aparente lapso.
29.
[71-40 a 44r]
[Ms.]
[1] Palavra dubitada: "figuras".
* Numeração precedida por "Fim", o que parece indicar que o poeta, que tencionava dividir o poema em quatro partes, só realizou a primeira, como indicou, e precipitou a quarta, "Fim" da Ode.
[2] Variante sobreposta a "estrelado": "constelado".
[3] Variante entre parênteses para "da água": "das águas". Opcional: "das águas".
[4] Palavra dubitada: "solares".
30.
[144C-18v e 19]
[Ms.]
[s. atrib.]
[1] Verso dubitado.
[2] Variante sobreposta a "room": "saloon".
* No verso, um poema com data de 24/6/1916.
31.
[58-9r e 9a]
[Ms.]
[s. atrib.]
32.
[65-24r]
[Ms.]
[s. atrib.]
[1] Variante sobreposta a "na": "em".
[2] Variante sobreposta a "Ruído": "Barulho".
33.
[71-17 a 18]
[Ms.]
[1] Variante sobreposta a "desse": "deste".
[2] Variante subposta a "deste cérebro": "do mundo".
34.
[69-44 e 45]
[Misto]
[s. atrib.]
A primeira página traz a indicação da letra C e as posteriores D, E, F, parecendo indicar integrar este texto num texto mais amplo. Entre os vv. 96-97 um espaço que não parece interestrófico.
35.
[71-45r]
[Ms.]
[1] Verso dubitado
[2] Verso dubitado.
36.
[71-25r]
[Ms.]
[1] Palavra dubitada: "tempo".
Esta Ode e a seguinte receberam inicialmente atribuição a "A. Caeiro" posteriormente riscada e substituída por "A. Campos".
37.
[71-23r]
[Ms.]

[1] No original: "com aquela", por lapso.

* Este poema é precedido pela indicação 2ª Ode.

38.

[71-38r]

[Ms.]

[1] Variante sobreposta a "para um pintor possível em": "virtual"; *em* está assinalado como opcional.

[2] Variante sobreposta a "maravilhosos perfis todos os perfis": "extraordinário perfil qualquer perfil" inicialmente, variante sobreposta apenas a "maravilhosos": "extraordinários".

39.

[71-23r]

[Ms.]

[1] Opcional entre parênteses: "ter sido": "parece ter sido de um outro".

40.

[Ática]

[s. atrib.]

41.

[Ática]

[s. atrib.]

42.

[71A-7]

[Ms.]

43.

[65-55v]

[Ms.]

[s. atrib.]. Ver no início, *Este Campos*, pp. 20-45.

[1] Verso dubitado.

[2] Verso dubitado.

44.

[65-55r]

[Ms.]

[s. atrib.]. Ver no início, *Este Campos*, pp. 20-45.

[1] Variante sobreposta a "e as terras": "faziam sombra".

[2] Vv. 9 a 13 dubitados.

45.

[64-21]

[Ms.]

[s. atrib.]

* Escrito num cartão de convite para um baile de Carnaval de 1921 da Associação Acadêmica da Faculdade de Direito de Lisboa.

46.

[71A-13r]

[Dact.]

47.

[*Contemporânea*, 8, Fevereiro, 1923].

48.

[711-6]

[Ms.]

[1] Variante entre parênteses a "já ter passado": "de o passado ter passado".

[2] Vv. 25 a 33 dubitados.

49.

[69-46r]

[Dact.]

[s. atrib.]

[1] No original, por lapso do autor: "livre".

50.

[Ática]

[s. atrib.]

51.

[Ática]

[s. atrib.]

52.

[Ática]

[s. atrib.]

[1] Na Ática e edições posteriores falta, por aparente lapso, "haver" antes de "gente", que o sentido do verso impõe.

53.

[69-47r]

[Dact.]

[1] No original *algum*, que deve ser gralha, atendendo ao verso seguinte, de que é sujeito.

54.

[71-19r]

[Ms.]

55.

[64-17]

[Ms.]

[s. atrib.]

56.

[69-48r e 49r]

[Dact.]

[s. atrib.]

[1] "Tenho", no original.

57.

[64-25]

[Ms.]

[s. atrib.]

58.

[Ática]

[s. atrib.]

[1] Na Ática, por visível lapso: "Vai, que pena".

[2] Na Ática: "acro é horroroso" — lapso evidente.

59.

[71-37]

[Ms.]

[1] Variantes subpostas a "espaço": "abismo" e "morte".

60.

[66C-17r]

[Ms.]

[s. atrib.]

[1] Variante sobreposta a "É quase": "Perde o".

[2] Vv. 7-8 dubitados.

61.

[711-7]

[Ms.]

[1] Variante sobreposta a [..]: "via láctea lenta".

[2] "Mim": leitura conjecturada por faltar esse pedaço de folha no original rasgado.

62.

[66-27r]

[Ms.]

[s. atrib.]

[1] Vv. 7 e 8 dubitados.

* No verso de "Aviso por causa da Moral". À margem, epígrafe ou apontamento avulso: "Tudo quanto é complicado não me merece paixão. António".

63.

[Ática]

[s. atrib.]

64.

[Ática]

[s. atrib.]

[1] Na Ática, por visível lapso: "É ter pedir".

65.

[70-25r e 26r]

[Dact.]

Não se seguiu o texto publicado na *Contemporânea*, em Junho de 1926, por excessivamente defeituoso, mas o testemunho datilografado que lhe parece ter servido de base.

66.

[70-24v]

[Ms.]

[s. atrib.]

[1] Variante sobreposta a "está ali": "se deita".

[2] Variante sobreposta a "o incógnito": "ser levado".

[3] Variante sobreposta a "infinita": "incógnita".

[4] Variante sobreposta a "cambaleia": "vertigina".

* No verso de LISBON REVISITED (1926).

67.

[69-2]

[Misto]

[1] No original: "cantas".

68.

[69-3]

[Dact.]

[s. atrib.]

69.

[69-3]

[Dact.]

[s. atrib.]

70.

[60-4 a 4c]

[Ms.]

[s. atrib.]

[1] Variante sobreposta a "corpo": "traje".

[2] Vv. 9 e 10 dubitados.

[3] Variante sobreposta a "excede": "mostra".

[4] Vv. 13 e 14 dubitados.

[5] Variante sobreposta a "alma": "idéia".

[6] Variante sobreposta a "perceberei": "verei bem".

[7] Encarada a variante com maiúscula: "Porta".

[8] Encarada a variante com maiúscula: "Janela".

[9] Encarada a variante com maiúscula: "Razão".

71.

[69-4]

[Dact.]

[s. atrib.]

72.

[71-21r]

[Dact.]

* Data de outro testemunho (60-8), com pequenas variantes, mas sem atribuição a Campos.

73.

[69-42r]

[Ms.]

* Data de um poema de R. Reis no verso de um outro testemunho ms., 52-19v.

74.

[711-8r]

[Ms.]

75.

[*presença*, 39, Coimbra, Julho, 1933]

* Outro título encarado: MARCHA DA DERROTA, ainda impresso nas provas da *presença*.

** Tal como em *presença*, antecedendo o nome do autor.

76.

[64-46r]

[Ms.]

[s. atrib.]

[1] Variante sobreposta a "foi": "continua".

[2] Variante sobreposta a "penitenciária": "penitenciários".

77.

[*presença*, 18, Coimbra, Janeiro, 1929]

* Num testemunho datilografado (70-42) o título é "Gazetilha Futurista" e a atribuição a Campos aparece riscada.

78.

[71-22r]

[Dact.]

79.

[*presença*, 10, Coimbra, Março, 1928]

[1] Na revista, por lapso evidente, "nem no passado".

* Data do testemunho manuscrito, 70-34.

80.

[*O Notícias Ilustrado*, 27/5/28]

* Data do testemunho datilografado, 70-35 e 36.

81.

[70-37r]

[Dact.]

82.

[*Solução Editora*, 1, Lisboa, 1929]

* Data no testemunho datilografado, 70-39.

83.

[69-5r e 6r]

[Misto]

[s. atrib.]

[1] Verso dubitado.

[2] Variante à margem para "sem sentido": "destruídos pelo vento".

84.

[60-25]

[Ms.]

[s. atrib.]

[1] Variante sobreposta a "fechados": "abertos".

85.

[60-26]

[Ms.]

[s. atrib.]

Título. Palavra dubitada: "nova".

[1] O autor escreveu "O génio da habilidade," mas riscou habilidade, esquecendo-se de cortar o da.

86.

[60-26v]

[Ms.]

[s. atrib.]

* Escrito no verso de um poema do mesmo dia.

87.

[69-7]

[Misto]

[s. atrib.]

[1] Variante à margem para "foi afinal": "é hoje talvez".

[2] Vv. 41 a 43 dubitados.

88.

[70-40r]

[Misto]

[1] Variante sobreposta a "sintética": "simétrica".

89.

[69-8]

[Misto]

90.

[60-28]

[Ms.]

[s. atrib.]

91.

[70-41r]

[Dact.]

[atrib. interrogada]

92.

[60-29v e 30r]

[Ms.]

[1] Vv. 7 e 8 dubitados.

* No verso de um poema com esta data, "Canção abrupta".

93.

[71[1]-1v]

[Ms.]

* Data aposta a outro poema no rosto da folha.

94.

[Ática]

[s. atrib.]

95.

[71[1]-9r]

[Ms.]

[1] Variante sobreposta a "para o": "ao".

96.

[*presença*, 20, Coimbra, Abril-Maio, 1929]

[1] Na *presença*: "zanguem", que parece gralha.

[2] Na *presença*: "a criada", sem acento.

[3] Na *presença*: sem ponto final.

97.

[60-31]

[Ms.]

[s. atrib.]

[1] Vv. 20 a 22 dubitados.

98.

[70-43]

[Misto]

[1] "Bem" em vez de "Vem", por lapso.

[2] Idem.

99.

[71-30r]

[Ms.]

100.

[70-44r]

[Misto]

[s. atrib.]

[1] Variante subposta a "também": "afinal".

101.

[60-37]

[Ms.]

[s. atrib.]

102.

[70-61r]

[Dact.]

* Data noutro testemunho, 71[1]-10.

103.

[71[1]-10v]

[Ms.]

[s. atrib.]

104.

[71[1]-11]

[Ms.]

[1] Variante sobreposta a "se": "me".

105.

[70-46r]

[Dact.]

* No mesmo testemunho, 70-45, o título é "Reticências".

[1] Neste testemunho: "futuro", mas noutro, 70-45, "futura".

** Data do testemunho misto, 70-45, aparentemente anterior a este, que a Ática seguiu.

106.

[64-22r]

[Ms.]

[s. atrib.]

[1] Variantes para "humana": sobreposta, "íntima"; subposta, "diversa".

107.

[69-9r]

[Dact.]

[s. atrib.]

108.

[60-43]

[Dact.]

[s. atrib.]

109.

[66D-13]

[Ms.]

[s. atrib.]

110.

[60-44]

[Ms.]

[s. atrib.]

111.

[60-47]

[Ms.]

[s. atrib.]

112.

[71-49]

[Ms.]

[1] Variante sobreposta para "São todos": "Ah pobres".

[2] Variante sobreposta para "um mundo": "cardíaca".

[3] O autor parece ter hesitado entre "com" e "sem", escrevendo as duas palavras uma sobre a outra. Sobre "chorando", variante dubitada: "clamando".

113.

[6-49 e 49a]

[Ms.]

[s. atrib.]

[1] Na margem direita, sinal de verso dubitado.

[2] Variante sobreposta a "pião de cair": "tijolo partido... ". Na margem direita, sinal de verso dubitado.

114.

[71-39 e 39a]

[Ms.]

115.

[70-48r]

[Dact.]

* Data do testemunho misto 70-47.

116.

[71¹-12r]

[Ms.]

117.

[60-32]

[Ms.]

[s. atrib.]

* Escrito na mesma folha de um pequeno bloco com outros poemas deste ano.

118.

[69-10r]

[Dact.]

119.

[71¹-13 a 15r]

[Ms.]

[1] Variante sobreposta a "usei": "vesti" e subposta: "fizeram".

[2] Variante subposta a "puxada": "derreada".

120.

[60A-5]

[Ms.]

[s. atrib.]

[1] Verso dubitado.

[2] Variante sobreposta a "limpa": "de crochet".

[3] Acrescentado, por parecer omissão involuntária do autor: [de].

121.

[60A-6]

[Ms.]

[s. atrib.]

[1] Variante subposta a "levasse aquela criança": "matasse aquela criança".

122.

[60A-8]

[Ms.]

[s. atrib.]

123.

[60A-9r e 71-13 a 15r]

[Ms.]

* Este texto, 60A-9r, não assinado, não foi incluído nos envelopes de Campos do Espólio da B.N. O resto do poema aparece com o mesmo título, não datado mas assinado, e, por isso, foi incluído no envelope 71, da Poesia de Campos.

** Esta data encontra-se no fragmento 60A-9r.

124.

[69-14r]

[Dact.]

125.

[60A-11]

[Ms.]

[s. atrib.]

[1] Variante sobreposta a "por acaso": "sem reparar".

126.

[*presença*, 27, Lisboa, Junho-Julho, 1930]

[1] Na *presença*, o que parece ser gralha: "acho".

* Data real do poema, a do aniversário de Pessoa (a fictícia, no fim, corresponde ao aniversário de Campos), aposta no testemunho ms. 70-49 a 51.

127.

[71[1]-16r]

[Ms.]

[1] Variante sobreposta a "baixam": "pairam".

128.

[60A-12]

[Ms.]

[s. atrib.]

* Título dubitado.

[1] Em torno do pronome *o*, sinal de dubitado, a admitir provavelmente a variante "se me dessem".

129.

[70-52r]

[Misto]

[s. atrib.]

130.

[60A-14 a 16]

[Ms.]

[s. atrib.]

[1] Variante sobreposta a "outra casa": "casa deles".

131.

[71[1]-17]

[Misto]

[1] Variante sobreposta a "na mesma": "em qualquer".

[2] "Ainda" foi acrescentado posteriormente e traz a indicação "num verso isolado".

[3] Entre vv. 33 e 34, uma linha ponteada.

132.

[60A-17]

[Ms.]

[s. atrib.]

[1] Variante sobreposta a "grita": "irrita".

133.

[69-50r]

[Misto]

[s. atrib.]

[1] Variante entre parênteses para "do desejo": "das simpatias".

[2] No original: "ver o negro".

134.

[69-54r]

[Dact.]

[s. atrib.]

135.

[71[1]-18]

[Ms.]

[1] Variante entre parênteses a seguir a "compreendido": "discutido".

[2] Variantes sobrepostas para "Compreender": "Discutir" e "Preocupar-se". Acrescentado ao lado, "Querer", dubitado, que se poderá antepor a estas variantes.

136.

[71-20r]

[Ms.]

137.

[71[1]-2r]

[Ms.]

[1] No texto: "que o penso", em vez de "o que penso", por lapso, parece-me.

138.

[71[1]-19]

[Ms.]

[1] Em torno de "grande", sinal de redação provisória.

[2] O autor não fechou as aspas.

139.

[60A-25]

[Ms.]

[s. atrib.]

140.

[69-15]

[Dact.]

[1] O autor datilografou um *t* sobre o *s* de "mais vale não ser". Respeitamos esta iniciativa apesar de ser mais óbvio o verso: "Mais vale não ser que ser assim".

141.

[Ática]

[s. atrib.]

[1] Na Ática: eras.

142.

[*presença*, 31-32, Março-Junho, 1931]

* Data de um testemunho ms.

143.

[Ática]

[s. atrib.]

144.

[71[1]-20r]

[Ms.]

* Data aposta, no verso da folha, a um outro fragmento de poema.

145.

[69-43r]

[Dact.]

* Datilografado no verso de um formulário para telegrama, indicando o ano: 193[?].

146.

[69-12r]

[Misto]

Alguém riscou a atribuição a A. de Campos e escreveu em seu lugar Fernando Pessoa, modernizando a ortografia, aparentemente para publicação do texto.

[1] Variante subposta a "por": "a".

[2] Variante subposta a "escondem": "ocultam".

147.

[69-17r]

[Dact.]

[s. atrib.]

148.

[61-37]

[Misto]

[s. atrib.]

[1] O autor tinha escrito: "em Inglaterra", expressão que substituiu por "campestre", mas esqueceu-se, aparentemente, de riscar "em".

149.

[69-18r]

[Misto]

[1] Omitimos vírgulas depois de "substituído" e no v. 20 depois de "tanto", aparentes lapsos de datilografia.

[2] Sobre o *s* de *mortas*, o autor escreveu um traço vertical, a lápis, que remete para a palavra *adultas* à margem, também a lápis, que, por isso, consideramos variante.

150.

[*presença*, 34, Coimbra, Nov. 31-Fev. 32]

* Neste mesmo testemunho, o título "Soneto para parecer normal".

** Data do testemunho ms., 70-54.

151.

[64-35r e 36r]

[Ms.]

[s. atrib.]

152.

[66-26]

[Ms.]

[s. atrib.]

[1] Variante sobreposta a "névoa": "noite".

[2] Verso dubitado.

153.

[71[1]-22r]

[Ms.]

[1] Variante sobreposta a "carne": "espuma".

* Os dois últimos versos encontram-se no alto da página, separados por um traço do início do poema, mas são, de fato, sua continuação.

154.

[9-7v]

[Ms.]

[s. atrib.]

155.

[61-48]

[Ms.]

[s. atrib.]

[1] Variante sobreposta a "aceso": "ocaso".

[2] Variante sobreposta a "dos campos": "ao ar livre".

[3] Variante sobreposta a "dizes": "disseste só".

156.

[61-49]

[Ms.]

[s. atrib.]

[1] Palavra dubitada: "gritando".

[2] Variante sobreposta a "da": "na".

* Depois da data: "a.m." (antemeridian).

157.

[61-50]

[Ms.]

[s. atrib.]

Título: variante sobreposta: "em". É admissível que em vez de "sobre" se deva ler "ab" (preposição latina).

158.

[*Descobrimento*, Lisboa, Inverno, 1931-32]

* Data aposta ao texto ms.

159.

[Ática]

[s. atrib.]

[1] "voz dela" pode ser gralha: "deles", os cegos. Não corrijo por admitir que entre "os cegos" haja uma mulher.

160.

[71-47r]

[Ms.]

161.

[64-79r]

[Ms.]

[s. atrib.]

* Data do carimbo de correio de propaganda de literatura policial britânica, suporte do poema.

162.

[71-34 e 35]

[Ms.]

[1] Variante sobreposta a "ânus": "cu". "Olho de" foi riscado.

163.

[61A-1 e 1a]

[Ms.]

[s. atrib.]

[1] Vv. 1 a 4 dubitados.

164.

[64-5]

[Ms.]

[s. atrib.]

* Data de outro texto, um apontamento à margem.

165.

[71[1]-23r a 24v]

[Ms.]

[1] Ausência de pontuação que pode significar que o poema está incompleto ou que o poeta encara substituir os dois tercetos anteriores, separados, de resto, por um traço horizontal.

* O poema ficou incompleto. É possível que o poema seguinte se integre neste conjunto.

166.

[46-10]

[Ms.]

[s. atrib.]
167.
[70-55r]
[Misto]
[1] O autor escreveu "De", por lapso.
168.
[64-78r]
[Ms.]
[s. atrib.]
[1] Depois deste verso, o autor riscou um verso mas não a respectiva variante: "se afastam de luzes [?fixas?]" que reelaborou no verso seguinte.
[2] O autor escreveu primitivamente "da sombra", corrigindo para "do negro" mas, aparentemente, esqueceu-se de riscar *da*.
[3] Verso dubitado com variante subposta a "do mar": "das águas".
169.
[69-19r]
[Dact.] —
170.
[71[1]-25a v]
[Ms.]
[s. atrib.]
* Data aposta a seis versos rimados escritos no verso da folha.
171.
[71[1]-25a]
[Ms.]
* Data aposta a um poema escrito ao lado.

Entre a primeira e a segunda estrofes um traço de separação que pode significar que o poeta encara intercalar outros versos ou que se trata de dois poemas.
172.
[64-81r, 82r e 83r]
[Ms.]
[s. atrib.]
[1] Eliminou-se, no final do verso, um parênteses, aparente repetição, por lapso, do parênteses do verso anterior.
[2] Parênteses final, acrescentado por nós.
173.
[71-36r]
[Ms.]
174.
[71-48r]
[Ms.]
175.
[Ática]
[s. atrib.]
176.
[64-85r]
[Ms.]
[s. atrib.]
[1] Variante sobreposta a "são": "fazem".
* Data do carimbo do correio num envelope em que o poema foi escrito.
177.
[71[1]-26r]
[Ms.]
178.
[70-56r]
[Dact.]
[1] O autor acrescentou entre parênteses "ou Psicotipia", variante para o título.
179.
[70-57r]
[Dact.]
[1] O Autor manteve no verso anterior "Quem tens lá no fundo", aparentemente por lapso porque escreveu "Quem" com maiúscula, para mudar de linha, como o ritmo pede.

180.
[70-59r]
[Dact.]
181.
[70-60r]
[Misto]
[1] Variante subposta a "escuto": "acordo".
182.
[71-28r]
[Ms.]
[1] Os dois últimos "não ter" são opcionais, escritos entre parênteses.
[2] Variante sobreposta a "sensível": "sentido".
[3] Variante sobreposta a "consciência": "emoção".
183.
[71¹-28r]
[Ms.]
184.
[48B-13]
[Ms.]
[s. atrib.]
* Posterior a 1923, porque escrito no panfleto, contra os estudantes de Lisboa, em defesa de Raul Leal.
185.
[71¹-27r]
[Ms.]
186.
[69-20r]
[Dact.]
187.
[69-21r]
[Dact.]
188.
[69-22r]
[Dact.]
189.
[71¹-29]
[Ms.]
190.
[71-46r]
[Ms.]
191.
[60-2v]
[Ms.]
[s. atrib.]
192.
[71¹-30]
[Ms.]
193.
[69-24r]
[Ms.]
[1] Variante sobreposta a "falam-me": "animam-me".
194.
[69-23r]
[Ms.]
195.
[71¹-32r]
[Ms.]
196.
[71¹-31r]
[Ms.]
197.
[11¹⁴X-2]
[Ms.]
[s. atrib.]
198.
[Ática]
[s. atrib.]
199.
[Ática]
[s. atrib.]
[1] O autor não fechou este parêntese.
200.
[69-25r]
[Ms.]
201.
[71¹-33r]
[Ms.]
202.
[62B-2]
[Ms.]

[s. atrib.]
203.
[65-4r]
[Ms.]
[s. atrib.]
204.
[Ática]
[s. atrib.]
205.
[69-26r e 27r]
[Ms.]
206.
[69-28r]
[Misto]

[1] Variante sobreposta a "isto...": "a vida ...".

207.
[62B-41]
[Ms.]
[s. atrib.]
208.
[71[1]-34r]
[Ms.]
[s. atrib.]
209.
[69-30r]
[Ms.]
[s. atrib.]
210.
[69-29r]
[Ms.]
[s. atrib.]
211.
[69-31r]
[Ms.]
[s. atrib.]

[1] Variante sobreposta a "ouviu-se": "murmura" e variante subposta: "chorava".

[2] Variantes sobrepostas a "em" e "é": "com" e "ficam".

212.
[69-32r]
[Ms.]
[s. atrib.]
213.
[69-33r]
[Ms.]
[s. atrib.]

* A seguir à data, indicação em inglês: "First this year".

214.
[69-34r]
[Ms.]
[s. atrib.]
215.
[71[1]-35r]
[Ms.]
[s. atrib.]
216.
[69-35r]
[Ms.]
217.
[71[1]-3r]
[Ms.]
218.
[71[1]-3v]
[Ms.]
[s. atrib.]
219.
[71[1]-4r]
[Ms.]

* O autor acrescentou, entre parênteses, "end of the book" (fim do livro).

220.
[63-6]
[Ms.]
[s. atrib.]

Poema publicado pela Aguilar e edições subseqüentes como de Pessoa ortônimo.

221.
[69-36r]
[Ms.]
222.
[69-37r]
[Ms.]
223.
[69-38r]
[Dact.]
224.
[16A-24r]
[Ms.]
225.
[69-39r]
[Misto]
226.
a
[64-42]
[Ms.]
[s. atrib.]
[1] Palavra dubitada: "barcos".
[2] Expressão dubitada: "força motriz".
b
[71-50r]
[Ms.]
c
[66C-74]
[Ms.]
[s. atrib.]
[s. tit.]
As páginas fixadas trazem os números 2 e 3.
d
[58-2v]
[Ms.]
[s. atrib.]
[s. tit.]
[1] Entre este e o próximo verso há uma indicação do autor em inglês e entre parênteses: "a large space".
[2] A palavra "vem" está entre colchetes indicativos da possibilidade da sua supressão.
[3] Expressão dubitada: "por dentro".
227.
a
[71-6]
[Ms.]
[s. atrib.]
[1] Variante sobreposta a "pela": "contra a".
[2] O autor escreveu "etc." referindo-se a um texto anterior de que este, aparentemente, é uma nova versão. Sendo este, por sua vez, uma versão anterior à do texto publicado pela Ática.
[3] Verso dubitado.
[4] Verso dubitado.
[5] O "te" final é opcional (dentro de um círculo).
b
[64-29]
[Ms.]
[s. atrib.]
[s. tit.]
c
[64-72r]
[Ms.]
[s. atrib.]
[1] Expressão dubitada: "da doença".
[2] Palavra dubitada: "dinamismo".
d
[64-28r]
[Ms.]
[s. atrib.]
[s. tit.]
e
[64-96]
[Ms.]
[s. atrib.]
[s. tit.]

[1] Variante sobreposta a "ele": "Homero".

f

[71-4v]

[Ms.]

[s. atrib.]

g

[71-11r]

[Ms.]

[s. atrib.]

[s. tit.]

* Data de uma comunicação mediúnica na mesma folha.

h

[71-3r]

[Ms.]

O autor hesita em identificar este fragmento como: "PASSAGEM DAS HORAS OU WALT WHITMAN".

228.

[71-23 e 24]

[Ms.]

[s. atrib.]

[1] Variante subposta a "descem os toldos": "baixam as pálpebras"

229.

[44-38]

[Ms.]

[s. atrib.]

[1] Um círculo em torno de "E a", talvez sinal de dubitar.

230.

[66-28r e 29r]

[Ms.]

[s. atrib.]

231.

[71-45v e 45a]

[Ms.]

232.

[71[1]-21]

[Ms.]

233.

[71[1]-25a]

[Ms.]

234.

[144F-4v]

[Ms.]

* Escrito num bloco de apontamentos com datas dispersas do ano de 1935.

235.

[64-65r]

[Ms.]

[1] Variante subposta a "da": "a"

236.

[66A-99]

[Ms.]

[s. atrib.]

237.

[65-72]

[Ms.]

[s. atrib.]

238.

[44-12]

[Ms.]

[s. atrib.]

[1] Variante sobreposta a "num": "neste".

[2] Variante ilegível sobreposta a "visual".

[3] Variante sobreposta a "azul": "absurdo"; palavra dubitada: "azul"

[4] Vv. 15, 16 e 17 dubitados.

[5] Omitimos um "que" depois de "carro", aparente lapso de escrita.

[6] Variante sobreposta ao segundo "é": "há".

[7] Variante subposta a "é que é": "está".

239.

[60-29r e 30v]

[Ms.]

[s. atrib.]

[1] A expressão "o verão" foi sublinhada: dubitada?

[2] Em vez de "couves", o autor

escrevera primitivamente “alho” para rimar.

[3] Variante sobreposta a “Bem sei”: “Mas dóis”.

[4] Variantes a “Amo-te” — sobreposta: “Vejo-te” e subposta: “Penso-te”.

[5] Variante sobreposta a “amarte”: “ver-te”.

240.

[61-45]

[Dact.]

[s. atrib.]

241.

[62A-21]

[Ms.]

[s. atrib.]

242.

[62A-48r]

[Ms.]

[s. atrib.]

[1] Variante sobreposta a “Em cima da”: “Estendido na”.

[2] Variante sobreposta a “por brisas se”: “qualquer brisa o”

243.

[69-11r]

[Dact.]

[s. atrib.]

244.

[66A-14 e 15]

[Ms.]

[s. atrib.]

245.

[66-78]

[Dact.]

[s. atrib.]

[1] Variante entre parênteses a seguir a “O Chiado”: “A idéia do Chiado”.

Posfácio
CAMPOS E A TRADIÇÃO

Não tem este livro a inconsciência de se supor perfeito. Nasceu de uma urgência: a rejeição da Edição Crítica da Imprensa Nacional, já nomeada (que passarei a abreviar EC). Sem essa reação não teria nascido, porque não era, inicialmente, minha intenção fazer edições críticas como a que está na origem do presente livro.

Mas recuemos no tempo. A primeira edição da obra poética de Pessoa, a da editora portuguesa Ática, surgiu em 1944, nove anos depois da sua morte. Foi iniciativa de João Gaspar Simões e Luís de Montalvor. Em 1960, a Editora Aguilar, do Brasil, empreendeu, por seu turno, tarefa semelhante, que esteve a cargo da conhecida e estimada pessoana Maria Aliete Galhoz, a qual, como me disse, partiu da edição da Ática sem recorrer aos originais — o que, aliás, lhe teria sido impossível pelo fato de os textos que tinham servido de base à edição da Ática não terem, na época, regressado à "Arca" de Pessoa (segundo me afirmou), então na posse da família.

As edições posteriores repetem, até 1990, a Ática ou a Aguilar.

Hoje a situação modificou-se: o espólio de Pessoa está na Biblioteca Nacional e esses tais textos, a partir dos quais foi feita a edição da Ática, reapareceram, com exceção de dezoito poemas — que daí tive que reproduzir por não haver, no espólio, testemunho da mão de Pessoa. Talvez aconteça com alguns deles o mesmo que com o manuscrito original do *Guardador de rebanhos*, de Caeiro, agora reaparecido: talvez acabem por vir à superfície das arcas ou cofres onde ainda eventualmente jazam… Deus me ouça.

Em outubro de 1990 registrou-se a publicação quase simultânea de 63 textos inéditos de Campos (verso e prosa)[1] que re-

[1] *Álvaro de Campos. Vida e obras do engenheiro*, Lisboa, Editorial Estampa, 1990.

solvi dar de presente ao engenheiro no dia dos seus cem anos (15 de outubro) e, dias depois, a referida EC. Na impossibilidade de aceitar as propostas desta edição, e até de as criticar, tantas as divergências, empreendi a minha edição crítica, *Livro de versos* (Lisboa, Editorial Estampa, 1993).

VARIANTES E COLAGENS

Uma mesma atitude do responsável pela EC, professor Ivo Castro — o editor substituir-se ao autor —, está na origem dos tratos de que o texto pessoano é objeto: o enxerto das variantes e as colagens de fragmentos e retalhos de texto. E assim não só se faz aquilo que o autor faria se o *tivesse feito* mas o editor da EC, Cleonice Berardinelli, faz também por ele as escolhas que *ele não quis fazer*: as colagens de fragmentos que ele deixou assim mesmo e assim encarou publicar.

Quem quer que tenha uma experiência de escrita literária, especialmente de poesia (mas não só), entende que as variantes que Pessoa fixa são sugestões, notas a considerar (ou não) numa futura redação (ver nota prévia). Ao reescrever o texto, se o reescrevesse, Pessoa não se limitaria a fazer, como fez a EC em seu lugar, transplante de palavras: um poema tem o seu corpo inteiro que o poeta engendra de cada vez que o escreve. As variantes são informações que põem em causa passagens do poema, assim como o traço muitas vezes usado por Pessoa para indicar que a redação é provisória. Se passar o texto a limpo, Pessoa não fará necessariamente essas correcções pontuais. Faça-se, como eu fiz, uma simples experiência probatória, de que, quando reescreve um texto para que encarou variantes, Pessoa não chega ao mesmo resultado a que nos conduz, com o seu método, a EC. Pegue-se num manuscrito de Pessoa com variantes expressas, posteriormente publicado pelo próprio poeta, compare-se com o texto vindo a lume e ver-se-á que, ao reescrevê-lo para publicação, Pessoa, por vezes, ignorou a variante conservando o que estava na linha corrida, outras vezes enjeitou todas as variantes e escolheu outra(s) palavra(s) — outra forma de dizer.

Só Pessoa poderia considerar a variante ocorrida: incorporá-la ou ser por ela conduzido a uma nova forma mais aperfeiçoada. Ninguém o poderá fazer por ele.

"A PASSAGEM DAS HORAS"

No pleno abuso dessa liberdade de se substituir ao autor, a EC quer, confessadamente, surpreender.

O seu orientador o diz a abrir a nota prévia à edição de *A passagem das horas* e à edição de Fernando Pessoa, em geral: "Esta edição de *A passagem das horas* pouco tem a ver com o texto que se conhecia" (V. I, Álvaro de Campos, *A passagem das horas*, ed. por Cleonice Berardinelli, Lisboa, Imprensa Nacional/ Casa da Moeda, 1988, p. 12).

E acrescenta pouco depois: "Quando publiquei a minha edição crítica de *O guardador de rebanhos*, algumas pessoas manifestaram desapontamento por, no final de contas, o texto crítico não ser, senão em pormenor, diverso do que anteriormente era conhecido".

Essas pessoas, ávidas de emoções fortes, encontrarão na edição de Campos, em geral, e nas inconcebíveis colagens que são "A passagem das horas" e "Saudação a Walt Whitman", em particular, as surpresas que a EC se compraz, percebe-se, em fornecer:

> Aqui não. O clamoroso contraste entre a edição Berardinelli e qualquer das antecedentes de *A passagem das horas* mostra, ampliadamente, o que pode acontecer quando os mesmos princípios e os mesmos métodos de crítica textual moderna são aplicados a textos que nunca foram publicados pelo autor e que não foram muito bem publicados pelos seus primeiros, e influentes, editores. Por isso, escolhemos este texto para ilustrar as características do modelo que a Equipa Pessoana conta aplicar em edição crítica da obra do poeta.

Depois de afirmar (p. XI) que "os editores da Ática confiaram demasiado em si mesmos", conclui que "Não há, para tudo dizer, qualquer autoridade na edição Ática de *A passagem das horas*".

Ao retirar qualquer autoridade da edição Ática, "seus primeiros, e influentes, editores", a EC, editor bem mais influente e com mais responsabilidades, propõe-se, naturalmente, repor a verdade dos fatos — isto é, dos textos. Tê-lo-á conseguido? Terá tido esse respeito pelos papéis que diz orientá-la? Vamos tentar ver o tratamento que a EC deu à "Passagem das horas", o que é tanto mais importante quanto este trabalho é apresentado como *modelo* de toda a edição crítica. (Depois falaremos do "clamoroso" tratamento sofrido pela "Saudação".)

Pessoa escreveu longamente esse longo poema que deveria atingir quinze páginas (segundo Sá-Carneiro refere numa carta de 31/8/1915) e ser publicado no *Orpheu III*. Não foi — Pessoa não o deu por acabado —, mas em abril de 1923 apunha ainda essa data a um texto intitulado "Passagem das horas".

A Ática cometeu o abuso de articular entre si, como se de um único texto se tratasse, nove folhas soltas (quinze páginas), datilografadas, que, de fato, constituem cinco diferentes momentos de escrita. A atenção ao corpo físico desses textos já é, só por si, elucidativa: sete dessas folhas têm cabeçalho da Firma Xavier e Pinto, as outras duas são de outro tipo de papel, sem cabeçalho. Dessas sete folhas iguais, há três (70-13r, 70-15r, 70-17r) que são início de texto, encimadas pelo título e, uma delas (70-15r), pela data (22/5/16). Assim como há três páginas que são nitidamente fim de um texto interrompido (70-14r, 70-21r, 70-16v).

É também evidente que essas folhas constituem três blocos (por assim dizer) distintos, correspondendo cada um a um texto seguido, com seu princípio e fim fisicamente marcados. O primeiro é constituído por quatro páginas (70-17r e v e 70-16r e v), o segundo por cinco páginas (70-15r e v; 70-19v e r; 70-21r) e o terceiro por três páginas (70-13r e v e 14r). Cada um desses blocos corresponde a um momento de escrita e, se lhes chamarmos fragmentos, notemos que se apresentam como um todo porque Pessoa assim o empreendeu e interrompeu.

As outras duas folhas sem cabeçalho (70-20 e 70-18), de outro tipo de papel, que considerarei à parte, são mais duas passagens, soltas, da "Passagem das horas", assim como os outros textos que a EC publica em separado, com as letras *a*, *b*, *c* e *d*.

"A passagem das horas" é um desses textos que Pessoa ia escrevendo, para que planeou um corpo inteiro, mas de que apenas compôs fragmentos, embora alguns deles sejam trechos com autonomia.

Desejou dar-lhe uma estrutura semelhante à da "Ode marítima", com seu ritmo crescente, encantatório mesmo, até atingir o clímax — o seu meio-dia — decrescendo depois até o seu crepúsculo, e à sua diluição na noite. Nem falta um volante, aqui como na "Ode marítima", para marcar o movimento da "Passagem das horas".

Mas Pessoa não compôs esse todo que previu. Foi escrevendo textos, que até situava (como se vê pelas indicações marginais, em inglês) nesse todo planeado mas não realizado. É preciso entender, antes de tudo, que Pessoa assumiu essa sua tendência para apenas realizar fragmentos das obras que mentalmente arquitetava. Assim, num esquema (que a EC cita) do livro de Campos *Arco do Triunfo* (144Y-62v), prevê publicar sob forma de "fragmentos" uma das suas "grandes odes" dos primeiros tempos, longa e entrecortadamente redigida: "A partida (fragmentos)". E não esqueçamos que em 1914 compõe e até envia aos amigos a chamada "Ode à noite", afinal intitulada "Dois excertos de odes (fins de duas odes, naturalmente)" — escrevendo numa carta a Côrtes-Rodrigues (de 4/10/14) que "a 'Ode à noite' é 'o trecho à noite' da Ode triunfal nº 3 do A. de Campos". Também essas tais Odes triunfais — de que não deve ter composto mais do que esses fragmentos finais — teriam, provavelmente, um ritmo solar, como a "Ode marítima" e a "Passagem das horas", de que esses "fins" seriam o fecho.

Não são, pois, admissíveis as montagens que, dos textos que indiquei, fizeram tanto a Ática como a EC, não respeitando a evidente descontinuidade e mesmo autonomia dos fragmentos citados, com o propósito, expresso pela EC, no prefácio aos *Poemas de Álvaro de Campos*, de "reordenar o extenso e importante poema" (p. 146).

Acontece que o "importante poema" nunca esteve ordenado — não sendo, por isso, possível "reordená-lo". Ficaram, desse projeto, três textos longos, que indiquei, e passagens soltas em estado mais ou menos avançado de elaboração. A própria EC não deixa de reconhecer esse fato quando, além da longa colagem, urdida com pedaços soltos, apresenta mais quatro fragmentos numerados de *a* a *d*.

Vejamos quais são esses fragmentos que tanto a Ática como a EC esfarraparam com o intuito de costurar o longo poema que não houve — e que assim continuou a não haver.

A ordem pela qual os enumero, que seria a da minha apresentação, leva em conta esse movimento, essa progressão que a ode visava ter. Mas que fique claro que os apresento como peças independentes umas das outras: se tentasse colar esses avulsos cacos não reconstituiria o vaso ausente que só existiu na cabeça do autor, apenas criaria um objeto absurdo.

A primeira seqüência que enumero (70-17r e v, 70-16r e v — duas folhas, quatro páginas, sendo a primeira início de texto e a última nítido fim de texto, que termina no quarto superior da página) começa com "Sentir tudo de todas as maneiras" e acaba com "E depois dêem-me a cela que quiserem que eu me lembrarei da vida".

Coloco esse fragmento (que tem o corpo inteiro de um poema) antes dos outros porque é uma apresentação da personagem, que repete interminavelmente "eu", tentando definir esse que quer ser tudo e todos.

A Ática não respeitou (ao contrário da EC) a integridade desse bloco — de que se não apercebeu. Como nota Cleonice Berardinelli, ao numerar as folhas com lápis vermelho (as cotas do espólio foram estabelecidas a partir dessa numeração da Ática), errou a seqüência, trocando a ordem das duas folhas: a que tem a cota 70-16, reto e verso — "todos os amantes beijaram-se na minha alma" até o fim do bloco, terminando "E depois dêem-me a cela que quiserem que eu me lembrarei da vida" —, deve vir depois da outra (70-17r e v), como claramente se vê: termina, no verso, no quarto superior da página.

Essa seqüência é, só por si, um poema — um extraordinário poema, que não precisa de mais nada para ter a perfeição de um cristal. A EC respeita essa sua unidade, que de fato se impõe, de tal forma que ela precisa, para isso, lhe atribuir um lugar à parte e uma função que não teve: a de constituir uma segunda parte da "Passagem das horas" — indicação que precede um esboço de poema que a EC arrumou, e muito bem, à parte (8c, p. 168).

O fato de haver outro fragmento, isto é, outro poema, com o mesmo início (70-15r) a isso a conduziu: "Sentir tudo" (p. 148).

Acontece, porém, que a seqüência que assim começa (a mais longa: 70-15r e v; 70-19v e r; 70-21r) é outro fragmento, também com vida própria, que partiu do mesmo anseio inicial, "Sentir tudo" — e, porque teve mais amplo fôlego, foi mais longe. A primeira dessas páginas é nitidamente início de poema (encimada pelo título) e a quinta, a última, o reto de uma página cujo verso o poeta não preenche, é visivelmente o seu fim.

Começa como o fragmento anterior pela divisa do sensacionismo: "Sentir tudo de todas as maneiras", mas segue um caminho próprio que faz dele outro poema, mais extenso e estruturado. Já aparece aqui o movimento solar, que Pessoa cismava introduzir nas suas "grandes odes", e não existe no fragmento anterior.

O texto começa, como nessa seqüência, com a apresentação da personagem sensacionista que afirma o seu eu, com rompante, na ânsia de se confundir com tudo e todos (70-15, r e v) — até "eh-lá, eh-lá, bazar o meu coração" (EC, pp. 148-51). Essa folha inicia "A passagem das horas" da EC, aquilo que considera uma parte I. Discordo inteiramente da continuidade que tanto a EC como a Ática lhe dão. A Ática segue inexplicavelmente para a p. 70-16v, que pertence ao bloco anterior, e a EC usa o método, destituído de cabimento, que também aplica ao articular dos poemas: a última palavra do texto, "coração", ecoa no primeiro verso da página que, por isso, resolveu considerar sua continuação: "Trago dentro do meu coração" (70-13r).

Repare-se que o ritmo crescente que o poema ia criando, "passa tudo, todas as coisas num desfile por mim dentro", já de "cavalgada" — essa que se desenfreará a seguir —, é subitamente interrompido por um longo e repousado balanço descritivo do que contém o cofre-coração que, durante três páginas, o poeta abre para o leitor. Considerá-lo-ei um terceiro bloco por ter uma evidente unidade de atitude e linguagem.

A segunda folha do segundo bloco que proponho (regressemos a ele) inicia a "cavalgada" que segue, ela própria, um ritmo solar (70-19, v e r). A Ática não só esfacelou o conjunto como inverteu a folha, usando o que é, de fato, o seu verso como reto — Cleonice Berardinelli nota-o com toda a razão e estabelece a ordem, embora não a coloque no que me parece ser o seu lugar.

Inicia-se com essa folha (devidamente invertida) o ritmo crescente da cavalgada que começa com a manhã: "Todas as madrugadas são a madrugada e a vida/ Todas as auroras raiam no mesmo lugar", que lembra o "Acordar da cidade de Lisboa". A cavalgada caminha para o seu clímax e a linguagem para o seu grito, e exige continuar — na página 21r (continuidade que a EC também estabelece).

O ritmo que se quer criar, assim como o uso da linguagem (cada vez mais gesto, mais liberta da sintaxe) remetem para a "Ode marítima": o crescer de uma onda, de um espasmo — ou do dia, para o seu auge solar, decrescendo depois sucessivamente até a tarde e a noite. De fato, o trecho começa com um hino à madrugada, cresce para o seu paroxismo que a linguagem (como na "Ode marítima") traduz até ficar só grito ("ho-ho-ho"), torna-se cavalgada "alada e estalada" — e lá está um volante, como na "Ode marítima", para lhe marcar o ritmo cada vez mais vivo, até rebentar (em ambas as odes) num paroxismo de orgasmo com acentos masoquistas: "batam-me, trespassem-me"... Depois, também como na "Ode marítima", assistimos ao parar da "trepidação" (última palavra do trecho), ao crepúsculo: "Declina dentro de mim o sol no alto do céu". (Na "Ode marí-

screve: "o vermelho anoiteceu".) E a mesma constatação melancólica de estar abandonado, como um palco deserto, por essas ficções que criou, por esses outros que quis ser até o espasmo do seu encontro com o universo — até ser "o universo-eu": "vamos ó cavalgada, quem mais me consegues tornar?".

O terceiro bloco (70-13r e v e 14r) a que já me referi é um texto encimado pelo título e terminando na terceira página, catorze linhas antes do fim. É uma invocação da noite, "Vem, ó noite", que faz pensar na "Ode à noite", e poderia, como ela, ser considerado "fim de uma ode". Apetece fazer como Pessoa antes da "Ode à noite": uma linha ponteada para indicar a ausência do princípio dessa ode cujo "fim" vamos ler. E o ciclo solar ficaria fechado. Mas o fato de esse texto nos aparecer como complementar do anterior não nos autoriza minimamente a fazer montagens.

A Ática e a EC não respeitaram sequer a última vontade da página 70-14r que ficou pelo meio, e obrigaram-na a continuar noutra que, de fato, não é sua continuação: a EC, como entendeu que à noite tem de se seguir aqui uma manhã, aplica-lhe uma folha solta, uma das duas sem cabeçalho (70-20, r e v): "clarim claro da manhã ao fundo". É, de fato, um texto à parte, exercício no gênero dos "Saltimbancos" de Almada-Negreiros, de linguagem estilhaçada, sem articulações gramaticais, em que o nome-coisa quer valer por si, criar fulgurações súbitas de um universo caleidoscópico em delírio: "Rumor tráfego carroça comboio" etc.

Apesar de esse texto estar nitidamente incompleto (a página, que só tem oito versos, termina por vírgula) a EC cola-o, sem transição alguma, a um outro texto solto (70-18, só reto): "Viro todos os dias todas as esquinas", que ficou nitidamente interrompido (não cobre toda a página). Dentro do seu critério de não perder o ciclo solar, ei-la (a EC) a aproveitar um texto manuscrito, inédito, por trazer a indicação em inglês "end of the morning hymne" (66A-29), rascunho em estádio de elaboração muito inferior ao dos outros textos.

Ao apresentar "A passagem das horas", o diretor da EC, no início da nota prévia, sublinha a vantagem dessa edição sobre a da Ática: "dividiu o poema em duas partes, inseriu na primeira parte algumas dezenas de versos até aqui inéditos". Mas vejamos que cabimento tem essa divisão e essa inserção — surpresa que-nos quer fazer, e faz. O novo texto inédito (66A-29), rascunho manuscrito, nunca passado a limpo nem à máquina pelo autor, como os outros foram, traduz uma atitude diferente de Campos, muito escolarmente discípulo de Caeiro: em vez do anterior frenesi urbano, moderno, cosmopolita, proclama: "tenho a fúria de ser raiz" e quer "rolar-se pelo chão entre ervas e malmequeres" (p. 158). Nada liga esse texto ao anterior, até o elo temático (que, aliás, não chegaria) falha: o entusiasmo da personagem, no texto que, na EC, antecede esse, freqüentando as "terrasses de todos os cafés de todas as cidades", vibrando com o "automóvel amarelo" que passa, até com uma "noite de S. Carlos", em Lisboa, não pode continuar a exprimir-se através de um Campos que anseia "poder rolar pela terra rugosa" e trincar a seiva dos malmequeres.

Vejamos agora a outra inovação exaltada na nota prévia: a divisão do texto em duas partes, considerando uma "distração da Ática" não o ter feito. Baseia-se essa divisão numa indicação de Pessoa apontando para uma "parte II" registrada, de fato, num esboço de texto (cinco versos) que a EC não inseriu, afinal, no vasto poema que "reordenou": publicou-o à parte (p. 168), como uma peça solta que sobrasse do *puzzle*, e deu-lhe mesmo numeração diferente: 8c. A EC não soube, afinal, que fazer desse texto, que arrumou no sótão dos irrecuperáveis, mas de que recuperou a indicação. Acontece que essa divisão só teria sentido se o poema tivesse existido com esse corpo inteiro, articulado como um díptico, que, de fato, não chegou a ser. Repare-se ainda que esse esboço manuscrito com a indicação "parte II" aparece aproveitado por Pessoa na elaboração de um texto extenso, datilografado (70-20r), que dele recuperou o verso "À hora de sol em que as lojas baixam as pálpebras". Mas esse texto passado a limpo (em vez "de sol", "cheia de luz") é pela EC inserido no que considerou a "parte I" (p. 156, sendo o verso recuperado o 221).

Resumindo: tanto a Ática como a EC quiseram reordenar o poema que Pessoa nunca ordenou — e que, por isso, não integrou o *Orpheu III*, para que fora previsto. A Ática utilizou as nove folhas soltas datilografadas referidas, desfazendo seqüências evidentes. Numerou, com lápis vermelho, as ditas folhas para seu governo, não respeitou os hiatos do fim dos textos, inverteu a ordem das páginas (70-19) e das folhas (70-17 deve vir antes de 70-16), omitiu passagens, não só o que considerou obscenidades mas também os acrescentos manuscritos que os tipógrafos não entenderam. Eles bem pediam, ao lado, no próprio texto: "Pedimos para escrever de maneira a ler-se". Como ninguém escreveu, eles não leram... E não compuseram.

Cleonice Berardinelli acudiu, registre-se, a esses dislates: colocou aquela página e aquelas folhas no sítio e na devida ordem, fixou as omissões, cuidou da fixação do texto, tratado como Deus foi servido (à mercê, aparentemente, da iniciativa do tipógrafo).

Acontece, porém, que a EC quis escrever, em lugar de Pessoa, o grande poema que ele teria escrito — se o tivesse escrito. Mas que ele não escreveu. Pessoa não criou o grande continente com que sonhou: "A passagem das horas" é um arquipélago com três ilhas muito belas — os três blocos que localizei — e alguns ilhéus com mais ou menos vida própria. É assim que esse poema-arquipélago tem de ser viajado e conhecido. Cada um desses três primeiros blocos que indiquei tem tanta unidade como certas passagens de *Fausto* ou do *Livro do desassossego*. Retirar esses fragmentos soltos da argamassa com que a Ática e a EC os ligaram, soube-me a contemplar na mão três grossos diamantes libertos da sua ganga. Assim resplandecem, avulsos e perfeitos.

Quanto às quatro passagens da "Passagem das horas" que a EC agrupou no fim do "extenso poema fabricado", numeradas de *a* a *d*, só uma delas constitui um todo: o 8d (p. 169), só ela tem corpo inteiro. Já tive ocasião de divergir, por escrito, da leitura e da articulação feita pela EC desses 33 versos.[2]

[2] Álvaro de Campos, *Vida e obras do engenheiro*, Lisboa, Editorial Estampa, 1990, p. 75; Teresa Rita Lopes, *Pessoa por conhecer*, Lisboa, Editorial Estampa, 1990, vol. II, pp. 311-4.

A existência dessa *Passagem das horas*, datada de 10/4/1923, tão outro texto e afinal o mesmo que os de 1915-6, deveria ajudar a entender que não há só uma *Passagem*, mas várias, mais ou menos estruturadas, cada uma com direito à sua autonomia.

"SAUDAÇÃO A WALT WHITMAN"

Outro poema que teve, da parte da EC, um tratamento semelhante foi a "Saudação a Walt Whitman", para que Pessoa previu igualmente uma organização em diferentes partes, à maneira das suas "grandes odes" — de que, afinal, só concluiu e publicou duas: a "Ode marítima" e a "Ode triunfal".

Com esse poema, a EC vai ainda mais longe nas suas ousadias, usando aqui, sem exagero, a técnica da colcha de retalhos: não só junta trechos soltos, sem nenhum seguimento, mas recorta os pedaços de texto que, aqui e ali, lhe convém para as suas colagens, apresentando, no fim, separadamente, os restos não utilizados do que ficou da folha, depois de ter recortado a passagem que lhe servia (pp. 132-8).

A razão é a mesma que levou a EC a "criar" uma nova "Passagem das horas": já que o poeta não completou o poema longamente reescrito, embora o tivesse previsto em planos vários, a EC não hesita em substituir-se-lhe. Confessa que "o ter sido deixado inacabado e a significativa quantidade de textos experimentais [...] despertam o desejo de tentar completá-lo, em parte, ao menos" (p. 111).

Parte, para isso, desses tais planos em que o poeta previu o desenvolver da sua ode. Esquece, contudo, que só Pessoa teria podido servir-se desse esquema. Se ele não o fez, ninguém o poderá fazer por ele. Aliás, se o tivesse feito, tal como o conhecemos, não teria com certeza obedecido ao seu próprio plano: o ato de criação poética tem um desenvolvimento imprevisível e extravasa dos carris de qualquer esquema.

Apesar de reconhecer que o texto que serviu de base à Ática (70-5 a 70-11) é "a versão mais longa, mais elaborada e a única inteiramente datilografada" (p. 118), a EC decide acrescentar-lhe outros textos soltos que recupera do espólio e que identifica como "Saudação a Walt Whitman" — alguns de atribuição discutível — e arquitetar a tal "grande ode" que Pessoa não compôs.

No prefácio do poema (p. 117), a EC indica "os textos acrescentados" — isto é, a que recorreu para a sua colagem. Vejamos como procedeu. Depois de duas folhas que nitidamente se seguem (70-5 e 6), começam as colagens. Os versos 131-45 são constituídos por um texto solto (71-5r), que a EC intercala sem que nada a isso a autorize. Retoma, depois, um dos textos da Ática (70-9) mas permite-se interrompê-lo e intercalar quatro versos apenas (177-80) de um outro texto (71-6r) — encimado pelo título "Saudação a Walt Whitman", nítido indício de outro fragmento, que é, aliás, uma versão anterior da primeira página da "Saudação" conhecida. (O verso desse texto esquartejado é servido à parte: 7i, p. 134). A EC retoma depois o texto interrompido (70-9), e decide continuar para a folha 70-11r. A seqüência que estabelece entre o verso 225 e o que se segue é nitidamente negada pelo fato de essa folha (70-8) vir precedida pelo título, e ser, por isso, nítido indício de um novo fragmento. A EC passa depois para 70-7r (v. 280), permitindo-se em seguida despedaçar, para a sua colagem, dois textos: o resto dessa 70-7r — servindo o que enjeitou (onze versos) no fim (7k, pp. 135-6) — e uma nova folha (71-129), nítido início de texto pois traz o título, de que só utiliza o verso, atirando tranqüilamente essa primeira página desdenhada para o cesto dos papéis recortados que, no fim, recolhe o que não serviu à colagem (7o, p. 137). Separa, além disso, o texto 71-10r, que intercala, do seu começo (71-9r), que serve à parte, em duas postas: 7c e 7s.

Para encerrar o poema, acrescenta-lhe a EC uma folha nova (70-10r) — que termina, pouco concludentemente, por uma vírgula! — e que, ainda por cima, não deve pertencer a esse poema mas a outro, "A partida": o "Grande libertador" de que aí se fala não deve ser Walt Whitman mas Caeiro — que assim também foi chamado por Ricardo Reis: "grande Libertador, que nos restituiu, cantando, ao nada luminoso que somos".

Com efeito, esse texto com que a EC fecha a *sua* obra (já que de Pessoa-Campos deixou de ser) é próximo de um outro poema que a EC apresenta, "A partida" (12, p. 178), em que Caeiro é evocado por Campos, à hora da morte, confessando o seu desgosto por dele ter se afastado em certa altura (vv. 32-4) e reconhecendo o erro. O trecho com que a EC culmina a "Saudação" parece, de fato, um fragmento desse tal "A partida": a situação é a mesma, a lucidez da morte que o faz "voltar" a esse mestre que, em certa altura, confessa ter "abandonado": "Agora que estou quase na morte e vejo tudo já claro,/ Grande Libertador, volto submisso a ti." (vv. 341-2). Essa atitude de calma agonia (que a linguagem sem exclamações, sem ímpeto, bem traduz) não tem nenhuma relação com a "Saudação", com o frenesi dos versos-espasmo, nem esse "Libertador" sereníssimo ("Não ter tido a tua calma superior a ti-próprio", lamenta o poeta no v. 346) pode ser o "paneleiro de Deus" (v. 24), o seu "grande herói entrando pela Morte dentro aos pinotes" (v. 11) que Campos celebrou em Walt Whitman. Também me parece ser Caeiro o "Grande Libertador" do fragmento apresentado à parte (7u) como passagem da "Saudação".

No prefácio à apresentação desse poema, afirma-se que tal ordenação foi feita "mais criteriosamente do que [a d]os editores precedentes" (p. 117). Mas qual foi o critério? Juntam-se folhas soltas sem nenhum seguimento, interrompe-se o devir de um texto para introduzir alguns versos recortados de outro texto, esquartejam-se textos para se lhes extrair a passagem que ajude a compor o edifício que se quer obter — que o Engenheiro teria projetado... Só que o Engenheiro não chegou a construir o edifício. E só ele, neste caso, o poderia ter feito. Como aconteceu com "A passagem das horas", o poeta deixou fragmentos de outras grandes odes, que ele próprio se resignou a apresentar como tal — o caso de "A partida". Como fragmentos, portanto, têm que ser considerados e respeitados.

"DOIS EXCERTOS DE ODES"

O desejo de surpreender que animou confessadamente a EC manifesta-se também mediante o tratamento sofrido por esses dois "fins de odes", conhecidos como "Ode à noite". O leitor que tenha esse maravilhoso poema na memória passará do espanto à indignação ao sentir-se despossuído de um dos mais belos textos escritos em língua portuguesa. É-lhe evidente que não pode ser verdade a versão que a EC propõe. É claro que esta representa nitidamente um estádio anterior do poema que Pessoa conduziu, despojando o texto de sua ganga, à forma que lhe conhecemos e a Ática reproduz. O que a EC fez para inovar foi, nesse caso, utilizar um testemunho diferente daquele que foi utilizado pela Ática, afirmando que é posterior, o seu, àquele de que a Ática se serviu. O que não é verdade. A EC encontrou no espólio uma versão integral desse poema (70-3 e 4), a que chamou *g*, e dois fragmentos de duas outras versões: *a* (70-1r e v, vv. 79-109) e *b* (70-2, vv. 110-49). A EC privilegia o testemunho integral *g* que afirma ser o mais recente por incorporar "correções feitas em *a* e *b*". Mas isso é falso: o testemunho *a* (pp. 5 e 6 de um todo do qual essas páginas se desgarraram) não tem correcções, e o *b* tem uma única, "esculpir", escrita ao lado a substituir "tomar", que não parece correção posterior mas imediata. Aliás, esse testemunho não foi produzido no mesmo momento de escrita de *a*. Não há, pois, nenhuma razão para a EC privilegiar o testemunho integral que, de fato, não integra nenhuma correção feita em *a* e *b*. Teria que reproduzir a versão da Ática (como fazemos nos casos para que não há testemunho do autor) ou, de preferência, o que a Ática seguiu (como ela indica), o da *Revista de Portugal*, nº 4, julho de 1938, onde se deve ter extraviado o original aí reproduzido.

Mesmo sem entrar em linha de conta com o conteúdo desse "testemunho integral" da EC, só a sua visualização nos leva a pensar que não seria essa a última versão passada a limpo por Pessoa, que desse papel se serviu para aí esgaratujar, posteriormente, textos e planos.

É evidente que o texto da *Revista de Portugal* (reproduzido pela Ática) constitui uma versão mais trabalhada, mais depurada, liberta mesmo de certos ornamentos decadentistas que figuram na que a EC reproduz. Comparem-se os vv. 97-9 da EC: "Com as estrelas luzindo (ó mascarada do Além!)/ Pó de ouro no teu cabelo negro,/ E o quarto minguante máscara misteriosa sobre a tua face", com a forma depurada que a Ática reproduz: "Com as estrelas luzindo nas tuas mãos/ E a lua, máscara misteriosa sobre a tua face". Veja-se ainda todo o final dessa primeira parte do poema: o "círculo amarelento" na EC que acaba por ficar apenas "branco", o céu, aí longamente adjetivado, apenas "claramente azul" e a "mera esparsa brancura" tão mais cristalinamente "mera luz nova que vem", da "lua [que] começa a ser real" — que na EC "começa o seu dia". A comparação de ambas as versões, a da EC e a da *Revista de Portugal*, põe-nos perante outros casos semelhantes de evidente aperfeiçoamento da segunda versão, despojada pelo seu autor de certos rodriguinhos decadentistas anteriormente esboçados.

"ACORDAR DA CIDADE DE LISBOA"

Outro poema de Campos de que a EC também nos quer despossuir, levada, aparentemente, pela mesma ânsia de apresentar uma "nova ordenação do poema" (p. 503), é o conhecido "Acordar da cidade de Lisboa". Na sua confessada ânsia de surpreender, a EC une o que estava desunido e desune o que Pessoa uniu.

Antes de mais, convém lembrar algo de que a EC se esqueceu: essa ode tem todo o ar de ser o princípio de uma dessas referidas "Odes triunfais" de que Pessoa deixou apenas uma completa e "dois fins", os trechos referidos da "Ode à noite", assim chamada. No verso de um desses "fins de odes" (70-4v) vem mesmo um esquema que parece anunciar a ode de que o fragmento em questão seria o remate, e que teria, também, um ritmo solar. Os versos aí previstos "Clarim claro da manhã ao fundo/ Do semicírculo frio do horizonte...", remetem-nos para uma passagem que a EC inseriu abusivamente na colagem que fez da "Passagem das horas", que começa precisamente com esses dois versos (p. 155, vv. 199-200). Além disso, dois outros versos desse projeto-esboço: "Ah, nas cidades manhãs raiando,/ Raiando com ruídos de passos infrequentes nas ruas" — remetem-nos para o poema em questão, "Acordar da cidade de Lisboa": "Toda a manhã que raia, raia sempre no mesmo lugar".

Não se justifica que a EC separe a primeira folha desse poema (69-51r) da que, na Ática, se lhe segue (52r), sua nítida continuação: "A mulher que chora baixinho...". Não se limitando a mutilar o poema, a EC constrói com essa folha outro texto, associando-lhe uma outra folha (69-53r) que além de não ser sua continuação não é atribuível a Campos.

Resumindo: é inadmissível dissociar essas duas folhas (51 e 52) e indispensável delas isolar o texto "Dá-me rosas" (53r), construído em torno de um refrão musical, "Dá-me rosas/ E lírios também", que reaparece noutros poemas ortônimos e que funciona como "a melodia das canções que o [seu] pensamento canta", que o seu coração "bate com o pé", como Pessoa escreve noutro poema (que figura na EC, nº 150, p. 321), e que não é atribuível a Campos, pelas razões adiante expostas.

ATRIBUIÇÃO DE AUTORIA E ESTRUTURA DA OBRA

Consideremos agora o delicadíssimo problema da autoria dos textos.

Grande parte dos poemas que figuram na Ática e na EC não foi atribuída a Campos pelo seu criador Pessoa. Por isso lhe ser supérfluo? Ou evidente? Ou porque reservava essa atribuição para o momento da publicação?

É provável que, muitas vezes, Pessoa se exprimisse sem saber, à partida, em nome de quem se estava manifestando. Só depois identificava a voz e registrava o nome — quando o fazia. E é evidente que hesitava, por vezes, e até mudava de idéia, como já vimos.

Parece-me, atendendo ao caráter dos monólogos de Campos, que o que conta, para os identificar ou colocar no livro que constituirão, não tem que ser o *tema* mas a *situação* em que a personagem se define e manifesta. É assim que no interior dos quatro blocos estabelecidos pela EC a partir da presença ou ausência de atribuição e data, os poemas são forçados a uma vizinhança incômoda para se encaixarem nos temas segundo os quais estão arrumados, misturando a EC textos em diferentes estádios de elaboração — às vezes fragmentos informes — com poemas publicados por Pessoa. Essa contigüidade forjada em função de um tema é mesmo responsável por algumas falsas atribuições de autoria. É assim que vemos atribuir a Campos um poema sobre o brinquedo de um bebê morto (nº 125) só porque se encaixa no tema da morte e se pode "relacionar" com três poemas próximos que falam de outros bebês que também morreram. Nesse caso, é evidente que Campos nada tem que ver com essas cinco quadras de versos de cinco sílabas, sem nenhuma ponta de ironia por onde o engenheiro lhes pegasse.

Da mesma forma, é impensável atribuir a Campos um poema como o 149, da EC, três quadras de versos de cinco sílabas, "Dá-me rosas, rosas", só porque apresentam esse refrão (aparentemente uma cantilena da infância, que recorda) que reaparece noutros poemas, atribuíveis ou não a Campos. De igual modo, rejeito a atribuição a Campos do poema 135, "Cruz na porta da tabacaria". Não é o ritmo dele, não é o seu estilo, não é, em suma, a atitude de Campos. Lá por falar de uma tabacaria e de um tal Alves não tem que ser forçosamente de Campos.

A quatro textos na EC (nºs 150, 153, 215 e parte do poema 151) atribuídos a Campos me parece dever-se retirar tal atribuição, ao mesmo título que a EC retirou de dois primeiros poemas da Ática: "No lugar dos palácios desertos..." e "Não sei... falta-me um sentido, um tacto...". Não é a linguagem nem a atitude de Campos. Apesar de contemporâneos dos frenesis sensacionistas, exprimem um poeta lírico, apenas lírico (Campos é sempre dramático), representante desse "neo-simbolismo" por Pessoa assim anunciado num dos seus esquemas como uma das vertentes modernistas, em que devia incluir Mário de Sá-Carneiro e a si próprio nos seus exercícios de estilo paulista. Um desses poemas, escrito no verso de uma circular de 9/3/14, não pode deixar de fazer pensar em Sá-Carneiro: "Ó meu amor! ó meu damasco, ó minha seda,/ Ó meu guizo de prata/ [...] / Minha lantejoula" (EC, 153, pp. 325-6)... Não concebemos Campos dirigindo tais vocativos a quem quer que seja.

Reenvia-nos também para esse poema neo-simbolista o texto: "Dá-me rosas, rosas" (69-53r), que me parece dever separar do "Acordar da cidade de Lisboa", a que a EC e a Ática o associaram. Pelas mesmas razões, não é atribuível a Campos "Hoje estou triste como um barco negro ao sol", datado de 15/4/15 (150, p. 321), que a EC lhe deve ter endossado por nele reaparecer o tal refrão "Dai-me rosas e lírios", que vem acima de poemas vários (até de Campos) mas não pode ser ponto de partida para uma identificação.

No verso da folha de "Dá-me rosas" (69-53r) vem outro texto dessa mesma família que o autor riscou mas a EC reproduziu (215, p. 369). É também um enlanguescer à espera da noite: "Do pântano da tarde a noite nasce como uma flor de lótus...". A sua vida alegorizada (processo tão caro a Sá-Carneiro) aparece-lhe "vestida de sombras", "por entre as árvores, devagar, com as mãos cruzadas sobre o peito". Todo o cenário condiz com essas silhuetas estáticas, bem ao gosto "neo-simbolista" que Pessoa reconhece como tendência atuante: "o bobo jaz morto na alameda... [...]. Fim de reino... crepúsculo extrema-unção de alegria...".

Parece-me evidente que Campos jamais assinaria esses dizeres, essa voz, essa atitude inteiramente estática, sem a tensão, sempre latente em Campos, das suas turbulências interiores.

O poema de atribuição controversa "A casa branca nau preta", que a EC justamente retirou de Campos, parece-me precisamente pertencer a esse núcleo de textos. A pose inicial da personagem nesse poema — "Estou recostado na poltrona" — é a mesma que a de outro desses poemas de cunho decadentista atribuído a Campos pela EC: "Fumo, sonho, recostado na poltrona." (150, pp. 321-2). É a mesma atitude gestual — de uma sonhadora lassitude que as abundantes reticências traduzem, contrariamente aos habituais ímpetos de Campos, exigindo freqüentes exclamações, inteiramente ausentes de todos esses textos. Tudo neles remete, de fato, para esse neo-simbolismo português referido por Pessoa — essa arte do sonho, predominantemente visual e estática.

A EC inova também atribuindo a Campos três poemas rimados e metrificados que dele não têm nenhuma marca: "O bibliófilo" (57-16r, 211, p. 367), de 1911 (onde estaria ainda Campos nessa altura...?), "Com teu gesto pintado" (57A-67r, 212, p. 367), um soneto de 1914, pouco cuidado, e uma estrofe de dez versos (64-37, 213, pp. 367-8) sem data. São, os últimos, dois desses exercícios lúdicos caros a Pessoa mas bem diferentes dos de Campos, de uma ironia ácida, de um humor bem mais cortante.

Por outro lado, seria necessário assumir como duvidosa a atribuição, assim considerada pelo próprio Pessoa, do poema "The Times" (70-41r): "A. de Campos" é precedido de um ponto de interrogação.

Impõe-se destacar o caso especial de um poema como "o binómio de Newton" (69-11r). A EC afirma que a atribuição a Campos foi feita "no corpo do poema", mas o que, de fato, acontece é que Campos é citado, por assim dizer, pelo autor do poema, que da mesma forma cita a voz do vento... Admito que se mantenha a autoria mas destacando a singularidade do caso. Escolhi colocá-lo nos poemas de fronteira.

De retirar me parece, aí sem dúvida alguma, "Clearly non-Campos!" — que é, afinal, constituído por dois textos diferentes, tendo o primeiro (os onze primeiros versos) feito nascer em Pessoa, depois de composto, a hipótese de atribuição ao engenheiro, devido ao verso solto, logo rebatida em inglês. É claro que não é de Campos esse apontamento incaracterístico! A estrofe seguinte (seis versos) é nitidamente de Ricardo Reis: imagino que figuraria na mesma página e o compositor da Ática tomou-a como continuação do poema. Só podemos imaginar, porque apenas dispomos desse testemunho, tendo-se perdido o original. Acontece que os organizadores da edição forneciam para composição os originais de Pessoa (alguns deles com passagens ilegíveis para os tipógrafos, que não as compuseram). Não repugna, por isso, admitir tal confusão de textos.

De retirar também do livro do engenheiro um esboço tão esboço e tão informe que não chega a ser nada: "Há entre a Duze e o Duce" (209, p. 365). O poema (?) seguinte, "Canção do mocho", é outro esboço de uma brincadeira que não chegou a haver, para decepção do Íbis que o rascunhou com uma pata só... Os textos 199 e 200 não se percebe sequer o que poderão vir a ser: "E (mesmo) em plena rua ébrio do entretenimento de sonhos", e "Lérias do chiqueiro!" — só isso, nem mais nem menos!

Também o "poema" 202 está longe de o ser: "Notas?/ Mesmo Whitman,/ esse universão — —". Também só isso, que por sinal tem ar de ser um apontamento solto destinado — como outros a que punha essa indicação preliminar, "Notas" — às "Notas para a recordação do meu mestre Caeiro", que o Engenheiro longamente compôs, naturalmente em prosa.

"Camões: A nau a meio carinho", "poema" 198, também não é poema mas um desses aforismos que Campos se aplicou a compor: como "fragmentos de afirmações" são designados num plano de *Arco de Triunfo* (citado pela EC, p. 51). Igualmente incompreensível que se dê estatuto de poema (189, p. 359) a "Uma comédia a sangue e noite", sem mais!, e a um verso solto: "E, disperso arfar de seda(s) preta(s), o silêncio da Noite" (188, p. 359), que é afinal o último verso de um longo poema (71-40 a 44r) que a EC não conseguiu ler (p. 284).

Resumindo: são, pelas minhas contas, dezenove os "poemas" (muitos deles simples cacos de prosa) atribuídos pela EC a Campos que urge retirar do seu ativo.

FIXAÇÃO DO TEXTO

Comecemos pela pontuação, muito particular em Pessoa como em qualquer criador literário: a EC corrige mestre-escolarmente as suas "falhas", embora indique em rodapé as suas intervenções. Isso não nos impede, contudo, de tropeçar em vírgulas e pontos que atrapalham a natural respiração do verso de Campos. Só no caso de uma omissão por falha reconhecida que perturbe o entendimento do verso ou a sua plena fruição se justifica a intromissão do editor.

Em contrapartida, há na EC abundantes erros de pontuação por simples descuido que levam o verso a dizer o contrário. Exemplo: "Não descarrilava a valer..." a que falta a vírgula depois de "não" (156, v. 10). Noutro verso um "não" a mais faz Campos dizer o contrário do que realmente disse: "E os grandes montes ao sol não têm-no tão nitidamente" (128, v. 15). Noutro infeliz poema, o 34, outra gralha que fez um não dizer que sim: "são conscientes" em vez de "não conscientes" (v. 15).

Acontece assim que, ao nosso regozijo de constatar que tinham corrigido algumas gralhas da Ática desfiguradoras do poema — como "sou a máscara" por "sem a máscara" (73, p. 252); "Que bafo" em vez de "Que abafo" (25, p. 204) —, se sobrepõe o confrangimento de assistir até a deturpação de versos corretamente editados pela Ática (alguns, mesmo, de textos diretamente transcritos pela Ática das revistas em que foram publicados) por imperdoável descuido numa edição crítica — que se destina a ser seguida, reproduzida, traduzida. Alguns exemplos, só alguns:

De troca de palavras:
"vejo" por "veio" — 2, v. 129;
"lindo" por "lido" — 29, v. 2;
"estão" por "então" — 54, v. 31;
"renegado" por "negado" — 56, v. 7;
"luz" por "lua" — 141, v. 18;
"olham-me" por "olham-o" — 34, v. 22;
"nas" por "das" — 61, v. 33;

"Caso" por "acaso" — 126, v. 10;
"Morava" por "mora" — 141, v. 24;
"em bulício" por "um bulício" — 155, v. 1.

De omissão de palavras:
"as" entre "contra cousas" — 8, v. 126;
"a" entre "luminosamente vejo" — 144, v. 15 (esta já na Ática);
"todas" depois de "adoro"; "eu adoro as cousas" — 141, v. 54.

De omissão de ponto de exclamação: 75, verso final; 145, v. 12.

De omissão de reticências no verso final — 141 (em vez de ponto).

De omissão de dois-pontos no verso final — 59 (depois de "alma", em vez de vírgula).

Saliente-se que estou apenas apontando algumas das muitas trocas e omissões que não são fruto de diferente leitura de um texto problemático, mas transcrição defeituosa, por descuido, de um texto indiscutível.

No que respeita às divergências de leitura, essas já não meros descuidos, teremos que ser aqui muito sóbrios se não nos quisermos eternizar por dúzias de páginas.

Terei que esclarecer que a letra de Pessoa é de tal forma difícil de entender na maior parte dos originais manuscritos que muito poucas pessoas teriam lido melhor que Cleonice Berardinelli os poemas transcritos. Ambas beneficiamo-nos de termos publicado separadamente poemas inéditos de Campos: do confronto das duas leituras sairá inevitavelmente um texto mais fiável. Gostosamente dou razão à EC sempre que desse confronto concluo que a sua leitura é preferível à minha. Acontece, infelizmente, que a maior parte dos inéditos da EC não é ainda utilizável nem para o simples leitor que apenas quer fruir o poema, nem para o estudioso, nem para o tradutor: as lacunas assinaladas são muitas, os erros ainda mais, e o poema não chega a acontecer, a sair do entulho dessa ganga por remover. E se há, de fato, leituras discutíveis, há outras que estão visivelmente erradas — de tal forma que, às vezes, resultam cômicas. Só para espairecer um pouco, que esta já vai longa, passemos em revista certas passagens: no poema 44, o intrigante efeito do "trovão súbito da madeira da tabuinha do defunto" (p. 224) que o poeta refere ao assistir a um enterro, perde o seu lado tétrico quando, em vez de "defunto", lemos "defronte" e percebemos que a "madeira das tabuinhas" é a janela fechada com fragor por alguma Mariquinhas que more defronte.

Entrever, no quadro da partida de um navio, um passageiro "só com as treze malas características dos viajantes" — só! — faria desistir da idéia de qualquer viagem, se a leitura correta não notasse apenas: "Já com os trajes moles característicos dos viajantes" (107, v. 3).

Seria igualmente de desconfiar da "Vantagem dos canalhas" assim enunciada — que é que isso quer dizer? — tanto mais que as obscenidades do verso anterior conduzem naturalmente à inevitável e inconveniente leitura... (194, v. 2) que em vez do *n* põe um *r*, em "canalhas", substituindo o *a* final por um *o*.

Como também, afirmar, da biografia do rei Artur (no mesmo poema), "essa grandemente enerva-me" — vê-se logo que não é coisa que Campos assim exclamasse. O que disse parece ser: "um galante escreveu-a".

Além disso, por mais delirante que seja a imaginação de Campos, dificilmente exaltaria, na sua "Ode marcial", um batalhão de ursos ("ursos marciais" — 9d, v. 21). Falou apenas, inocentemente, de "usos marciais".

Quanto aos neologismos, sim, mas desconfiar de alguns como "indizida" (12, v. 14), que é apenas "indesejada"; "milmente" (35, v. 11), afinal o banal advérbio "socialmente"...

Por outro lado, a EC não corrige a Ática e deixa que continuem a circular versos desde então gralhados. Exemplos: "se despegam" (140, v. 3) em vez de "se despejam"; "nos dá (80, v. 18) em vez de "me dá"; "vai, que pena como nós" (163, v. 24) em vez de "Vai o que pena como nós"; "pano cru acro é horroroso" (163, v. 27) em vez da correção que se impõe: "acro e horroroso". E são só alguns dos casos que urge remediar.

Seria necessário falar dos falsos títulos — se não houvesse ainda outros erros mais graves a referir. Só como exemplo: não é evidentemente título a indicação preliminar em inglês "The beginning of Alvaro de Campos" (16, p. 187) a indicar que o livro do engenheiro começa por esse poema (indicação simétrica de "end of the book") que para o último previu (79, p. 257); "Autoscopia" (3, p. 62) e "5 odes" (6a, p. 108) não são títulos de poema mas do livro ou conjunto em que se inserem; "Hela hoho, helahoho" (9d, p. 174) é grito de guerra inicial da "Ode marcial".

Intromissão abusiva do editor — animado pelo espírito que lhe permitiu fazer as colagens que apresenta de "A passagem das horas" e "Saudação a Walt Whitman" — é a que o leva a dividir em quatro partes um longo poema de que o poeta só indicou a parte I (que a EC põe, por lapso, entre parênteses, como acréscimo seu) e o "fim", a parte IV, que o autor precipita, sem ter realizado o meio — como lhe acontece muitas vezes (107, p. 281). Vai daí a EC divide o texto em "partes lógicas", como nos ensinavam na escola...

A mesma inaceitável intromissão ao reproduzir o soneto nº 3, "Olha Daisy" da *Contemporânea*, mas omitindo o título que aí vem, como indica, e acrescentando-lhe (o que nem indica) a didascália final que situa o poema no tempo e no espaço em relação a "Opiário" — que não consta na revista mas sim no testemunho completo (57A-36) que a EC apenas usou para o primeiro soneto da série mas, nesse caso especial, se impunha utilizar para a série toda, com sua unidade de tríptico.

IDENTIFICAÇÃO E ARTICULAÇÃO DOS TEXTOS

A EC cria-nos uma imensa expectativa em torno das "grandes odes" dos primeiros tempos. Mas fechamos a EC sem, afinal, as ter conhecido ou tendo delas uma falsa paisagem: foram não só desfiguradas, em virtude das colagens referidas, mas também incompletamente apresentadas porque alguns dos fragmentos que as constituem permaneceram inéditos no ventre da Arca ou, apesar de publicados pela EC, não foram identificados como pertencentes a essas séries.

Conhecer um novo poema, "A partida", enche-nos de júbilo: mas os quatro fragmentos que dele a EC apresenta sabem-nos a pouco. De fato, publica ainda, mas sem os identificar, mais dez textos que parecem pertencer a esse conjunto: poemas n°s 7 (vv. 341-8), 7u, 100, 154, 164, 165, 166, 173, 174 (173 reúne dois deles). E encontrei ainda um outro a acrescentar à série.

Ficamos também por conhecer dez fragmentos da "Ode marcial" — seis que a EC não encontrou e, por isso, não publicou, mais quatro que, esses, até publicou mas sem os identificar como tal: poemas n°s 122, 178, 190, 192.

Da "Saudação a Walt Whitman" ficamos a desconhecer tudo, pois a colagem feita a partir dos diversos fragmentos tudo tornou irreconhecível. Mas ficamos ainda a desconhecer, pelo menos, mais seis textos: quatro não publicados e dois que, embora o tenha feito, não os reconhece como pertencendo à "Saudação": n°s 183 e 205.

Acrescente-se ainda que em mais de quarenta textos da EC os versos ou as estrofes foram defeituosamente articulados. E que, da minha volta ao espólio, regressei com mais 79 textos a mais do que os que constam na EC.

Pessoa disse, por outras palavras, que somos todos simultaneamente filhos e pais da nossa cultura: filhos porque dela nascemos, pais porque a vamos criando. Publicar-lhe a obra tem que ver com isso. Mas pergunto: nos escorregadios e esconsos labirintos que são os textos pessoanos, quem não escorrega, quem não cai? É triste, diga-se, que tudo estivesse por fazer: desde 1944 que o nosso Campos tem sido apenas o que a Ática revelou: a estimada Maria Aliete Galhoz revelou mais dois sonetos, da série dos "Três sonetos", na sua edição para a Editora Aguilar. Das centenas de estudiosos pessoanos por esse mundo fora poucos se têm aventurado no labirinto. Saudemos, pois, a coragem de Cleonice Berardinelli, sem esquecer que o papel dos pioneiros é sempre heróico. Mas é meu dever cívico dizer que a edição crítica dos poemas de Álvaro de Campos está imprópria para consumo. E não tanto pelo que lá não está, mas, sobretudo, pelo que lá está: os poemas adulterados por assumidos critérios e intenções (colagens, enxertos de variantes no corpo do verso e do poema), as leituras e articulações erradas dos versos, as abundantes gralhas e omissões. É impossível esquecer os dezenove textos que me parecem ser de excluir do livro, os dezesseis que aparecem desgarrados das séries a que pertencem, os trinta e tal poemas em que versos ou estrofes foram defeituosamente articulados.

Mais perniciosos ainda se tornam esses procedimentos no volume da "série menor" em que os poemas são publicados, para o grande público, sem aparatos nem indicações que permitam detectar o enxerto de variantes, as costuras das colagens e todos os tratos sofridos pelos textos.

A situação dos poemas de Campos continua, portanto, bastante confusa. À *vulgata* da Ática quis a EC opor a sua, o que, com a autoridade que lhe assiste, nos arriscamos a que aconteça. Acresce ainda a atitude não só do público menos informado mas até do que poderemos considerar "iniciado" na obra pessoana quando afirma que o Pessoa da Ática, com que se familiarizaram, lhe chega muito bem. Declaram assim a sua indisponibilidade para perder tempo e energia com a longa e penosa tarefa dos que se consagram a trazer ao de cima esse Campos de que a Ática revelou, com as falhas referidas, apenas algumas peças. Pouco a pouco, os obreiros que a essas arqueológicas buscas se entregam vão trazendo à luz outros fragmentos sepultos — todos preciosos para a fruição do legado que tem, de fato, que ser longa e penosamente merecido.

Teresa Rita Lopes

ÍNDICE DOS PRIMEIROS VERSOS

FERNANDO (ANTÓNIO NOGUEIRA) PESSOA nasceu em 1888, em Lisboa. Depois da morte do pai, em 1893, foi morar com a mãe e o padrasto em Durban, na África do Sul, onde completou os estudos, formando-se pela Universidade do Cabo da Boa Esperança — experiência que lhe deu um domínio seguro do inglês, língua na qual escreveu poemas desde os treze anos, publicados nos livros *Antinuos*, *Sonnets* e *English poems*. Em 1905 fixou-se em Lisboa e no ano seguinte matriculou-se no curso de letras, mas logo o abandonou para montar uma tipografia, que também durou pouco. Passou a trabalhar para casas comerciais, como responsável pela correspondência em inglês e francês, atividade que exerceu até o fim da vida. Em 1912 publicou seu primeiro artigo, "A nova poesia portuguesa sociologicamente considerada", na revista *A Águia*.

Em 1914, escreveu os primeiros poemas dos heterônimos Alberto Caeiro, Álvaro de Campos e Ricardo Reis, aos quais daria personalidades complexas ("pus no Caeiro todo o meu poder de despersonalização dramática, pus em Ricardo Reis toda a minha disciplina mental, vestida da música que lhe é própria, pus em Álvaro de Campos toda a emoção que não dou nem a mim nem à vida"). Alberto Caeiro, considerado por Pessoa o "mestre" dos outros dois e dele próprio, é "o guardador de rebanhos", um homem de visão ingênua e instintiva, entregue às sensações. Como explicou o poeta: "Alberto Caeiro nasceu em Lisboa, mas viveu quase toda a sua vida no campo. Não teve profissão nem educação quase alguma".

Sob o nome de Bernardo Soares, Fernando Pessoa escreveu os fragmentos mais tarde reunidos no *Livro do desassossego*. No ano seguinte, com escritores como Almada Negreiros e Mário de Sá-Carneiro, lançou a revista de poesia de vanguarda *Orpheu*, da qual era diretor, marco do modernismo em Portugal e que daria grande projeção ao poeta. O único livro de poesia em português que publicou em vida foi *Mensagem* (1934), marcado pela visão mística e simbólica da história lusa. Fernando Pessoa morreu em 1935, num hospital de Lisboa, em decorrência de uma cólica hepática.

Dele, a Companhia das Letras já publicou *Aforismos e afins*, *Correspondência 1905-1922*, *Ficções do interlúdio*, *A língua portuguesa*, *Livro do desassossego*, *Mensagem*, *Poesia — Alberto Caeiro*, *Poesia — Álvaro de Campos*, *Poesia — Ricardo Reis*, *Poesia 1902-1917*, *Poesia 1918-1930*.

COMPANHIA DE BOLSO

Tudo que é sólido desmancha no ar
Marshall Berman

As sete maiores descobertas científicas da história
David Eliot Brody,
Arnold R. Brody

O cavaleiro inexistente
Fábulas italianas
Por que ler os clássicos
Italo Calvino

Nove noites
Bernardo Carvalho

Che Guevara: a vida em vermelho
Jorge G. Castañeda

Mau humor
Ruy Castro

Cisnes selvagens
Jung Chang

A viagem de Théo
Catherine Clément

Nostromo
Joseph Conrad

Agosto
Rubem Fonseca

As dez maiores descobertas da medicina
Meyer Friedman,
Gerald W. Friedland

O dia do Curinga
Jostein Gaarder

O livro das religiões
Jostein Gaarder, Victor Hellern,
Henry Notaker

O silêncio da chuva
Luiz Alfredo Garcia-Roza

Auto-engano
Vícios privados, benefícios públicos?
Eduardo Giannetti

Declínio e queda do Império Romano
Edward Gibbon

O queijo e os vermes
Carlo Ginzburg

A dança do Universo
Marcelo Gleiser

Cartas chilenas
Tomás Antônio Gonzaga

Gostaríamos de informá-lo de que amanhã seremos mortos com nossas famílias
Philip Gourevitch

Dois irmãos
Milton Hatoum

Uma história dos povos árabes
Albert Hourani

Retrato de uma senhora
Henry James

Abril despedaçado
Ismail Kadaré

O processo
Franz Kafka

Uma história da guerra
John Keegan

Cem dias entre céu e mar
Amyr Klink

No ar rarefeito
Jon Krakauer

Na sala com Danuza
Danuza Leão

Cidade de Deus
Paulo Lins

Boca do Inferno
Ana Miranda

Livro de sonetos
Nova antologia poética
Vinicius de Moraes

Lolita
Vladimir Nabokov

Além do bem e do mal
Humano, demasiado humano
O nascimento da tragédia
Friedrich Nietzsche

O paciente inglês
Michael Ondaantje

Eu, Malika Oufkir, prisioneira do rei
Malika Oufkir,
Michèle Fitoussi

A caixa-preta
Amós Oz

Ética
Adauto Novaes (Org.)

Poesia erótica em tradução
José Paulo Paes (Org.)

Livro do Desassossego
Poesia completa de Alberto Caeiro
Poesia completa de Álvaro de Campos
Poesia completa de Ricardo Reis
Fernando Pessoa

Retrato do amor quando jovem
Décio Pignatari (Org.)

O povo brasileiro
Darcy Ribeiro

Adeus, Columbus
Philip Roth

Um antropólogo em Marte
Oliver Sacks

O mundo assombrado pelos demônios
Carl Sagan

Orientalismo
Edward W. Said

O Evangelho segundo Jesus Cristo
A jangada de pedra
José Saramago

A mulher que escreveu a Bíblia
Moacyr Scliar

Doença como metáfora / AIDS e suas metáforas
Susan Sontag

O julgamento de Sócrates
I. F. Stone

Estação Carandiru
Drauzio Varella

Clarissa
Incidente em Antares
Erico Verissimo

As boas mulheres da China
Xinran

Rumo à estação Finlândia
Edmund Wilson

1ª edição Companhia das Letras [2002] 1 reimpressão
1ª edição Companhia de Bolso [2007]

Esta obra foi composta pela Verba Editorial
em Janson Text e impressa pela RR Donnelley em ofsete
sobre papel Pólen Soft da Suzano Papel e Celulose